RECEITAS
PARA TODOS OS DIAS

Diretor-presidente:
Jorge Yunes
Publisher:
Claudio Varela
Editora:
Bárbara Reis
Editorial:
Julianne Gouvea
Maria Beatriz Avanso
Design editorial:
Vanessa S. Marine
Isabella Teixeira
Suporte editorial:
Nádila Sousa
William Sousa
Marketing:
Bruna Borges
Carolina Bessa
Daniel Oliveira
Maíra Mediano
Vitória Costa
Direitos autorais:
Leila Andrade
Coordenadora comercial:
Vivian Pessoa

Receitas para todos os dias
© Wilma Kövesi, 2025
© Companhia Editora Nacional, 2025

Todos os direitos reservados. Nenhuma parte desta obra pode ser reproduzida ou transmitida por qualquer forma ou meio eletrônico, inclusive fotocópia, gravação ou sistema de armazenagem e recuperação de informação sem o prévio e expresso consentimento da editora.

1ª edição — São Paulo

Fotografia:
Fotografia de capa por André Lessa
Páginas 16, 18, 20, 28, 93, 103, 106 e 171 (fotografadas por André Lessa)
Páginas 24, 38, 41, 86, 142, 209 e 262 (imagens usadas sob licença da Adobe Stock)
Páginas 35, 100, 119, 146, 156, 183, 191, 204, 259 e, 266 (fotografadas por Pedro Canin, produtora Cana Filmes, assistência de fotografia por Daniel Zacharias)
Páginas 44, 56, 67, 70, 74, 83, 112, 123, 127, 132, 174, 199, 212 e 241 (imagens usadas sob licença da Shutterstock)
Páginas 302 e 303 (arquivo pessoal)

Louças:
Ritz Festas
Preparação de texto:
Laura Folgueira
Revisão:
Joice Nunes, Laura Prado e Julianne Gouvea
Capa e projeto gráfico:
Tamires Mazzo Cid
Diagramação:
Vanessa S. Marine

DADOS INTERNACIONAIS DE CATALOGAÇÃO NA PUBLICAÇÃO (CIP) DE ACORDO COM ISBD

K88r Kövesi, Wilma
Receitas para todos os dias / Wilma Kövesi. – São Paulo : Editora Nacional, 2025.
304 p. : il. ; 21 cm x 28 cm.

ISBN: 978-65-5881-210-4
ISBN: 978-65-5881-211-1 (Ebook)

1. Gastronomia. 2. Receitas. 3. Culinária brasileira. 4. Cozinha. I. Título.

2024-1743   CDD 641
                                              CDU 641

Elaborado por Vagner Rodolfo da Silva - CRB-8/9410

Índice para catálogo sistemático:
1. Gastronomia 641
2. Gastronomia 641

Rua Gomes de Carvalho, 1306 – 11º andar – Vila Olímpia
São Paulo – SP – 04547-005 – Brasil – Tel.: (11) 2799-7799
editoranacional.com.br – atendimento@grupoibep.com.br

WILMA KÖVESI

RECEITAS
PARA TODOS OS DIAS

PREFÁCIO

ALEX ATALA

Eu me lembro de, quando adolescente, folhear o jornal *O Estado de S.Paulo* e ler o "Suplemento Feminino". Nele, havia uma mulher que escrevia sobre comida de um jeito íntimo, e ela se chamava Wilma Kövesi. Por algum motivo, esse espaço do jornal e o nome dela ficaram guardados na minha memória. Anos se passaram, virei punk, fui viajar e acabei parando em uma cozinha. Quando voltei ao Brasil em 1994, tornei-me chef de um restaurante chamado Filomena. Um dia, enquanto servia o jantar, fui avisado de que uma cliente me chamava no salão. Era uma senhora muito elegante, com uma personalidade bastante única, que começou a me fazer perguntas sobre um linguado com farofa de maracujá e arroz selvagem. Começamos a conversar, e ela me contou que era a Wilma Kövesi — e queria saber mais sobre o meu trabalho.

Uma empatia instantânea nasceu ali, na mesa do restaurante. Contei um pouco da minha trajetória até então e ela se demonstrou super interessada. Cerca de quinze dias depois, ela voltou ao Filomena. Dessa vez, pedi licença para fazer algumas coisas além do prato que ela já havia pedido. Lembro-me bem que fiz um tartare de salmão com um pouquinho de ovas por cima e uma saladinha só de ervas aromáticas ao lado. A Wilma olhou o prato, comeu, me chamou à mesa e disse: "Isso aqui é coisa de chef. Quero te convidar para dar uma aula na minha escola".

Era final dos anos de 1990 e, bem ali, fui chamado pela primeira vez para dar uma aula no Brasil. Aquilo me tocou profundamente, fiquei semanas nervoso, pensando no que fazer, o que dizer, como deveria ser esse momento tão emblemático. Entendi que a única maneira de prosseguir seria me preparar da melhor forma possível. Tirei um milhão de dúvidas com a Wilma, fui conhecer a escola e assisti a uma aula. Comecei a imaginar como eu poderia propor um tema e uma dinâmica pertinentes e interessantes. O acolhimento, o carinho com que a Wilma me tratou, eu nunca vou esquecer.

Com os anos, fui aumentando minha confiança, estreitando meu relacionamento com a Wilma, conquistando os alunos — e um novo lado professor ganhou mais desenvoltura. Neste meio tempo, o Filomena também fazia sucesso e algumas preparações que eu servia começaram a ganhar visibilidade na mídia. Vale relembrar que, naquele momento, a gastronomia local ainda era um universo bem pequeno. Algumas das minhas alunas já eram donas de restaurantes grandes e conhecidos. Dessa forma, um vínculo cada vez mais sólido entre mim e Wilma se firmou. Uma relação de respeito, admiração, formação de clientes, expectativas e entrega.

Não consigo falar da minha carreira profissional no Brasil sem mencionar a primeira pessoa que acreditou em mim, que me preparou para dar aula, que me fez entender que o saber transmitir é tão importante quanto o saber cozinhar. A Wilma, com seu jeitinho, foi fazendo as coisas acontecerem, sempre articulada e visionária. Com certeza, contribuiu muito para que a gastronomia ganhasse mais protagonismo, à medida que também trazia outras pessoas para dentro da escola. Carlos Siffert, Gabriela Martinoli, Carole Crema, Sergio Arno, Carla Pernambuco, um time de excelentes profissionais, começaram a dar aula e a atrair cada vez mais atenção do público.

Já no começo dos anos 2000, o setor passou por um boom. Vimos o surgimento das faculdades de gastronomia e outras escolas seguindo o modelo de sucesso da Wilma. Esses novos empreendimentos pegam a esteira e também fazem um bom trabalho — importantíssimo para propagar o conhecimento e valorizar o segmento. Mas uma das coisas que gosto de dizer é que as verdades são chamadas assim porque são atemporais e têm o poder de cruzar as décadas e deixar sua marca na história. Naquele momento em que a gastronomia no Brasil começava a desabrochar e a construir um protagonismo, Wilma nunca deixou de estar presente.

Em algum momento, ela deixou de estar fisicamente entre nós — virou pura saudade. Mas deixou também a Betty, sua filha, à frente da escola. E ela, tão sábia e elegante quanto a mãe, foi cuidando de fazer a escola crescer, se consolidar, mantendo sempre a marca registrada do carinho, do cuidado e da dedicação ao mercado. A Escola Wilma Kövesi de Cozinha merece uma atenção especial no que foi o desenvolvimento da gastronomia em São Paulo, na indústria, na formação e, sobretudo, em fazer os cozinheiros pensarem como é importante ensinar a arte de cozinhar. O legado da escola e da Wilma é, há 40 anos, uma grande verdade da gastronomia sólida, atemporal e poderosa. Hoje, de tempos em tempos, encontro a Betty, tenho saudade do tempo das aulas, quando deixava as tardes no restaurante para compartilhar com pessoas que não eram do meu mundo, mas tinham uma paixão em comum por cozinhar, pelo ingrediente e, sobretudo, pelo amor de transmitir conhecimento.

Muito obrigado, Wilma Kövesi.

Wilma Köneke

INTRODUÇÃO

À PRIMEIRA EDIÇÃO, 2009

A razão de publicar só agora o meu livro de cozinha deve-se principalmente ao fato de, ao longo dos vinte anos de existência da Escola de Cozinha, eu nunca ter tido tempo para parar, pensar e organizar este projeto. Não encontrava a tônica, o fio condutor… De repente, veio o estalo que me fez dividir as receitas em "Todo dia" e "Nem todo dia", e transformar este projeto em realidade.

As receitas foram elaboradas com enorme prazer e refletem a minha cozinha, o meu gosto pessoal e o de minha família e mostram uma parte da minha vida culinária durante esses longos e deliciosos anos.

Este livro não pretende ser um compêndio, apenas uma compilação de informações corretas e testadas que poderão ser úteis principalmente àqueles que desejam se iniciar na prazerosa arte de cozinhar.

Essa arte, como todas as outras, não é implacável, mas exige concentração, empenho e humildade no preparo tanto do prosaico quanto do elaborado. Quanto mais se cozinha, mais se aprende… Hoje, a parte prática do meu cozinhar é muitas vezes prejudicada pela cozinha feita no computador, onde, sempre com prazer, passo longas horas elaborando e redigindo receitas.

Betty, filha muito querida, que administra a Escola de forma tão competente, proporciona-me a tranquilidade necessária para os outros desafios no universo da culinária. Sinto enorme orgulho e alegria em trabalharmos juntas em perfeita sintonia.

Sinto-me também especialmente privilegiada por ter János, um marido extraordinário que me compreende, apoia, tolera, desculpa e incentiva em todos os momentos da minha vida.

Tomo a liberdade de expressar carinhosos agradecimentos aos meus queridos filhos, Pedro Paulo, Marcelo, Lito, Lise e Eline, bem como aos netos, Roberta, Julia, Ariel e Deborah, pela alegre e entusiástica boa vontade em ser os meus degustadores preferidos, embora nem sempre muito objetivos.

Aos meus colaboradores de tanto tempo, Maria das Dores, Maria José, Maria Conceição (de Atibaia), Lúcia e Cida, Daniela e sr. Raimundo, competentíssimos parceiros da casa e da Escola, os meus agradecimentos por tornarem a minha vida pessoal e profissional mais fácil.

A todos os profissionais das áreas de alimentação e gastronomia com quem tive e tenho o privilégio de estar durante toda a minha vida profissional, minha gratidão pelos ensinamentos e pelo convívio sempre tão generoso e amigo.

Wilma Kövesi por Betty, sua filha

HOJE VOU PARA A COZINHA!

Acima ou abaixo da média – era assim que meu irmão Pedro costumava avaliar os testes de receitas que apareciam à mesa, com certa frequência, em nossa casa. Entretanto, a opinião que realmente importava era a do meu pai. Nem sei se eu chegava a dizer algo nessas ocasiões, mas me divertia quando minha mãe anunciava que serviria um "desastre de trem". Eram, na maioria das vezes, espetaculares; só em raras ocasiões, por um motivo ou outro, acabavam desmoronando. Esses testes vinham quase sempre precedidos de uma frase que se tornou emblemática para a família:

"Hoje vou para a cozinha!"

E lá aconteciam adaptações, reinterpretações ou reproduções fiéis de preparos – sempre com foco nos processos caseiros. Receitas que chamavam sua atenção, fosse pela simplicidade, pelo glamour, pelo sabor ou, simplesmente, por tê-la emocionado.

De bate-pronto, lembro da mousse de chocolate branco e amargo, garimpada de uma das revistas que ela assinava, e da mousse de coco, provada na casa de uma amiga, numa viagem a Salvador, na Bahia. Reconheço que essas receitas me marcaram porque são sabores e texturas que eu reconheceria de olhos fechados.

Das minhas memórias afetivas, só não quero deixar de mencionar o frango assado úmido, servido com farofa e purê de maçã. Sempre acompanhado de arroz e feijão preto. Sim, o feijão preto era o seu preferido e fazia parte do nosso dia a dia.

Autodidata, curiosa e observadora, minha mãe frequentava restaurantes, mas o que realmente a interessava era a possibilidade de fazer comida em casa. Daí nasceu sua escola de cozinha e a construção de um trabalho atemporal, em boa parte registrado neste livro e fruto do propósito de que qualquer pessoa, mesmo que se julgue inábil, se tiver vontade, pode aprender a cozinhar.

O primeiro passo?

"Hoje vou para a cozinha!"

Wilma Kövesi por Luiz Américo Camargo

35 ANOS (+2).
E AINDA CONTANDO.[1]

---

[1] Os textos desta seção, de autoria de Luiz Américo Camargo, Carlos Siffert e Marina Hernandez, fizeram parte da exposição *Gastronomia se ensina. Histórias de uma Escola de Cozinha — 1981-2018*, que ocorreu entre os dias 20 de junho e 22 de julho de 2018, na Unibes Cultural, São Paulo. Com curadoria de Luiz Américo Camargo e design de Roberto Cipolla, a exposição contou por que Wilma Kövesi e a instituição que ela criou tornaram-se importantes para a gastronomia de São Paulo.

Wilma Kövesi — a cozinheira-professora — queria apenas ensinar pratos triviais. Para quem? Profissionais do lar, jovens em vias de se casar... Mas, pensando bem, por que não apresentar receitas francesas para executivos com pretensões gourmet? E, já que estamos aqui, que tal um curso realmente técnico, para aficionados em busca de formação mais sólida, ministrado por chefs profissionais? E, já que se falou de confeitaria ali, de saladas acolá, por que não tratar de *sous-vide*, de cozinha oriental, de clássicos brasileiros, de cardápios que dessem conta de todas as ocasiões?

Assim foi.

Wilma Kövesi — a cozinheira e também a escola — fez tudo isso e muito mais. Dos primeiros cursos, nos anos 1980, à condição de um dos mais respeitados centros de ensino culinário do país, acompanhou praticamente todos os movimentos da gastronomia nas últimas décadas. São 35 anos de história — ou 37? Talvez mais tempo, se contarmos as primeiras lições, em ambiente quase doméstico. Porém, isso é o que menos importa. Estamos aqui para não deixar passar em brancas nuvens (ou seriam *nuages blancs*, quem sabe *aux fraises*?) uma trajetória de muitas receitas e pessoas, de muita dedicação.

Oficialmente, por assim dizer, o ponto de partida aconteceu na virada dos anos 1970 para os 1980, com a abertura do então chamado Centro de Criatividade Doméstica, com sede no Itaim Bibi, em São Paulo. Evoluindo de aulas avulsas a cursos estruturados, sempre com material bem apurado e editado, a escola foi ganhando corpo, métodos e relevância. Mudou-se para Pinheiros em 1983, onde está até hoje, na rua Cristiano Viana. Tempos depois, passou a adotar — por facilidade de comunicação, não por imodéstia — o nome de sua fundadora, Escola Wilma Kövesi de Cozinha.

Dona Wilma (1930–2004) foi precursora em diversos temas: o micro-ondas, a cozinha light, culinárias asiáticas, tradições de vários países, a formação praticamente profissional (com o curso Objetivo Chef, de um ano).

Foi intransigente com a qualidade de seu corpo docente: de franceses já consagrados, como Laurent Suaudeau, Claude Troisgros e Emmanuel Bassoleil, passando por então novos nomes no cenário, como Hamilton Mellão, Carlos Siffert, Ana Soares, até astros em ascensão, como Alex Atala, Carla Pernambuco, Roberta Sudbrack, todos, em algum momento (e muitos outros mais), foram professores da escola.

Foi visionária ao cotejar o que acontecia na gastronomia internacional com as demandas de seu público, sem perder de vista a cozinha brasileira — e sem descuidar das bases clássicas. Modismos passaram, mas ela permaneceu, sempre fazendo questão da limpidez na didática e na comunicação.

O início na cozinha foi ainda criança, fazendo bolos para os pais. Jamais se afastou do fogão, mesmo quando foi trabalhar como redatora de receitas no *Suplemento Feminino*, no Estado de S.Paulo, e na extinta revista Gourmet; ou, ainda, como assistente de Caio Alcântara Machado, traduzindo menus e participando da Feira de Utilidades Domésticas, a UD. Experiências tão diversas assim acabaram se revelando determinantes para que se tornasse exímia organizadora de conteúdo e desenvolvesse um texto preciso e elegante, não só na descrição de ingredientes e gestos culinários, mas também como cronista.

Muitos anos atrás, Dona Wilma foi um pouco Julia Child, um pouco Rita Lobo, um pouco Ofélia, um pouco Google e YouTube, um pouco universidade de gastronomia e um monte de referências mais, numa época em que as fontes 100% brasileiras ainda eram escassas. Como escrevia bem, como liderava bem, como sabia apresentar os desafios e as soluções de uma receita! E como é tranquilizador saber que sua filha Betty, no comando desde 2005, e seu núcleo duro de professores, Carlos Siffert, Carole Crema, Gabriela Martinoli, Joël Ruiz e Marina Hernandez, conseguiram dar à escola uma cara própria, conservando a essência original: rigor pedagógico, criatividade, atualidade, afetividade, bom humor. Betty Kövesi, num estilo muito pessoal, tem o mesmo talento para agregar, construir, preservar e inovar.

Wilma Kövesi por Carlos Siffert

WIIIILMAAAAA!

Lembranças desencontradas.

São memórias muito vivas. Convivemos durante muito tempo, e passagens como essas a seguir posso contar várias, dava um conto. Penso que relembrar é a melhor maneira de homenageá-la.

Primeiro almoço no primeiro dia do meu primeiro restaurante. Irrompe na cozinha uma senhora jovial de chemisier creme com cinto, sandália, os braços abertos e um largo sorriso. Era Wilma Kövesi que chegava para me desejar boa sorte. Trazia com ela um ralador de trufas e disse: "para os teus *power luncheons*!" (algo como "almoços poderosos" ou "*de* poderosos"). E me deu um abraço. Ela me fez rir e desmontou a minha evidente tensão.

Isso foi em 1995. Já éramos amigos, tínhamos viajado juntos, dado aulas juntos, almoçado e jantado juntos muitas vezes.

Os jantares eram especiais para mim. Wilma me ligava e perguntava: "Tem *pasta* e *fagioli*?" Do que sei cozinhar, era o seu prato preferido. Se não estivesse no cardápio, eu dava um jeito e fazia para ela.

Vinha com o János, seu marido, em dias de semana, quando era mais tranquilo. Depois do jantar, János apresentava uma caixa chique de cigarros Dunhill, vermelha, e a gente fumava sem culpa. Era o seu único cigarro do dia, nem sei se tragava, mas fumava com muita elegância. Falava comigo usando esporadicamente palavras em francês e inglês impecáveis, mas não de forma esnobe.

Esses eram momentos de lazer.

O trabalho era relação séria; ela vivia atrás de mim para que eu mandasse as receitas das aulas, ligava-me às 7h e falava: "Tá acordado?". Em geral não estava, atendia com a voz de sono. "Ah! Agora já te acordei, deixa eu te perguntar isso e aquilo..." Nunca consegui ficar (muito) bravo. Ela sabia fazer as coisas. Depois do *wake up call*, me emendava e me punha a redigir as receitas das incontáveis (mesmo) aulas que dei na escola. Manuscritos passados por fax, que depois ela datilografava com perfeição.

Quando eu chegava à escola antes da aula, a apostila estava lá, impecável, tabulada, como eu nunca saberia fazer. Depois aprendemos a usar o computador e foi um progresso. Sei que no fim dava tudo certo, as aulas saíam e os alunos gostavam.

Quando podia, eu assistia a alguma aula dela também e caçoava do nome de alguns pratos tipo "Fofinhos rápidos" e do predicado "com charme" que às vezes usava para os títulos de aulas. "Dia a dia com charme." Ela fingia que ficava brava. As aulas eram sempre muito boas, era uma craque.

E por aí vai. Que falta sinto desse tempo ao lembrar essas passagens!

Wilma lançou *Receitas para todo dia e para os outros também* no Tambor (o tal primeiro restaurante). Sua dedicatória no meu exemplar é linda e termina com as palavras:

"[...] em um dos dias mais felizes da minha vida, o carinho, imenso, da Wilma."

Gosto do carinho, vírgula, imenso. Além de tudo, ela escrevia lindamente.

Nunca usei o ralador porque nenhuma trufa caiu na minha mão. Não perco as esperanças, está bem guardado. Um dia rola.

Wiiiilmaaaaa!

Wilma Kövesi por Marina Hernandez

A DONA WILMA QUE CONHECI, SEM CONHECER

O convite despretensioso da Carole Crema, amiga e também professora de cozinha, era para conhecer a escola Wilma Kövesi. Ela dizia: "Você precisa conhecer a Betty, a escola, seu trabalho tem tudo a ver conosco...". Eu pensava: será? Ensinar cozinha para leigos, na escola com mais tradição e respeito de que eu já tinha ouvido falar, me parecia um pouco pretensioso. Como eu poderia contribuir? Ainda tinha tanto para aprender...

Nas primeiras visitas, surgiu o encantamento. Estava em um lugar onde encontrei pessoas apaixonadas pelo que fazem e dedicadas a aprender, conhecer e saber mais sobre o universo que tanto amo, a comida! E mais, amparadas por um time de profissionais incrivelmente competente e comprometido. Frio na barriga: será que posso fazer parte dele um dia?

Começo assistindo às aulas do curso mais emblemático, "Principiantes", que deu início à Escola, no qual a Dona Wilma sistematizou com tanto esmero as técnicas mais preciosas que um novato precisa conhecer. Nele se ensina tudo, ou grande parte, do que uma pessoa precisa saber para sobreviver e ter o mínimo de independência na cozinha: arroz, feijão, frango assado, legumes, sobremesas, bolos, pavês... Carole, de forma mágica, entende e conhece todas aquelas perguntas e os porquês, o que fazer, o que não fazer. Eu ficava do lado de cá pensando: como responder, como acalmar, como ter empatia por essas pessoas ávidas por conhecimento e vontade de começar a cozinhar? Como passar a segurança necessária para encorajar alguém a se arriscar na cozinha?

Todas as respostas vieram rapidamente. A cada aula, eu percebia o quanto eu sabia cozinhar, sabia de técnicas, de processos, mas nunca havia elaborado todas aquelas respostas. Esse estágio como aprendiz de professora foi importantíssimo para entender a metodologia da escola. Dona Wilma tinha uma visão muito organizada e moderna da maneira de ensinar. Ela conseguiu transbordar isso para todos que tiveram o privilégio de estar ao seu lado, e eu me sinto privilegiada por ter recebido com tanta generosidade esses ensinamentos que vieram pelas mãos da querida amiga e parceira de tantas horas, Carole.

Aos poucos, fui desenvolvendo minha própria forma de ensinar, prestando atenção aos anseios de cada aluno, às suas expectativas e limitações. Entendi que as mais simples informações ou gestos na cozinha podem significar muito para quem está começando. Com isso, aprendi a sublinhar e reforçar métodos e conselhos que, para mim, pareciam coisas bobas e rotineiras, mas que para os alunos eram novidade. E sempre sem perder o foco na missão deixada por ela: desmistificar a cozinha! Naquele momento, percebi que tinha entendido a alma da escola, e senti que podia contribuir e fazer parte de sua história.

Anos depois, Betty me convidou para uma atividade diferente. Comecei a auxiliar na preparação da equipe e na organização das aulas, de modo que passei a conhecer mais a rotina da Escola, o que me fez perceber ainda mais a energia empregada pela Betty e por todos para manter vivos os ensinamentos de Dona Wilma. Tempos depois, veio o desafio de olhar e categorizar todo o material impresso que estava guardado desde os tempos da sede antiga. Foi então que me deparei com o fato de que a Escola sempre foi grandiosa e visionária, e quão atenta ela sempre esteve para os movimentos mais diversos pelos quais a cozinha passou. Estava tudo lá, e muito mais. Esse processo foi repleto de muito aprendizado: resgatar aulas e temas que há vinte anos já eram abordados e hoje são tão atuais; rever nomes de chefs importantes no processo de fortalecimento da nossa profissão de cozinheiro e me dar conta de que todos eles passaram pela Escola.

Sinto uma responsabilidade e uma gratidão enormes. Sabemos também que temos muito trabalho pela frente. Mas, acima de tudo, compreendemos a missão que nos é confiada – perpetuar os ensinamentos. Obrigada, Dona Wilma! Sinto que te conheci, sem conhecer.

SUMÁRIO

RECEITAS PARA TODOS OS DIAS

Informações úteis, 18
Alguns cuidados, 20
Índice alfabético, 300
Álbum de fotos, 302

- **01.** CALDOS E SOPAS, 29
- **02.** SALADAS, 39
- **03.** MOLHOS, 45
- **04.** SUFLÊS, 57
- **05.** ARROZ, 64
- **06.** FEIJÃO, 70
- **07.** BATATA, 74
- **08.** FAROFA, 82
- **09.** LEGUMES E VERDURAS, 87
- **10.** MASSAS, 107
- **11.** PANQUECAS, 112
- **12.** TORTAS SALGADAS, 116
- **13.** CARNES, 122
- **14.** FRANGOS, 133
- **15.** PEIXES, 143
- **16.** SOBREMESAS SIMPÁTICAS, 152
- **17.** BOLOS E OUTRAS COISINHAS PARA COMER COM AS MÃOS, 162

RECEITAS PARA NEM TODOS OS DIAS

- **18.** ACOMPANHAMENTOS PARA APERITIVOS E BISCOITOS SALGADOS, 178
- **19.** ENTRADAS, 188
- **20.** SALADAS, 202
- **21.** QUICHES, 213
- **22.** PEIXES E CRUSTÁCEOS, 218
- **23.** AVES, 224
- **24.** CARNES, 234
- **25.** MOLHOS, 244
- **26.** ACOMPANHAMENTOS, 248
- **27.** DOCES, 263

INFORMAÇÕES
ÚTEIS

Todas as receitas deste livro foram rigorosamente testadas.

Para facilitar sua rotina, há preparos que podem ficar prontos na geladeira ou no freezer. Outros ficam bem mais gostosos se forem consumidos assim que finalizados. Para auxiliar na sua organização, etiquetamos as receitas com as seguintes orientações:

PARA FAZER E COMER
Esta receita é para consumo imediato.

PARA FAZER E CONGELAR PRONTO
Esta receita congela bem: você pode fazer antes, congelar e ter pronta para servir a qualquer hora.

PARA FAZER, CONGELAR E FINALIZAR NA HORA DE COMER
Esta receita, quando congelada, necessita de um passo de preparo na hora de servir.

PARA FAZER COM ANTECEDÊNCIA
Esta receita necessita de certo tempo de espera na geladeira ou no freezer.

TABELA DE CONVERSÃO
Pesos dos ingredientes mais comuns.

INGREDIENTE	1 COLHER DE CHÁ	1 COLHER DE SOPA	½ XÍCARA	1 XÍCARA
Açúcar	5 g	15 g	105 g	210 g
Água	5 g	15 g	120 g	214 g
Açúcar impalpável	3 g	9 g	72 g	144 g
Bicarbonato de sódio	4 g	12 g	-	-
Cacau/chocolate em pó	2,5 g	8 g	48 g	96 g
Canela em pó	1,5 g	5 g	-	-
Farinha de trigo	2,5 g	8 g	65 g	130 g
Fermento químico	4 g	12 g	-	-
Amido de milho	2,5 g	8 g	65 g	130 g
Manteiga	5 g	15 g	120 g	240 g
Mel, melado e glucose	7 g	21 g	170 g	340 g
Raspas de cítricos	6 g	18 g	-	-
Sal	3 g	15 g	-	-
Pimenta-do-reino	5 g	15 g	-	-
Óleo/azeite	4 g	12 g	100 g	200 g
Gelatina em pó	3 g	9 g	-	-

OVOS		
1 ovo inteiro	55 a 60 g	55 a 60 ml
1 clara	35 a 40 g	35 a 40 ml
1 gema	15 a 18 g	15 a 20 ml

ALGUNS

CUIDADOS

Para o sucesso no preparo das receitas deste livro, tenha os seguintes cuidados:

- Leia atentamente a receita, do começo ao fim.
- Separe os ingredientes e tenha à mão os medidores-padrão de xícaras e colheres.
- Nas colheres padronizadas, a medida dos ingredientes secos é sempre rasa, a menos que haja outras indicações (farta ou cheia).
- Para a escolha correta de fôrmas, assadeiras e recipientes refratários, são informadas no início da receita, além da capacidade, as medidas.
- Leve em consideração que:

☑ a manteiga é sempre sem sal e, de preferência, só deve ser substituída por questões de saúde;

☑ os ovos são extragrandes (55 a 60 g);

☑ as folhas verdes, as ervas frescas etc. são sempre higienizadas, lavadas e secas;

☑ o buquê garni é usado para aromatizar caldos, ensopados e preparações de cozimento prolongado. Deve ser retirado aproximadamente 40 minutos depois de seu cozimento. É normalmente constituído de 10 ramos de salsa, 1 cebolinha-verde, 1 folha de louro e 1 raminho de tomilho, dobrados e amarrados com barbante cru. Pode-se também envolver todas as ervas na folha verde do alho-poró, dobrá-la e amarrá-la.

- ☑ os caldos industrializados são hoje largamente utilizados na cozinha em geral. Seu sabor excessivamente forte compromete o resultado da boa cozinha, e, por isso, não podem ser considerados substitutos para os caldos básicos preparados com ingredientes adequados, frescos e de boa qualidade. Todas as receitas neste livro devem ser preparadas com caldos caseiros. Os industrializados devem ser utilizados apenas em emergências e, ainda assim, ter o seu sabor "suavizado" com a adição de ingredientes aromáticos, como cenoura, alho-poró, salsão e tomilho fresco.

- ☑ sempre que possível, foram utilizadas xícaras e colheres com medidas-padrão. Para as medidas em peso, é recomendável usar uma balança.

TEMPERATURAS E USO DE FORNO

- Preaqueça o forno na temperatura indicada na receita com 10 minutos de antecedência.
- Comece a verificar o ponto de cozimento alguns minutos antes do final da receita.
- Utilize os parâmetros abaixo apenas como referência, levando em conta que há variações de potência e regulagem entre os fornos disponíveis no mercado.

Baixo – 160 °C
Médio – 170 °C a 190 °C
Forte – 200 °C a 220 °C
Muito forte – acima de 220 °C

FRITURAS IMERSAS

- O alimento a ser frito deve ficar imerso de 2 a 2,5 cm de óleo de sabor neutro, sem utilização prévia. O óleo deve ser levado para aquecer sozinho numa frigideira ou panela de fundo largo, na quantidade necessária.
- Uma dica para saber a temperatura ideal das frituras: coloque uma colher de bambu bem no centro do óleo e, quando formar uma boa quantidade de bolhinhas no dorso, comece a fritar.
- No caso de frituras de alimentos empanados, como milanesas, bolinhos etc., é aconselhável colocar um dente de alho com casca, furado com garfo, para evitar a queima de resíduos.

PARA DESENGORDURAR E TERMINAR MOLHOS DE ASSADOS E GRELHADOS

Essa técnica de cozinha é denominada deglaçagem, termo abrasileirado do francês *déglaçage*, e compreende os processos de:

- Retirada de gordura de molhos resultantes de assados ou grelhados;
- Formação do molho através da adição de pouca quantidade de um líquido, tal como água, caldos, vinho, creme etc.

A técnica é a seguinte:

- Pronto o assado ou o grelhado, retire-o da assadeira ou frigideira, nunca antiaderente, e mantenha-o aquecido.
- Aqueça o recipiente utilizado em fogo moderado até que os sucos do cozimento se depositem no fundo e a gordura suba à superfície. Reduza a chama.
- Com uma colher, retire toda a gordura possível ou escorra-a em qualquer recipiente de metal. Você pode também absorver o restante com papel-toalha.
- Comece, então, a juntar o líquido adequado, aos poucos, raspando com uma colher de bambu para incorporá-lo aos sucos do assado, deixando ferver, sempre em fogo baixo.
- Retifique o tempero, aqueça o molho e passe-o por uma peneira fina.

PARA ENGROSSAR MOLHOS

A cozinha moderna, principalmente a de *Receitas para todos os dias*, deixou de engrossar os molhos de assados e grelhados, para deixá-los mais leves. No entanto, caso seja desejável ter um molho um pouco mais encorpado, dissolva um pouco de amido de milho em água, acrescente-o ao molho e misture com uma colher ou um batedor de arame (*fouet*) até engrossar. Também é possível usar farinha de trigo, salpicando uma pequena quantidade sobre o molho e mexendo até a farinha cozinhar e espessar o líquido, passando-o, então, por uma peneira para retirar os grumos.

Para dar brilho e corpo aos molhos não engrossados, incorpore pequenas quantidades de manteiga gelada, mexendo com um batedor de arame para "montar" o molho, ou seja, dar-lhe consistência e brilho.

Essas técnicas se aplicam somente aos molhos não cremosos.

POR QUE OS BOLOS DÃO ERRADO?

Há algumas razões possíveis:

- Temperatura excessiva: isso faz as bordas aquecerem e assarem primeiro, ficando o centro da massa ainda cru, por não ter tido tempo suficiente para aquecer e assar.
- Excesso de fermento: se a massa contiver fermento demais, haverá a formação excessiva de bolhas, que estourarão e produzirão uma massa pesada e compacta. Uma boa relação é a de 1 a 1 ¼ colher (chá) de fermento em pó para cada xícara de farinha de trigo. Se a receita incluir muitos ingredientes pesados, como frutas picadas, pode ser necessário usar mais fermento.

Também considere o fato de que o tamanho e o formato da fôrma afetarão a quantidade necessária de fermento. Em uma fôrma maior e mais rasa, a massa será mais fina, precisando de menor quantidade de fermento em pó.

- A temperatura inadequada do forno pode ser causada por:
  - ☑ termostato defeituoso;
  - ☑ porta aberta muitas vezes durante o período indicado para assar;
  - ☑ porta aberta durante muito tempo ao levar o bolo ao forno.

CONSELHOS ÚTEIS PARA BOLOS

- O forno deve sempre ser preaquecido na temperatura indicada, em geral em uma média de 180 °C, com antecedência de 10 minutos.
- Na dúvida quanto à temperatura, use sempre a média, colocando a(s) fôrma(s) no centro da prateleira do meio. Quando isso não for possível por causa do tamanho do forno, evite colocá-las em prateleiras diferentes.
- Siga as receitas quanto a quantidades, formato e tamanho de fôrmas.
- Verifique se o bolo está assado enfiando no centro da massa um palito, que deverá sair totalmente seco. A lâmina de uma faca ou um espeto de madeira também podem servir.
- Dependendo da massa, ao retirar a fôrma do forno, pode ser conveniente soltar as bordas com a lâmina de uma faca. De preferência, desenforme o bolo depois de frio, sempre dependendo das indicações da receita.
- A respeito da baunilha, é importante pontuar a diferença entre extrato e essência. O extrato é feito a partir da própria fava da baunilha, enquanto a essência é resultado de um processo artificial. Sempre que puder, opte pelo uso do extrato nas mesmas quantidades indicadas para o uso da essência neste livro.

UTILIZAÇÃO DOS PRINCIPAIS CORTES DE CARNE

ALCATRA Em bifes finos ou grossos. Ideal para minirrosbife de frigideira, estrogonofe, espetinhos e milanesa.

PICANHA Corte especial da alcatra. Excelente para churrasco, rosbife e bifes grossos, devendo ser consumida de preferência ao ponto.

MAMINHA Corte especial, faz parte da alcatra. Também pode ser usada no preparo de churrasco, rosbife de forno e carne de panela.

CARNE MOÍDA Só compre carne já moída em estabelecimentos da mais absoluta confiança. O melhor é comprar patinho ou outra carne magra, de cozimento prolongado, e pedir para moer uma ou duas vezes. Certifique-se de que a máquina de moer esteja nas mais perfeitas condições de limpeza. Utilize a carne moída em picadinhos, bolinhos, recheios ou molhos para massa.

CONTRAFILÉ Em bifes finos ou grossos, ao natural ou à milanesa, para rosbife de panela ou de forno e espetinhos. A bisteca é o contrafilé com osso.

COXÃO DURO Carne magra, de cozimento prolongado, para assado em panela, caldos etc.

COXÃO MOLE Em bifes finos, para milanesa e bifes rolê.

PATINHO Carne magra, boa para cozimento prolongado. É ótima para moer e para bifes de panela, podendo também ser utilizada à milanesa.

FILÉ MIGNON Carne macia, para bifes finos (escalopes), espessos (chateaubriand, tournedos, medalhões), estrogonofe e rosbife. Deve ser preparado e consumido sem perder o tom rosado, de preferência ao ponto.

MÚSCULO Carne de cozimento prolongado e elevado teor proteico, para ensopados e caldos.

PORCO Exige, em geral, tempero prévio. Deve ser muito bem frito ou assado, com receitas específicas. Os cortes principais são lombo, pernil, carré (lombo com osso) e costeletas.

VITELA Deve ser adquirida em estabelecimentos da maior confiança. A carne de vitela apresenta uma coloração rosa-clara. Pode ser grelhada (costeletas) ou assada (pernil) em calor úmido.

RECEITAS PARA

TODOS OS DIAS

CALDOS
E
SOPAS

Embora os caldos industrializados ocupem um lugar quase indispensável na cozinha apressada de todos os dias, um bom caldo de preparo caseiro, rico em sabores e aromas, é incomparável, insubstituível e excelente ponto de partida para ensopados, molhos etc.

Em todos esses anos de convívio e aprendizado com muitos e competentes chefs, não conheci um que fizesse seus caldos da mesma forma, justificando sempre as razões para tal.

A dica é pedir a carne no açougue, dizendo que vai usá-la para fazer caldo. Caso não queira usar os ossos, o conselho é fazer só com músculo ou ossobuco, que também deixam o caldo saboroso, só menos intenso.

A receita a seguir é básica e pode ser mais ou menos aromatizada com ervas e legumes, dependendo do fim a que se destina.

PARA O CALDO DE CARNE

- Use 1,5 kg de músculo e 2 kg de ossos da perna, serrados.
- Para uma cor mais intensa e dourada, coloque todos os ingredientes numa assadeira grande e leve ao forno forte (220 °C), virando de vez em quando até dourar bem. Transfira tudo para a panela e, com um pouco de água quente, raspe o fundo da assadeira e junte esse caldo à panela.
- Aproveite a carne cozida em saladas, croquetes etc.
- Os caldos são também ótimas bases para sopas, cremes e molhos.

PARA O CALDO DE GALINHA OU FRANGO

- Se não achar galinha, use o mesmo peso de frango caipira ou, ainda, pés, carcaças e asas.

RENDIMENTO: CERCA DE 6 XÍCARAS

Caldo de carne ou de galinha

PARA FAZER E CONGELAR PRONTO

- 1 kg de aparas de cortes de aves e/ou bovinos sem gordura ou uma mistura de ossos e carne
- 1 cenoura bem lavada cortada ao meio
- 1 cebola inteira espetada com 2 cravos
- 6 grãos de pimenta
- 1 buquê garni (10 ramos de salsa, 1 folha de louro, 1 ramo de tomilho e 1 cebolinha-verde amarrados com barbante cru)
- 1 talo de salsão ou 1 alho-poró
- 3 litros de água fria
- 2 colheres (chá) de sal

✓ Numa panela ou caldeirão, coloque todos os ingredientes e leve ao fogo para ferver, retirando a espuma que se formar nos primeiros 40 minutos. Abaixe o fogo para lento e deixe cozinhar, meio tampado, durante 3 horas, até ficar com excelente sabor e uma bonita cor dourada.

✓ Retire todos os sólidos e coe o caldo. Para desengordurá-lo, leve-o à geladeira durante 6 horas, aproximadamente, ou até formar uma crosta de gordura na superfície, que é facilmente retirada. Para desengordurar o caldo ainda quente, passe-o por uma peneira forrada com um pano de algodão.

✓ O caldo pode ser conservado na geladeira em vidros limpos e tampados durante três a quatro dias. Poderá ser congelado, devidamente embalado, em porções ideais para consumo no prazo de seis meses.

RENDIMENTO: 4 XÍCARAS

Caldo básico de peixe *fumet*

PARA FAZER E CONGELAR PRONTO | PARA FAZER COM ANTECEDÊNCIA

- 1 kg de cabeça e espinha de peixe de sabor delicado, de preferência linguado
- 1 litro de água fria
- ½ xícara de vinho branco seco
- 1 cenoura cortada ao meio
- 1 cebola inteira espetada com 3 cravos
- 1 buquê garni (10 ramos de salsa, 1 folha de louro, 1 ramo de tomilho e 1 cebolinha-verde amarrados com barbante cru)
- 1 talo de salsão ou 1 alho-poró (parte branca)
- 1 colher (chá) de sal

✓ Leve tudo para ferver numa panela tampada, retirando a espuma que se formar. Cozinhe durante 1 hora. Retire e coe. Conserve em geladeira por curto espaço de tempo ou congele em porções ideais para consumo.

RENDIMENTO: CERCA DE 8 XÍCARAS

Caldo de legumes
PARA FAZER E CONGELAR PRONTO

- 1,5 kg de cenoura, nabo, salsão, tomate, cebola, erva-doce, talos de brócolis, aspargos, cogumelos e folhas de alface picados em cubos de 2 cm
- 2 dentes de alho
- 1 buquê garni (10 ramos de salsa, 1 folha de louro, 1 ramo de tomilho e 1 cebolinha-verde amarrados com barbante cru)
- 2 litros de água fria

✓ Leve tudo para uma panela funda e assim que ferver, reduza o fogo. Deixe cozinhar em fogo brando de 30 minutos a 1 hora, até os legumes ficarem muito macios, mas ainda inteiros. Retire ocasionalmente a espuma que se formar na superfície e coe depois de morno. A inclusão (ou exclusão) de determinados legumes dependerá do uso a que o caldo de legumes se destinar.

RENDIMENTO: 8 PORÇÕES

Creme de aspargos
PARA FAZER E COMER

- 1 vidro de aspargos em conserva, cortados em pedaços
- ½ xícara do líquido dos aspargos
- 2 colheres (sopa) de manteiga
- 1 colher (sopa) de cebola ralada
- 3 colheres (sopa) de farinha de trigo
- 1 ½ xícara de caldo de carne ou galinha, de preferência caseiro (ver p. 30)
- ½ litro de leite
- 2 gemas
- Sal e pimenta-do-reino branca
- 3 a 4 colheres (sopa) de queijo parmesão ralado

✓ Numa panelinha, leve a água dos aspargos para ferver por aproximadamente 5 minutos, até reduzir à metade. Reserve.

✓ Em outra panela, derreta a manteiga e doure a cebola. Junte a farinha de trigo e mexa durante 1 minuto, para cozinhar e ficar homogêneo e borbulhante.

✓ Retire do fogo e junte aos poucos, mexendo, a água dos aspargos, o caldo escolhido, o leite e as gemas desmanchadas. Leve tudo de volta ao fogo para engrossar, mexendo sempre. Adicione os aspargos, o sal, a pimenta e o queijo parmesão.

✓ Aqueça e sirva bem quente – não se esqueça de escaldar a sopeira com água fervente.

RENDIMENTO: 4 PORÇÕES

Creme de legumes

PARA FAZER E COMER

- 1 litro de caldo de carne ou de galinha, de preferência caseiro (ver p. 30)
- 1 kg de legumes a seu gosto (cenoura, vagem, abobrinha, batata)

✓ Cozinhe bem os legumes no caldo e depois bata tudo no liquidificador. Se desejar, aproveite talos de espinafre, brócolis etc.

RENDIMENTO: 4 PORÇÕES

Creme de palmito

PARA FAZER E COMER

- ½ litro de caldo de carne ou galinha, de preferência caseiro (ver p. 30)
- 6 pedaços de palmito em conserva de aproximadamente 10 cm de comprimento
- 1 xícara de leite
- Queijo parmesão ralado

✓ Numa panela, coloque o caldo e deixe aquecer e ferver.

✓ Corte o palmito em rodelas, junte ao caldo e cozinhe em fogo baixo por aproximadamente 10 minutos. Junte o leite e deixe mais 5 minutos no fogo.

✓ Leve a mistura ao liquidificador e bata para obter um creme.

✓ Leve de volta à panela para aquecer bem.

✓ Sirva com queijo parmesão.

RENDIMENTO: 4 PORÇÕES

Purê-sopa de cenoura ao curry

PARA FAZER E COMER

- 2 colheres (chá) de azeite
- ⅔ de xícara de cebolinhas-verdes cortadas em rodelinhas (parte branca)
- 1 a 2 colheres (café) de curry
- 3 xícaras de cenoura raspada e cortada em rodelinhas
- 3 xícaras de caldo de galinha, de preferência caseiro (ver p. 30)
- 1 xícara de cenoura ralada fina para guarnecer
- Cebolinhas-verdes cortadas em rodelinhas para guarnecer (parte verde)

✓ Numa panela de fundo largo, aqueça o azeite e murche, em fogo lento, a parte branca das cebolinhas-verdes. Junte o curry e deixe cozinhar por 1 minuto, mexendo sempre. Acrescente a cenoura e o caldo e leve ao fogo para ferver, cozinhando em panela tampada em fogo lento, mexendo ocasionalmente, até a cenoura ficar bem tenra (aproximadamente 15 minutos). Retire e deixe amornar.

✓ Bata no liquidificador para obter um purê ralo. Leve de volta à panela e aqueça em fogo lento.

✓ Coloque numa sopeira ou em pratos individuais, guarnecendo com um pouco de cenoura ralada e cebolinhas-verdes.

RENDIMENTO: 8 PORÇÕES

Canja
PARA FAZER COM ANTECEDÊNCIA

Aquela história de "galinha velha dá bom caldo" repete-se aqui...

- 1 galinha ou frango caipira de aproximadamente 2 kg, limpa, lavada e cortada pelas juntas
- ½ colher (sopa) de sal
- 3 colheres (sopa) de azeite
- 1 cebola grande picada
- 1 buquê garni (10 talos de salsa, 1 cebolinha-verde, 1 folha de louro e 1 raminho de tomilho amarrados com barbante cru)
- 3 grãos de pimenta (opcional)
- 3 tomates sem pele e sem sementes cortados em pedaços grandes
- 2 cenouras médias descascadas cortadas em 3 a 4 pedaços
- 3 a 4 batatas médias descascadas cortadas em pedaços
- 1 ½ xícara de arroz pronto, não muito mole
- Azeite extravirgem (opcional)

✓ Se preferir, retire a pele da galinha. Tempere com sal.

✓ Numa panela de fundo largo, aqueça o azeite, junte os pedaços de galinha ou frango e a cebola, refogando um pouco. Adicione os temperos e o tomate, cubra com água, tampe e cozinhe até que o frango esteja macio, verificando de vez em quando o nível da água e o sabor. Se necessário, coloque um pouco mais de água, antes de juntar a cenoura e a batata.

✓ Coloque mais água e termine o cozimento. Adicione o arroz, tomando cuidado para ter líquido suficiente. Verifique o tempero e aqueça muito bem. Se desejar, regue com um fio de azeite extravirgem.

RENDIMENTO: 8 PORÇÕES

Creme de mandioquinha
PARA FAZER COM ANTECEDÊNCIA

- ½ kg de músculo cortado em pedaços grandes ou 1 kg de carcaça de frango
- 1 cebola de tamanho médio cortada em pedaços grandes
- 1 buquê garni (10 talos de salsa, 1 cebolinha-verde, 1 folha de louro e 1 raminho de tomilho amarrados com barbante cru)
- 1 kg de mandioquinha descascada cortada em pedaços grandes
- Sal
- 3 grãos de pimenta-do-reino
- Azeite extravirgem (opcional)
- Cebolinha-francesa picada ou migalhas de bacon magro frito (opcional)

✓ Numa panela grande, cozinhe o músculo coberto com água ou a carcaça de frango com o buquê garni e a cebola. Retire ocasionalmente a espuma que se formar. Depois de aproximadamente 90 minutos de cozimento e, quando tiver um caldo bem saboroso, coe e cozinhe nele a mandioquinha.

✓ Bata no liquidificador para obter um creme homogêneo e retifique o tempero.

✓ Para servir, regue com um fio de azeite e, por cima, espalhe cebolinha-francesa ou migalhas de bacon frito.

RENDIMENTO: 6 PORÇÕES

Sopa de tomate com queijo derretido
PARA FAZER E COMER

- 1 colher (sopa) de azeite
- 1 colher (sopa) de cebola ralada
- 1 vidro (500 ml) de suco de tomate não temperado
- 1 pitada de sal
- 1 pitada de pimenta-do-reino branca
- 1 xícara de creme de leite fresco
- ½ xícara de queijo prato ou muçarela cortado em tirinhas finas

✓ Numa panela, aqueça o azeite e junte a cebola, mexendo até dourar. Acrescente o suco de tomate, o sal e a pimenta e deixe ferver por cerca de 5 minutos. Antes de servir, junte o creme de leite e aqueça em fogo lento.

✓ Retire do fogo e acrescente as tirinhas de queijo no fundo dos pratos para que derreta ao acrescentar a sopa.

✓ Sirva quente.

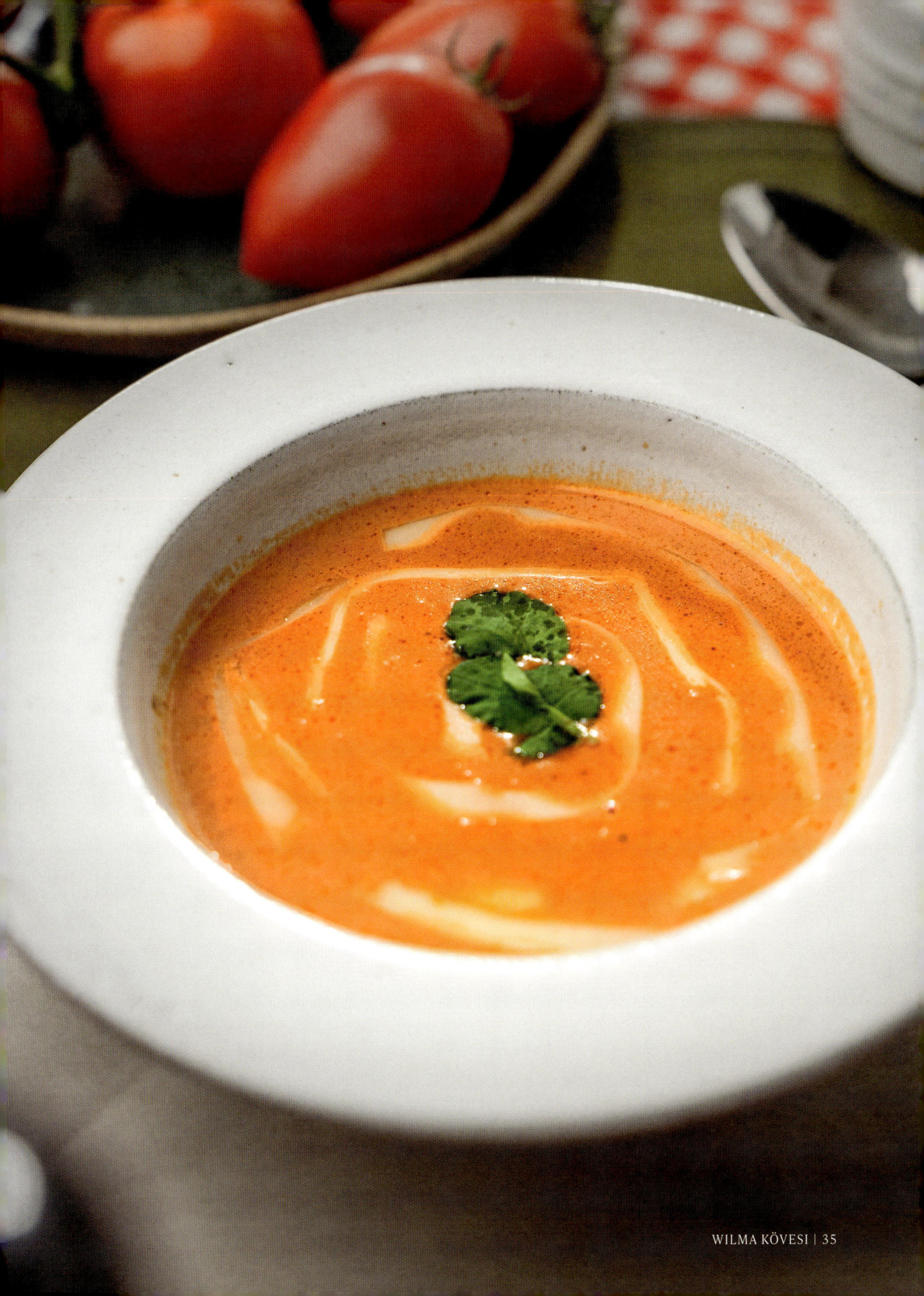

SALADAS

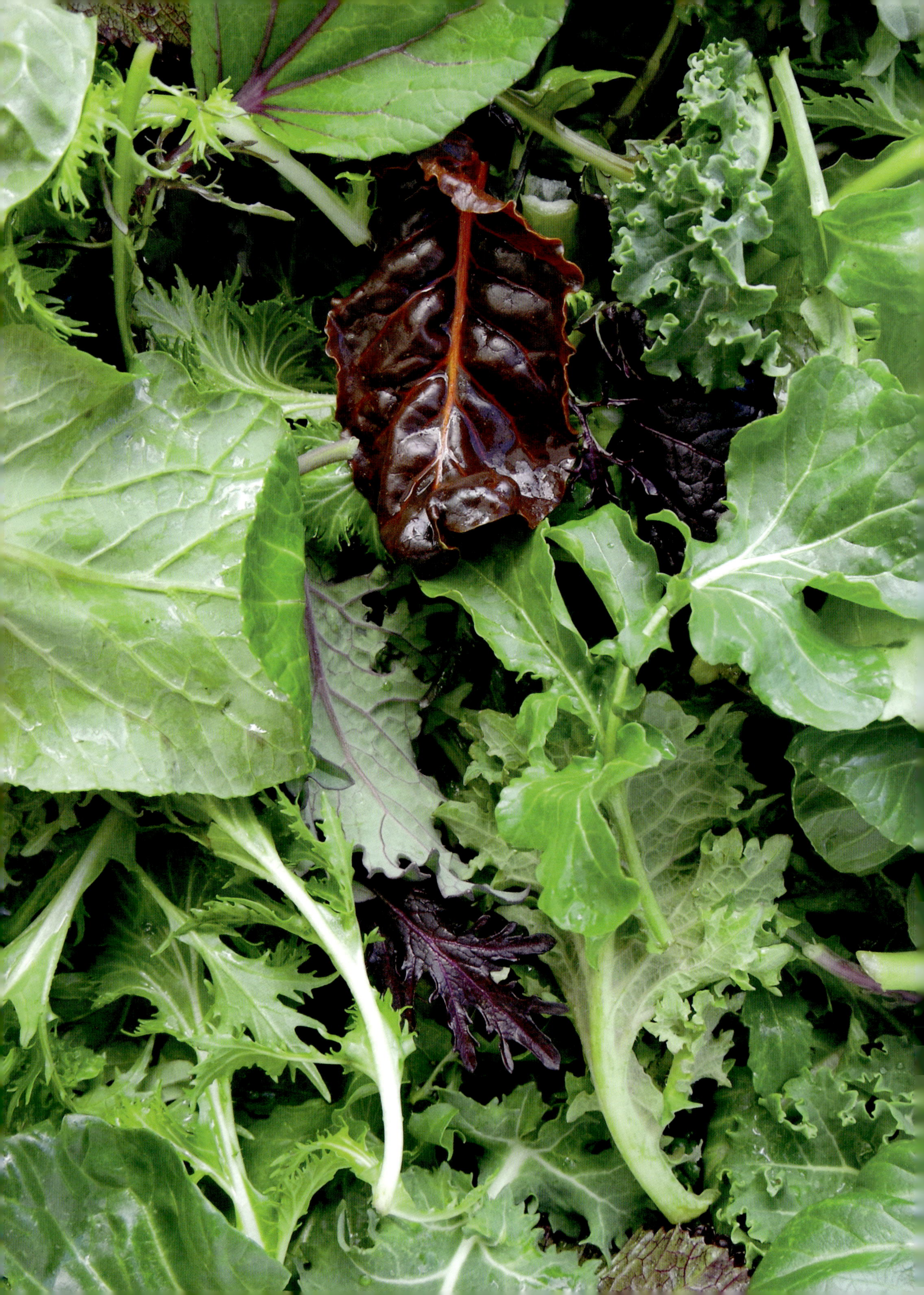

A pergunta é constante: como variar a salada duas vezes ao dia?

Há algum tempo, ela vem ocupando importante lugar na refeição, não mais como um complemento quase obrigatório, mas como uma saudável entrada ou até mesmo, em muitos casos, como prato único.

Hoje a salada é generosa, fresquíssima, colorida, apetitosa e, logicamente, saborosa. Neste capítulo, dou apenas duas receitas e algumas sugestões para variar suas saladas de todo dia (veja mais sugestões de saladas nas páginas 202 a 208).

Tenha sempre à mão verdes interessantes, como minirrúcula ou miniagrião, alface-roxa e brotos para misturar às outras folhas.

Há ótimos queijos para incrementar sua salada, como os de cabra fresco e curado, a muçarela defumada e o chancliche com zatar, que devem ser usados com sabedoria e parcimônia, sempre combinados com o restante da refeição.

Leia os preceitos básicos para o preparo de saladas e não se limite aos ingredientes habituais: desenvolva a sua capacidade criativa que, através de erros, lhe conduzirá a muitos acertos.

PARA CONSERVAR

- As verduras e os legumes devem ser mantidos em geladeira até o momento de usar.
- Logo após a compra, retire as folhas imperfeitas. Sem lavar, conserve em sacos plásticos não tóxicos ou recipientes tampados na geladeira.

PARA LIMPAR

- Separe as folhas e lave-as uma a uma sob um fio de água corrente para retirar terra etc.
- Numa tigela, mergulhe as folhas em uma solução de 1 litro de água fria para 1 colher (sopa) de água sanitária, cândida ou qualquer outro produto à base de cloro para higienização de verduras, nas quantidades indicadas na embalagem, durante 15 minutos.
- Retire, e escorra o excesso de água. Rasgue em bocados com as mãos e seque muito bem na centrífuga, no pano ou no papel-toalha.
- As folhas secas poderão ser conservadas em recipientes bem tampados na geladeira por até quatro dias, sem prejuízo de sua textura ou de qualidades nutritivas.

- Arrume em saladeira, acrescentando os demais ingredientes.

OBSERVAÇÃO

- Nunca corte as folhas. Quebre-as com as mãos, em bocados, depois de secas. Os tomates devem ser cortados pouco antes de sua utilização, para não ficarem secos.

PRECEITOS BÁSICOS PARA BOAS SALADAS

Escolha o tipo de salada adequada:

- leves, para refeições substanciosas;
- ácidas, para acompanhar peixes;
- agridoces, para acompanhar carnes escuras, presuntos etc.;
- substanciosas, como prato único.

Manipule cuidadosamente as verduras.

UTILIZAÇÃO DE MOLHOS

- Escolha o molho adequado à salada e à refeição.
- Regue a salada com o molho somente no momento de servir e misture com delicadeza, para não machucar as folhas.
- Use uma quantidade mínima de molho, para evitar que a salada fique murcha, encharcada e enjoativa. A quantidade de molho deve ser suficiente apenas para cobrir as folhas por igual.

RENDIMENTO: 6 PORÇÕES

Salada Caesar

PARA FAZER E COMER

Há inúmeras versões (todas originais, naturalmente) dessa salada criada, segundo a lenda, para melhorar os efeitos da ressaca de um jogador num hotel de mesmo nome em Las Vegas. Esta é uma delas, que talvez não cure ressaca, mas é bem saborosa.

PARA MARINAR

- ½ dente de alho descascado e cortado em 4 pedaços
- 3 colheres (sopa) de azeite

PARA O MOLHO

- ½ colher (sopa) de molho inglês
- ¼ a ½ colher (chá) de sal
- Pimenta-do-reino preta moída na hora
- ¼ de xícara de azeite

PARA A SALADA

- 6 a 7 xícaras de folhas de alface-crespa, alface-americana e escarola ou 1 pé da folha verde de sua preferência, lavadas, secas e rasgadas em bocados
- 3 a 4 anchovas dessalgadas em filetes (opcional)
- ¼ de xícara de queijo parmesão ralado ou a mesma medida de queijo gorgonzola ou *bleu* esmigalhado
- 1 ovo inteiro
- 2 a 3 colheres (sopa) de suco de limão
- 4 fatias de pão de forma, cortadas em cubinhos

PREPARE A MARINADA

√ Com 1 hora de antecedência, coloque o alho picado para marinar no azeite. Reserve.

PREPARE OS *CROÛTONS*

√ Leve os cubinhos de pão para assar a 180 °C por aproximadamente 15 minutos ou até que estejam levemente dourados. Retire do forno e reserve.

PREPARE O MOLHO

√ Momentos antes de servir, numa tigelinha, misture o molho inglês, o sal e a pimenta-do-reino e, batendo, adicione o azeite. Reserve.

PREPARE A SALADA

√ Disponha as folhas em uma saladeira e adicione os filés de anchovas, se desejar. Espalhe por cima o queijo parmesão. Em fio contínuo, despeje o molho sobre as folhas e misture muito bem.

√ Abra o ovo e adicione à salada. Regue com o suco de limão. Misture com delicadeza, fazendo o ovo desaparecer. Retire o alho do azeite e com ele regue os croûtons, misturando bem.

√ Espalhe os *croûtons* sobre a salada, misturando mais uma vez, e sirva imediatamente.

RENDIMENTO: 4 PORÇÕES
Salada de rúcula com laranja e azeitonas pretas
PARA FAZER E COMER

- 1 maço de rúcula sem os caules mais duros e com as folhas lavadas e secas
- 2 laranjas-pera cortadas em gomos (ver dica)
- ¼ de xícara de azeitonas pretas em lascas
- ½ cebola cortada em rodelas finas (opcional)

✓ Disponha em uma saladeira a rúcula, a laranja, as azeitonas e a cebola.

✓ Regue com uma receita de molho básico para salada (ver p. 46), substituindo o vinagre por vinagre balsâmico e suco de limão em partes iguais.

> **DICA**
> Para obter gomos de frutas cítricas, retire com uma faca afiada a casca e a pele branca, e faça cortes entre os segmentos, liberando os gomos.

OUTRAS SUGESTÕES

✓ Minirrúcula, segmentos de laranjas ou de toranja, fatias finas de cebola-roxa, azeitonas pretas em lascas e/ou lascas de muçarela defumada ou de queijo parmesão.

✓ Alface-americana, fatias de pera e queijo de cabra fresco.

✓ Erva-doce em lascas, temperada.

✓ Dez minutos antes de servir, use suco de limão e azeite, uvas, radicchio e queijo gorgonzola.

✓ Chuchu ralado grosso ou em fios (use o cortador de legumes japonês) e tiras de presunto cru.

MOLHOS

44 | RECEITAS PARA TODOS OS DIAS

Você pode preparar quatro vezes a quantidade de molho básico, colocar em um vidro tampado e guardar na geladeira para utilizar quando quiser.

RENDIMENTO: 4 PORÇÕES

Molho básico para salada

PARA FAZER E COMER

- ½ colher (chá) de sal
- 1 pitada de pimenta-do-reino (opcional)
- 1 colher (sopa) de vinagre de vinho branco ou de vinho tinto ou ½ colher (sopa) de suco de limão
- 3 colheres (sopa) de azeite ou óleo de milho

✓ Numa tigelinha, coloque o sal e a pimenta. Junte o vinagre ou o suco de limão, misturando para dissolver por completo. Junte, num fio, o azeite, batendo com um garfo ou batedor de arame (*fouet*) para formar uma emulsão. Regue a salada com o molho somente no momento de servir e misture com delicadeza, para não machucar as folhas. Use uma quantidade mínima de molho, para evitar que a salada fique murcha, encharcada e enjoativa. A quantidade ideal de molho é a suficiente para apenas cobrir as folhas por igual.

✓ Se desejar tornar o molho menos calórico, acrescente 2 colheres (sopa) de água fria.

DICAS
- Não se limite aos ingredientes habituais e use sua imaginação, respeitando sempre o equilíbrio de sabores: folhas de sabor mais delicado pedem molhos mais delicados, ao passo que outras, como rúcula, escarola etc., podem ser temperadas com molhos de sabores mais acentuados.
- Vinagre balsâmico: use-o com moderação, e não de forma sistemática, para não se tornar enjoativo. Experimente misturá-lo com suco de limão em partes iguais.

VARIAÇÕES DE MOLHO BÁSICO

RENDIMENTO: 4 PORÇÕES
Molho para carpaccio
PARA FAZER E COMER

✓ Utilizando as proporções da receita de molho básico para salada (ver p. 46), substitua o vinagre por suco de limão, junte 1 colher (chá) de mostarda, misture bem e use o dorso de uma colher para espalhar o molho nas fatias do carpaccio.

RENDIMENTO: 4 PORÇÕES
Molho de mostarda
PARA FAZER E COMER

✓ Utilizando as proporções da receita de molho básico para salada (ver p. 46), misture de 1 a 1 ½ colher (chá) de mostarda ao sal.

RENDIMENTO: 4 PORÇÕES
Molho de curry 1
PARA FAZER E COMER

✓ Utilizando as proporções da receita de molho básico para salada (ver p. 46), misture 1 colher (chá) de curry ao sal.

RENDIMENTO: 4 PORÇÕES

Molho de shoyu e ketchup
PARA FAZER E COMER

✓ Faça o molho básico para salada (ver p. 46) com ¼ de colher (chá) de sal, mais suco de limão, e junte 1 colher (café) de shoyu e ½ colher (sopa) de ketchup ou polpa de tomate. Acrescente o azeite, num fio, batendo para obter uma emulsão.

RENDIMENTO: 4 PORÇÕES

Vinagrete ao parmesão
PARA FAZER E COMER

- ¼ de xícara de folhas de salsa medidas bem apertadas na xícara
- 2 colheres (sopa) de vinagre de vinho branco
- 2 colheres (chá) de mostarda
- Sal e pimenta-do-reino branca
- ¼ de xícara de óleo de milho
- ¼ de xícara de azeite
- ½ xícara de queijo parmesão ralado

✓ No liquidificador, bata as folhas de salsa até ficarem bem picadas. Junte o vinagre, a mostarda, o sal e a pimenta e bata. Adicione o óleo e o azeite num fio contínuo, batendo sempre até obter uma emulsão. Transfira para uma tigela, junte o queijo parmesão e misture bem.

✓ Se desejar, acrescente ½ dente de alho picado à salsa, batendo bem.

MOLHO BRANCO

É usado em muitas preparações, e, por isso, é imprescindível que o seu preparo seja correto. Um bom molho branco é feito com manteiga, e não margarina, e com farinha de trigo, e não amido de milho. O leite poderá ser desnatado e, dependendo da utilização, ter uma parte substituída por um caldo de boa qualidade.

É importante que a mistura manteiga/farinha de trigo cozinhe de 1 a 2 minutos em fogo lento, mexendo sempre, para a farinha perder o gosto de crua.

Se utilizar leite frio, retire a mistura do fogo, incorpore o leite aos poucos e leve de volta ao fogo, mexendo sempre, para engrossar. Se o leite estiver fervente, continue com a panela em fogo lento e misture o líquido aos poucos, mexendo sem parar até ferver e engrossar.

A seguir, as proporções para três texturas diferentes de molho branco. O modo de preparo desta página serve para ambas as proporções.

RENDIMENTO: 2 PORÇÕES

Molho branco de textura rala (como creme de leite fino)

PARA FAZER E COMER

- 1 colher (sopa) de manteiga
- ½ a 1 colher (sopa) de farinha de trigo
- 1 xícara de leite
- ¼ de colher (chá) de sal
- ⅛ de colher (chá) de pimenta-do-reino

✓ Numa panela, aqueça a manteiga e junte a farinha de trigo, mexendo vigorosamente até obter uma mistura homogênea e borbulhante. Ainda mexendo sempre, cozinhe mais 1 minuto. Retire do fogo e incorpore o leite pouco a pouco, mexendo sempre para não empelotar. Adicione o sal e a pimenta. Leve de volta ao fogo brando e mexa sem parar até ferver e engrossar.

OBSERVAÇÃO
Utilize menor quantidade de farinha para os vegetais que contenham amido, como ervilha, batata, milho-verde etc., e maior quantidade para alimentos sem amido, como sopa de tomate etc.

RENDIMENTO: 4 PORÇÕES

Molho branco de textura média (como creme de leite batido)

PARA FAZER E COMER

- 2 colheres (sopa) de manteiga
- 2 colheres (sopa) de farinha de trigo
- 1 ½ xícara de leite
- ½ colher (chá) de sal
- ⅛ de colher (chá) de pimenta-do-reino

RENDIMENTO: 2 PORÇÕES

Molho branco de textura espessa (como massa de bolo crua)

PARA FAZER E COMER

- 4 colheres (sopa) de manteiga
- 4 colheres (sopa) de farinha de trigo
- 1 xícara de leite
- ½ colher (chá) de sal
- ⅛ de colher (chá) de pimenta-do-reino

VARIAÇÕES DE MOLHO BRANCO

RENDIMENTO: 2 PORÇÕES
Molho de queijo
PARA FAZER E COMER

✓ Use a receita básica de molho branco de textura rala (ver p. 49) e adicione ¼ de colher (chá) de mostarda em pó aos temperos. No final, junte ½ xícara de queijo parmesão ralado ou outro tipo de queijo forte, ralado ou picado, mexendo em fogo lento até derreter. Adequado para legumes, massas etc.

RENDIMENTO: 2 PORÇÕES
Molho de cogumelo
PARA FAZER E COMER

✓ Use a receita básica de molho branco de textura rala (ver p. 49). Antes de juntar a farinha de trigo, refogue na manteiga 1 colher (chá) de cebola ralada e 1 xícara de cogumelos crus durante uns 5 minutos. Termine o molho da maneira indicada. Adequado para massas.

RENDIMENTO: 2 PORÇÕES
Molho de curry 2
PARA FAZER E COMER

✓ Use a receita básica de molho branco de textura média (ver p. 50). Antes de acrescentar os demais ingredientes, refogue 1 colher (chá) de curry na manteiga. Adequado para frango, camarão etc.

RENDIMENTO: 4 PORÇÕES
Molho acebolado
PARA FAZER E COMER

Pode ser preparado com qualquer raspa de frigideira, seja de bifes, seja de filés de frango.

✓ Depois de pronta a carne, transfira-a para um prato e cubra de leve com papel-alumínio para conservar o calor. Acrescente à frigideira ou panela, em fogo lento, um pouco mais de óleo (ou de água) e junte 2 cebolas em rodelas finas, mexendo para ficarem bem douradas, raspando o fundo com uma colher de bambu para formar o molho.

✓ Se desejar, acrescente neste momento tomates em cubinhos, pimentões em tirinhas etc., deixando dourar e cozinhar até o ponto desejado, juntando mais sal.

OBSERVAÇÃO
Pode-se acrescentar também vinagre, ou suco de limão, ou gotas de molho inglês, ou molho de pimenta.

MOLHOS À BASE DE TOMATE

Os molhos a seguir foram "abrasileirados" e adaptados para uso diário, sendo menos calóricos e de preparo mais rápido.

RENDIMENTO: 2 PORÇÕES

Molho rápido de tomate
PARA FAZER E COMER

Esta receita é da respeitada chef e grande cuoca *Monika Galloni.*

- 4 colheres (sopa) de óleo
- 1 colher (sopa) de azeite
- 2 dentes de alho cortados em fatias grossas
- 1 colher (sopa) de cebola picada
- 4 tomates grandes maduros e firmes, sem pele e sem sementes, picados, ou 1 lata (400 g) de tomates pelados
- ½ xícara de vinho tinto seco
- 1 colher (chá) de sal ou a gosto
- 1 pitada de açúcar
- Raminhos de manjericão (opcional)

✓ Numa frigideira grande, aqueça o óleo e o azeite, junte o alho, a cebola e os tomates e refogue em fogo alto. Acrescente o vinho, abaixe o fogo e deixe ferver em fogo lento por aproximadamente 20 minutos. Junte o sal, o açúcar e as folhas de manjericão, se desejar.

RENDIMENTO: 4 PORÇÕES

Molho de tomate à bolonhesa
PARA FAZER E COMER

✓ Proceda como na receita de molho de tomate ao sugo (ver receita a seguir).

✓ Depois de refogar a cebola e o alho, junte ½ kg de carne magra moída, de preferência patinho, de uma só vez.

✓ Se quiser, depois de refogada a carne, adicione 2 colheres (sopa) de vinho tinto e cozinhe mais um pouco, para o álcool evaporar. Em emergências, é possível substituir os tomates por uma mistura de ½ kg de polpa de tomate industrializada de excelente qualidade e ½ a 1 xícara de água.

RENDIMENTO: 4 PORÇÕES

Molho de tomate ao sugo

PARA FAZER E CONGELAR PRONTO

- 2 colheres (sopa) de óleo
- 1 colher (sopa) de manteiga
- 2 cebolas de tamanho médio bem picadas ou raladas
- 1 dente de alho picado e amassado
- 1 kg de tomate maduro e firme, sem sementes, picado, batido no liquidificador e peneirado, ou 2 latas (400 g cada) de tomates pelados
- 1 buquê garni (10 ramos de salsa, 1 cebolinha-verde, 1 folha de louro e 1 raminho de tomilho ou orégano fresco amarrados com barbante cru)
- 1 colher (chá) farta de sal
- 1 colher (café) de açúcar

✓ Numa panela pequena, de 18 a 20 cm de diâmetro, aqueça o óleo e a manteiga e doure a cebola e o alho. Junte o tomate e os temperos, deixando cozinhar tudo em fogo baixo, por aproximadamente 1 hora, com a panela semitampada. Depois que estiver espesso, retifique o tempero e retire do fogo.

RENDIMENTO: 2 PORÇÕES

Molho ao *pesto*

PARA FAZER E COMER

- 2 ½ xícaras de folhas de manjericão lavadas e secas
- 1 dente de alho picado (descarte a parte central)
- ½ colher (sopa) de sal ou a gosto
- 2 colheres (sopa) de *pinoli*, nozes ou de castanha-do-pará
- 2 colheres (sopa) de queijo parmesão ralado fino
- ¼ de xícara de chá de azeite

✓ Bata no liquidificador o manjericão, o alho, o sal, o *pinoli* (ou outra oleaginosa) e o azeite até ficar homogêneo. Transfira a mistura do liquidificador para uma tigela, misturando o queijo parmesão ralado fino. Caso sirva o *pesto* com massa, reserve 2 colheres (sopa) da água de cozimento e adicione ao molho no momento de misturar à massa.

SUFLÊS

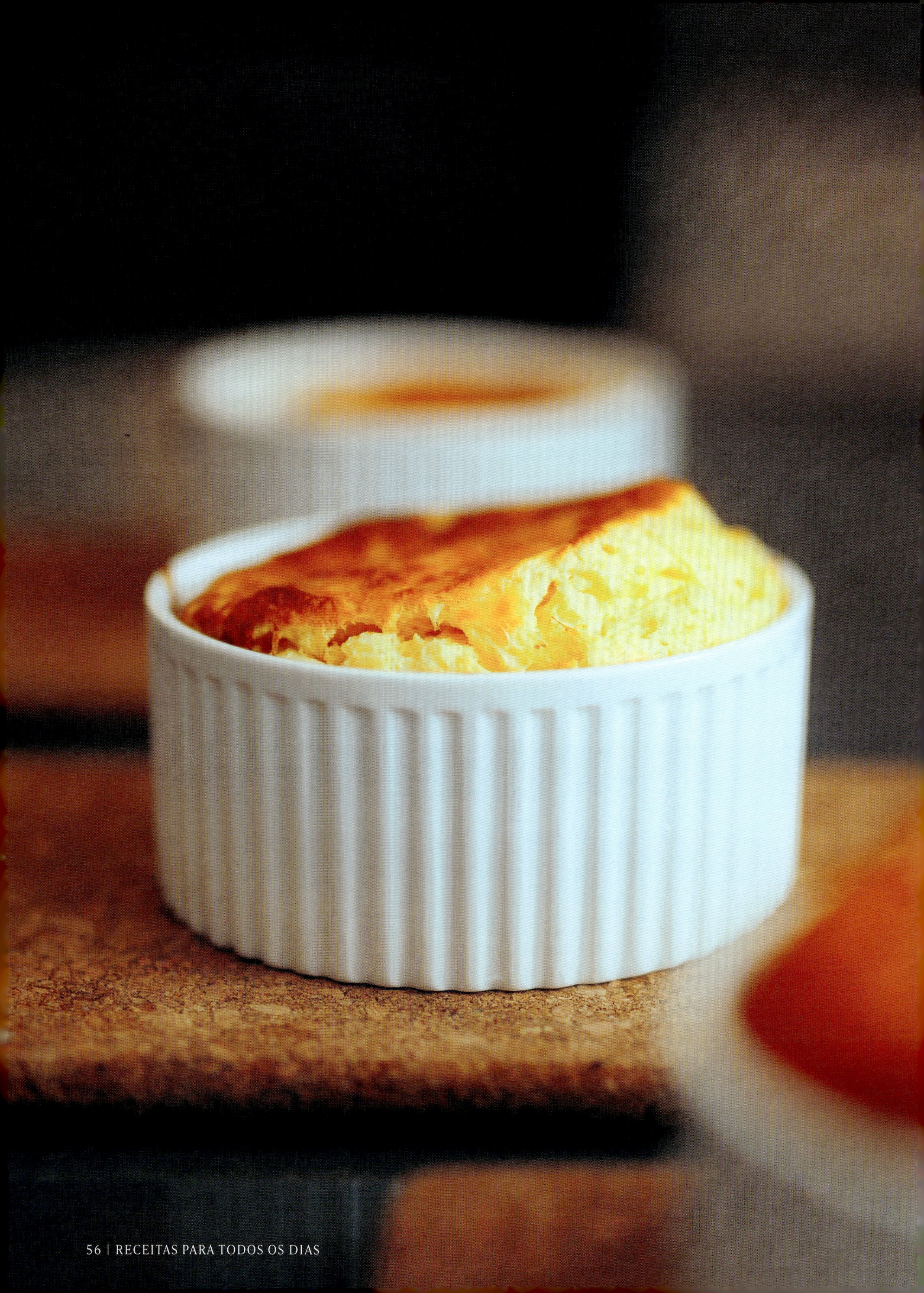

COMO PREPARAR UM SUFLÊ PERFEITO

O preparo dos suflês é menos complicado ou delicado do que parece.

- Pode-se preparar a base cremosa e, antes de levá-la ao forno, bater e misturar as claras em neve.
- O preparo das claras em neve é o ponto crítico de qualquer suflê. As receitas em geral pedem a adição de um pouco de sal, gotas de suco de limão ou cremor de tártaro antes de começar a batê-las, para ajudar a formar bolhas menores e mais firmes. Qualquer um desses ingredientes funciona muito bem, mas, para os suflês salgados, é preferível usar uma boa pitada de sal.
- As claras, sempre em temperatura ambiente, devem ser batidas apenas até formarem picos macios, mas firmes. Antes desse ponto ideal, elas não crescerão bem e, se forem batidas em neve, mas ficarem firmes demais, poderão se fragmentar ao serem misturadas à base. No entanto, uma vez batidas, são extremamente duráveis. O processo ideal para incorporá-las à base é adicionar as claras batidas em três tempos, com auxílio de uma espátula plástica ou de silicone, misturando delicadamente em movimentos vagarosos, até obter uma mistura homogênea e aerada.
- O recipiente deve ser generosamente untado com manteiga em temperatura ambiente. É também recomendável salpicar uma camada de um ingrediente seco (farinha de rosca ou de trigo, queijo parmesão ou açúcar) para dar ao suflê uma espécie de "grade" para amparar seu crescimento.
- Disponha a mistura no centro da fôrma, deixando que se assente por si. A mistura deve ficar mais alta no centro e não ser alisada com uma espátula.
- O forno deve sempre ser preaquecido em temperatura moderada (200 °C) 10 minutos antes. A temperatura do forno deve ser sempre a mesma, e nunca diminuída, para fazer o suflê "esperar um pouquinho". Uma temperatura alta demais fará com que o suflê cresça e doure muito rapidamente, sem consolidar o seu interior.
- O suflê estará pronto quando tiver uma crosta firme e dourada e, uma vez tirado do forno, deve ser servido imediatamente.
- Um suflê bem-feito deve ter a proporção correta de gemas e claras e sabor pronunciado do ingrediente principal.
- As receitas a seguir devem ser preparadas nas fôrmas adequadas, com 1 litro de capacidade, 7 cm de altura, 13,5 cm de diâmetro, fundo reto; deve-se deixar apenas 1 cm de borda livre. Se houver necessidade de aumentar a receita, mantenha sempre essa proporção.

RENDIMENTO: 6 PORÇÕES

Suflê de espinafre
PARA FAZER E COMER

PARA O MOLHO BRANCO
- 2 colheres (sopa) de manteiga
- 1 colher (sopa) de cebola ralada
- 2 colheres (sopa) de farinha de trigo
- 1 xícara de leite
- ¼ a ½ colher (chá) de sal
- 1 pitada de pimenta-do-reino branca
- 1 pitada de noz-moscada ralada na hora

PARA O SUFLÊ
- 1 xícara de folhas de espinafre e os talos mais finos
- 3 a 4 colheres (sopa) de queijo parmesão ralado
- 2 ovos separados
- 1 pitada de sal

PREPARE O ESPINAFRE
✓ Em uma panela rasa e larga, coloque as folhas de espinafre e os talos mais finos. Junte apenas 1 pitada de sal e a água que ficou nas folhas depois da lavagem. Ligue o fogo, deixe que as folhas aqueçam bem e tampe. Depois de alguns segundos, abra a tampa e verifique que terão murchado e encolhido. Desligue o fogo, espere amornar, retire as folhas e os talos cozidos, escorra sobre uma peneira, esprema o excesso de água e pique para usar.

PREPARE O MOLHO BRANCO
✓ Numa panela, derreta a manteiga e doure a cebola. Junte a farinha de trigo, deixando cozinhar em fogo baixo durante 1 minuto, mexendo sempre, até obter uma mistura homogênea com borbulhas.

✓ Retire do fogo e junte o leite aos poucos, sem parar de mexer. Acrescente o sal, a pimenta e a noz-moscada e leve de volta ao fogo lento, mexendo até ferver. Retire do fogo.

PREPARE O SUFLÊ
✓ Junte o espinafre, o queijo ralado e as gemas, uma a uma, misturando bem à base de molho branco, que deve estar em temperatura ambiente. Não faça a mistura com a base do molho quente, pois as gemas podem cozinhar antes do tempo.

✓ Preaqueça o forno a 200 °C.

✓ Coloque as claras na tigela da batedeira com auxílio do globo ou em uma tigela grande – faça esse processo com um mixer de mão com *fouet* acoplado –, bata as claras com uma pitada de sal até o ponto em que estejam macias. Elas não devem ficar muito firmes. Quando chegarem no ponto de picos macios, aos poucos e delicadamente, incorpore as claras à mistura de espinafre. Despeje a massa obtida na fôrma previamente preparada e asse na grade do meio do forno por 30 minutos ou até o suflê crescer, consolidar-se e ficar dourado.

✓ Caso o suflê doure muito rapidamente, é sinal de que o forno estava muito forte. Reduza a temperatura para 170 °C e observe o cozimento no tempo indicado.

OBSERVAÇÃO
Esta receita básica pode ser utilizada com abobrinha, cenoura, couve-flor ou outro legume de sua preferência.

RENDIMENTO: 6 PORÇÕES

Suflê de queijo

PARA FAZER E COMER

- 1 receita de base de molho branco sem a cebola (ver p. 58)
- 3 gemas
- 1 xícara de queijo parmesão ralado
- 4 claras
- 1 pitada de pimenta-do-reino branca
- 1 pitada de noz-moscada ralada na hora
- 1 pitada de sal

✓ Faça o molho branco da maneira indicada na p. 58 e retire do fogo. Deixe amornar.

✓ Numa tigela, bata ligeiramente as gemas e aqueça-as com um pouco do molho. Isso fará com que as gemas não cozinhem antes da hora. Acrescente o molho restante e leve de volta à panela para ferver e engrossar, mexendo sempre.

✓ Retire a panela do fogo e junte o queijo parmesão, a pimenta e a noz-moscada. Reserve para esfriar.

✓ Preaqueça o forno a 200 °C.

✓ Coloque as claras na tigela. Bata as claras, na batedeira, mixer de mão ou *fouet*, com uma pitada de sal, até o ponto em que estejam macias e não firmes demais. Quando chegarem no ponto de picos macios, aos poucos e delicadamente, incorpore-as à mistura de queijo, que deve estar fria. Despeje a massa obtida na fôrma previamente preparada e asse na grade intermediária do forno por 30 minutos a 180 °C ou até o suflê crescer, consolidar-se e ficar dourado.

✓ Caso o suflê doure muito rápido, é sinal de que a temperatura do forno está alta. Reduza a temperatura para 170 °C e observe o cozimento no tempo indicado.

RENDIMENTO: 6 PORÇÕES
Suflê de chuchu
PARA FAZER E COMER

- 3 chuchus de bom tamanho, descascados e cozidos em água com pouco sal
- 1 receita do molho branco, mas sem a cebola (ver p. 58)
- 3 ovos separados
- 2 a 3 colheres (sopa) de queijo parmesão ralado
- 1 pitada de sal

✓ Descasque os chuchus, corte-os ao meio e retire o miolo branco.

✓ Leve-os a uma panela média com água suficiente para cobri-los e uma pitada de sal. Ligue o fogo e deixe cozinhando em fogo médio até que fiquem bem macios ao toque de um garfo.

✓ Depois de bem cozidos, escorra numa peneira e despreze a água. Corte os chuchus em pedaços pequenos (ou passe por peneira), retorne esses pedaços (ou o purê) para a panela e leve ao fogo moderado para secar, mexendo sempre para não grudar no fundo. Retire do fogo e reserve. Prepare o molho branco da maneira indicada na p. 58. Coloque as gemas em uma tigela e bata com um garfo ou *fouet*, adicionando um pouco do molho branco ainda morno para aquecer. Junte o restante do molho branco e leve tudo de volta ao fogo, adicionando o chuchu peneirado e o queijo ralado. Reserve para amornar.

✓ Preaqueça o forno a 200 °C.

✓ Com auxílio da batedeira ou mixer com *fouet* acoplado, bata as claras com a pitada de sal até o ponto em que estejam macias, mas não firmes demais. Quando chegarem no ponto de picos macios, aos poucos e delicadamente, incorpore-as à mistura de chuchu e acerte os temperos. Despeje a massa obtida na fôrma previamente preparada e asse na grade intermediária do forno a 180 °C por 30 minutos, ou até o suflê crescer, consolidar-se e ficar dourado.

✓ Caso o suflê doure muito rápido, é sinal de que o forno estava muito forte. Reduza a temperatura para 170 °C e observe o cozimento no tempo indicado.

RENDIMENTO: 6 PORÇÕES

Flan de queijo
PARA FAZER E COMER

- 1 ½ colher (sopa) de farinha de trigo
- 750 ml (¾ de litro) de leite integral
- ½ a ¾ de colher (chá) de sal
- 1 pitada de pimenta-do-reino branca
- 5 ovos em temperatura ambiente
- 1 ¼ de xícara (100 g) de queijo parmesão ralado

✓ Dissolva a farinha de trigo em ¼ de xícara de leite e coloque numa panela média de bordas altas. Junte o restante do leite, um pouco de sal e pimenta.

✓ Leve a panela ao fogo e mexa até engrossar e ficar cremoso. Cuidado para não queimar: deixe o fogo brando neste momento. Quando o creme ficar bem espesso, com textura de mingau, reserve para o preparo seguinte.

✓ Preaqueça o forno a 200 °C.

✓ À parte, numa tigela média, bata bem os ovos com um *fouet* até espumarem ligeiramente. Acrescente, aos poucos, o creme feito anteriormente, ainda bem quente. Não coloque todo o creme de uma vez, pois os ovos podem cozinhar e talhar a mistura: vá colocando aos poucos e mexendo bem para homogeneizar as temperaturas.

✓ Acrescente o queijo ralado e prove o sal. Despeje o flan na fôrma e asse em banho-maria de água fervente em forno preaquecido a 200 °C por aproximadamente 40 minutos. Você pode testar o ponto do flan inserindo a lâmina de uma faca no centro do preparo: se sair limpa, é sinal de que está pronto.

✓ Após assado, retire a fôrma do forno e aguarde alguns minutos antes de desenformar sobre o prato escolhido para servir. Se desejar, cubra com um bom molho de tomates ou bechamel de cogumelos.

OBSERVAÇÕES
Esta é uma receita de textura oposta à de um suflê, mas com a mesma função, servido como entrada ou acompanhamento.

Se servir o flan como acompanhamento de grelhados ou milanesas, não será necessário utilizar nenhum tipo de molho.

ARROZ

RENDIMENTO: 6 PORÇÕES

Arroz simples
PARA FAZER E CONGELAR PRONTO

- 1 ½ colher (sopa) de óleo
- ½ colher (chá) de alho bem picado
- 1 xícara de arroz
- 1 ¼ de xícara (250 ml) de água fria (ou um pouco mais, se desejá-lo mais cozido)
- ½ colher (chá) de sal
- ½ folha de louro (opcional)

✓ Numa panela, aqueça o óleo e doure rapidamente o alho. Acrescente em seguida o arroz, mexendo sempre até os grãos ficarem soltos, secos e brilhantes.

✓ Junte a água, o sal e, se desejar, o louro. Verifique o sal e mexa de vez em quando até ferver. Abaixe o fogo e tampe a panela.

✓ Depois de cozinhar o arroz de 10 a 12 minutos, desligue o fogo e espere alguns minutos antes de servir. Afofe com um garfo e retire-o da panela.

APROVEITAMENTO DE SOBRAS

RENDIMENTO: 15 UNIDADES

Bolinhos de arroz
PARA FAZER E COMER

- 2 xícaras de arroz pronto
- 3 colheres (sopa) de salsa picada
- 1 ovo
- ½ colher (café) rasa de fermento em pó
- 2 colheres (sopa) de queijo parmesão ralado
- Sal e pimenta-do-reino
- Farinha de trigo para empanar
- Óleo para fritar ou azeite para pincelar (para fazer na *air fryer*)

✓ No liquidificador ou processador, coloque o arroz, a salsa, o ovo, o fermento e o queijo. Bata até misturar. Transfira para uma tigela e tempere com sal e pimenta a gosto.

✓ Forme bolinhos com auxílio de duas colheres ou enrole na mão, passe pela farinha de trigo e frite em óleo quente até ficarem dourados. Retire e escorra em papel-toalha.

NA *AIR FRYER*

✓ Preaqueça a *air fryer* em 180 °C por 5 minutos. Pincele todos os lados dos bolinhos com azeite e acomode-os diretamente no cesto, deixando um espaço de dois dedos entre eles para que o ar possa circular bem. Recoloque o cesto no equipamento, aumente a temperatura para 200 °C e asse de 8 a 10 minutos a depender do modelo da *air fryer*. Quando prontos, os bolinhos precisam estar muito crocantes e douradinhos por fora. Não é necessário virá-los. Sirva imediatamente.

RENDIMENTO: 4 PORÇÕES

Arroz de forno

PARA FAZER E COMER

✓ Junte um pouco de polpa ou molho de tomate ao arroz já pronto, só para dar cor, sem empapar.

✓ Para 2 xícaras de chá de arroz cozido e frio, adicione ½ xícara de chá de ervilhas congeladas ou em conserva, ½ xícara de chá de palmito em conserva em pedaços pequenos, 1 colher de sopa de azeitonas verdes em lascas, 2 ovos cozidos em pedaços não muito pequenos, e, se tiver, sobras de frango ensopado ou assado em lascas, sem pele.

✓ Disponha os ingredientes num recipiente refratário, cubra com queijo parmesão ralado e leve ao forno a 180 °C para aquecer.

RENDIMENTO: 6 PORÇÕES

Risoto à milanesa rápido

PARA FAZER E COMER

- 4 xícaras de arroz pronto
- 2 colheres (sopa) de manteiga
- 2 ovos
- ½ xícara de queijo parmesão ralado
- ½ colher (chá) de noz-moscada ralada na hora
- Sal e pimenta-do-reino branca

✓ Numa panela, misture o arroz, de preferência frio, à manteiga e aos ovos. Mexa em fogo baixo para aquecer o arroz e para os ovos perderem o gosto de cru.

✓ Adicione o restante dos ingredientes, verifique o tempero e sirva bem quente.

RENDIMENTO: 6 PORÇÕES

Arroz com cenoura

PARA FAZER E COMER

✓ Lave a cenoura e rale no ralo grosso até obter 1 xícara.

✓ Siga as instruções de preparo da receita de arroz (p. 64). Quando o arroz estiver quase seco, acrescente a cenoura, tempere com mais sal e termine o cozimento.

✓ Se desejar, junte 2 colheres (sopa) de salsa picada.

RENDIMENTO: 4 PORÇÕES
Arroz com brócolis
PARA FAZER E COMER

✓ Refogue florzinhas de um brócolis médio já branqueadas em alho picado e azeite. Acrescente ao arroz, tempere com sal e sirva como acompanhamento para ensopados, bacalhau, cordeiro etc.

RENDIMENTO: 6 PORÇÕES
Salada de arroz ao curry
PARA FAZER E COMER

PARA A SALADA
- 3 xícaras de arroz pronto, não muito mole
- ⅓ de xícara de salsão bem picado
- 2 colheres (sopa) de *dill* (endro) picado com tesoura
- ⅓ de xícara de alho-poró bem picado (parte branca)
- Tomates-cereja e ramos de *dill* para decorar
- Sal

PARA O MOLHO
- ½ xícara de maionese, de preferência light
- ½ colher (chá) de curry em pó
- Gotas de Tabasco ou de pimenta-vermelha

PREPARE A SALADA
✓ Misture bem todos os ingredientes.

PREPARE O MOLHO
✓ Misture os ingredientes e adicione-os à salada. Decore com tomates-cereja e ramos de *dill*. Conserve tampado na geladeira até o momento de servir.

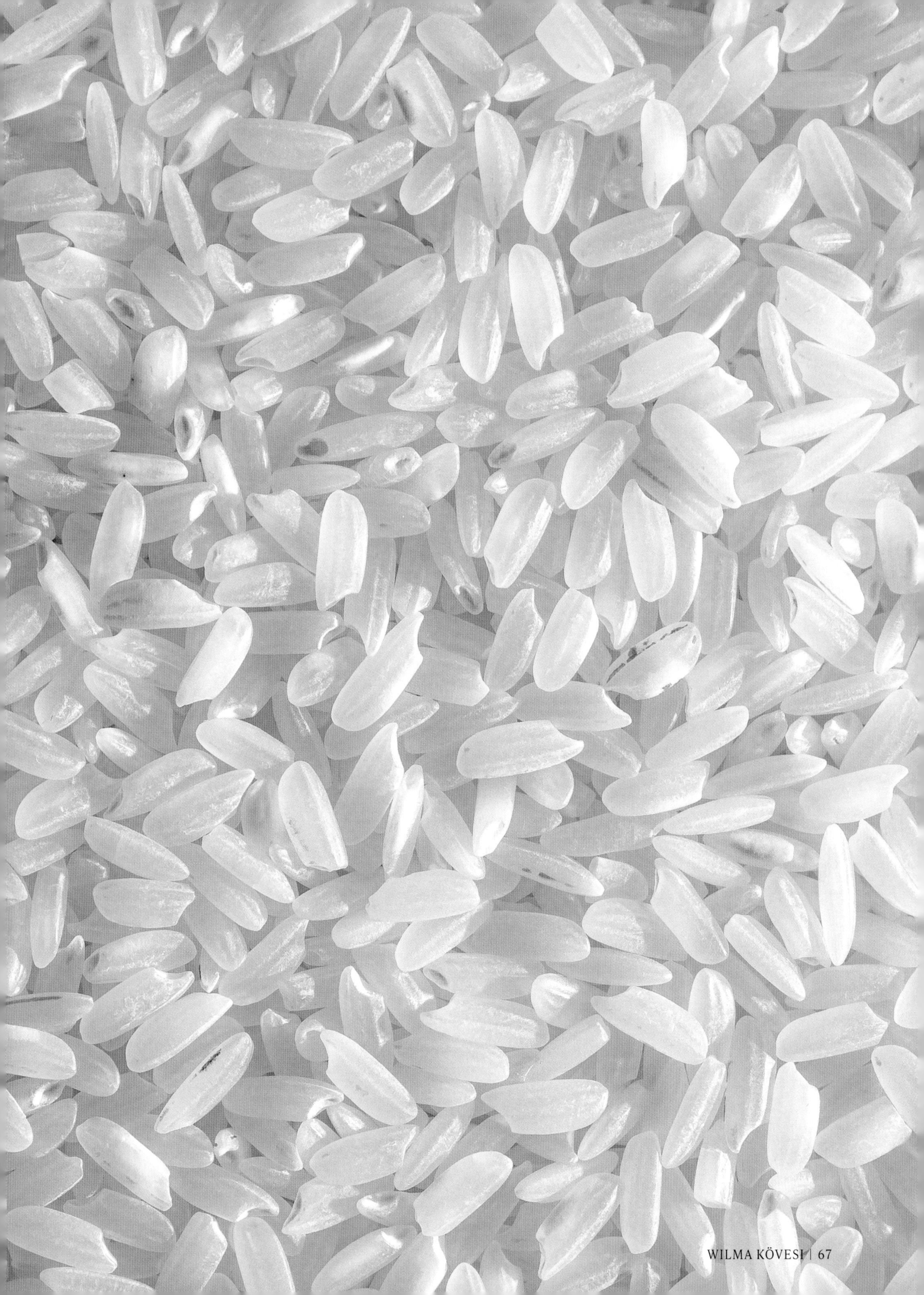

FEIJÃO

RENDIMENTO: 8 PORÇÕES

Feijão

PARA FAZER COM ANTECEDÊNCIA | PARA FAZER E CONGELAR PRONTO

- 1 xícara de feijão cru (do tipo que preferir)
- 2 xícaras de água fria para deixar de molho
- 1 ½ litro de água para cozinhar o feijão
- 2 pedaços pequenos de toucinho defumado, paio ou similar (opcional)
- ½ folha de louro (opcional)

PARA REFOGAR

- ½ colher (sopa) de óleo
- ½ dente de alho bem picado
- ½ colher (chá) de sal ou a gosto

✓ Meça o feijão, espalhe sobre uma superfície, retire os grãos imperfeitos e as pedrinhas ou impurezas, se houver. Lave num escorredor.

✓ Coloque numa tigela, cubra com a água fria e deixe de molho por 8 horas. Jogue fora a água. Coloque o feijão, 1 ½ litro de água, o toucinho e a folha de louro numa panela de pressão. Tampe e leve ao fogo moderado (180 °C) até atingir a pressão.

✓ Abaixe o fogo e deixe cozinhar de 30 a 40 minutos.

✓ Tome os cuidados necessários para deixar sair todo o vapor. Abra a panela e veja se o feijão está cozido. Se ainda não estiver, junte mais um pouco de água, se necessário, e cozinhe por mais 10 a 15 minutos, com a panela apenas tampada, sem pressão.

✓ Numa frigideira, aqueça o óleo, junte o alho e deixe dourar, sem queimar. Acrescente o sal e duas conchas de grãos de feijão. Amasse ligeiramente com a concha e deixe ferver um pouco. Despeje na panela com o feijão restante, tempere com sal e ferva em fogo lento por aproximadamente 20 minutos, até apurar o gosto e o caldo engrossar no ponto desejado.

APROVEITAMENTO DE SOBRAS

RENDIMENTO: 6 PORÇÕES
Virado de feijão
PARA FAZER E COMER

- ¼ de xícara de óleo
- 1 dente de alho bem picado
- ½ xícara de cebola bem picada ou cortada em fatias finas
- 2 xícaras de feijão pronto (1 ½ xícara de grãos e ½ xícara de caldo)
- 1 xícara de farinha de mandioca ou de milho
- Sal

✓ Numa panela, aqueça o óleo e refogue o alho e a cebola, sem deixar queimar. Junte os grãos de feijão e o caldo e amasse bem, em fogo lento. Acrescente a farinha, misturando muito bem. Aqueça e sirva imediatamente, para não secar.

RENDIMENTO: 6 PORÇÕES
Sopa de feijão
PARA FAZER E COMER

- 1 ½ colher (sopa) de óleo
- 2 colheres (sopa) de cebola ralada
- ½ dente de alho bem picado
- 2 xícaras de feijão pronto
- Água (se necessário)
- 1 xícara de macarrão tipo aletria ou outro de formato semelhante, cozido à parte ou a gosto
- Sal

✓ Numa frigideira, aqueça o óleo e doure rapidamente a cebola e o alho. No liquidificador, bata o feijão e o refogado de alho e cebola, juntando água e sal, se necessário.

✓ Transfira para uma panela e acrescente o macarrão, aquecendo bem antes de servir, sem deixar desmanchar.

BATATA

RENDIMENTO: 4 PORÇÕES

Purê de batata

PARA FAZER E COMER

- ½ kg de batata descascada cortada em pedaços
- ½ colher (sopa) + 1 colher (chá) de sal ou a gosto
- 1 ½ colher (sopa) de manteiga
- ½ xícara de leite
- 1 gema crua (opcional)
- 1 pitada de noz-moscada ralada na hora ou queijo parmesão ralado (opcional)

✓ Numa panela, coloque a batata e ½ colher (sopa) de sal e cubra com água. Tampe e cozinhe em fogo moderado até ficar bem macia. Escorra a água e imediatamente passe a batata pelo espremedor.

✓ Coloque na panela novamente e leve ao fogo lento por alguns minutos, mexendo para secar um pouco.

✓ Acrescente a manteiga, mexendo vigorosamente, e adicione o leite aos poucos (se quiser, junte a gema), continuando a mexer, para obter um purê leve e cremoso.

✓ Tempere com o sal restante e, se desejar, acrescente a noz--moscada ou o queijo parmesão. Sirva imediatamente.

OBSERVAÇÕES

As batatas cozidas não podem esfriar antes de se preparar o purê, senão ele poderá ficar empedrado.

Se preferir fazer o purê com antecedência, adicione um pouco de leite no momento de aquecê-lo.

RENDIMENTO: 15 UNIDADES
Croquetes de batata
PARA FAZER E COMER

- 1 xícara de purê de batata frio (receita anterior)
- 1 gema
- 1 colher (sopa) de salsa bem picada
- 1 colher (sopa) de queijo parmesão ralado
- 2 colheres (sopa) de farinha de trigo
- Sal e pimenta-do-reino branca

PARA EMPANAR
- 1 ovo ligeiramente batido
- Farinha de trigo
- Farinha de rosca de boa qualidade
- 1 pitada de sal
- Óleo para fritar ou azeite para pincelar (para fazer na *air fryer*)

✓ Numa vasilha, misture o purê pronto, a gema, os temperos (sal e pimenta-do-reino) e a farinha de trigo, amassando bem.

✓ Forme os croquetes e faça o empanamento da seguinte forma: coloque em tigelas separadas ou em pratos fundos a farinha de trigo, o ovo batido e a farinha de rosca. Passe cada croquete na farinha de trigo, retire o excesso e passe pelo ovo batido. Por fim, passe na farinha de rosca, apertando para aderir.

✓ Aqueça bastante óleo em uma panela pequena e, assim que estiver quente, frite aos poucos os croquetes, até ficarem dourados. Escorra o excesso de óleo da fritura em papel-toalha e sirva imediatamente.

NA *AIR FRYER*
✓ Preaqueça sua *air fryer* em 180 °C por 5 minutos. Pincele todos os lados dos croquetes com azeite e acomode-os diretamente no cesto, deixando um espaço de 2 dedos entre eles para que o ar possa circular bem. Recoloque o cesto no equipamento, aumente a temperatura para 200 °C e asse de 8 a 10 minutos, a depender do modelo da sua *air fryer*. Eles precisam estar douradinhos por fora e crocantes. Não é necessário virar os croquetes. Sirva imediatamente.

RENDIMENTO: 4 PORÇÕES
Batatas recheadas
PARA FAZER E COMER

- 4 batatas
- 1 gema
- ½ xícara de leite
- 1 colher (chá) de manteiga em temperatura ambiente
- Sal, pimenta-do-reino branca e noz-moscada ralada na hora
- Queijo parmesão
- Páprica doce

✓ Escolha quatro batatas grandes e bonitas, aproximadamente do mesmo tamanho, e lave-as muito bem, conservando a casca. Embrulhe-as em papel-alumínio e leve-as ao forno preaquecido moderado (180 °C) por aproximadamente 40 minutos ou até ficarem macias, testando o cozimento com um garfo. Retire-as do forno e desembrulhe-as do papel-alumínio para que esfriem um pouco.

✓ Corte-as pela metade ou, caso sejam menores, só retire uma tampa. Com cuidado, usando 1 colher (chá), retire a polpa das batatas, coloque em uma tigela e amasse com o garfo.

✓ Junte 1 gema, ½ xícara de leite, 1 colher (chá) de manteiga em temperatura ambiente, o sal, a pimenta-do-reino branca e a noz-moscada. Misture, amassando com o auxílio de um garfo.

✓ Recheie as batatas com essa mistura, salpique queijo parmesão e páprica doce. Leve ao forno ou na *air fryer* a 200 °C de 5 a 10 minutos, até dourar bem e gratinar.

RENDIMENTO: 4 PORÇÕES
Batata com leite ao forno
PARA FAZER E COMER

✓ Num recipiente refratário raso, bem untado com manteiga ou azeite, disponha camadas de batata crua descascada e cortada em rodelas finas ou raladas no ralo grosso. Polvilhe cada camada com um pouco de sal e uma pitada de pimenta-do-reino branca.

✓ Por cima, despeje leite fervente (com uma pitada de noz-moscada ralada, se desejar) em quantidade suficiente para cobrir toda a batata.

✓ Leve ao forno a 180 °C ou na *air fryer* a 160 °C, até a batata ficar tenra e cremosa. Você pode testar espetando um garfo para garantir que estejam cozidas, o que deve levar de 20 a 25 minutos, aproximadamente.

RENDIMENTO: 4 PORÇÕES
Batata frita
PARA FAZER E COMER

✓ Descasque quatro batatas grandes, corte-as no formato e na espessura desejados e lave em água fria corrente. Deixe-as em água gelada durante uns 20 minutos. Escorra as batatas e seque-as muito bem com pano ou papel absorvente.

✓ Aqueça bastante óleo em uma frigideira ou panela de fundo largo. Frite aos poucos, numa só camada, mexendo de vez em quando com a escumadeira, para fritarem por igual. Quando atingirem o ponto desejado, retire com uma escumadeira e escorra o excesso de óleo no papel-toalha. Tempere com sal e sirva imediatamente.

DICA

- Se preferir fazer na *air fryer*, preaqueça-a a 160 °C por 5 minutos. Escorra a batata da água gelada, seque bem e coloque numa tigela para temperar com azeite ou óleo neutro – milho ou girassol – e misture com as mãos para que tudo fique bem envolvido na gordura.
- Retire o cesto da *air fryer*, acomode as batatas em uma única camada, sem empilhar, e mantenha a temperatura de 160 °C de 12 a 15 minutos, ou até que fiquem cozidas. Depois desse tempo, aumente a temperatura para 200 °C por mais 4 a 5 minutos, até dourar bem.
- Neste momento, termine de temperar com sal e temperos, como páprica e sal com ervas, ou o que você preferir. Sirva imediatamente.

OBSERVAÇÃO

Batatas cortadas mais grossas resultarão em uma crosta crocante e um interior macio. Cortes mais finos produzirão batatas fritas mais crocantes.

RENDIMENTO: 4 PORÇÕES

Batata palha
PARA FAZER E COMER

✓ Faça como na receita de batata frita (ver p. 76), ralando quatro batatas grandes no ralo grosso. Lave e deixe de molho na água gelada. Frite da mesma forma, também aos poucos. A batata palha pode ser conservada em recipientes hermeticamente fechados e aquecida no forno um pouco antes de servir.

OBSERVAÇÃO
Para quantidades maiores, é conveniente pré-fritar a quantidade desejada, deixá-la em temperatura ambiente e terminar a fritura pouco antes de servir.

RENDIMENTO: 4 PORÇÕES

Fitas de batata frita
PARA FAZER E COMER

✓ Descasque quatro batatas grandes e, no sentido do comprimento, corte-as em fatias de 1,5 cm de espessura. Com o cortador de legumes, retire fitas longas e finas, mergulhando-as numa tigela com água fria e cubos de gelo durante uns 15 minutos. Escorra e seque bem com um pano ou papel absorvente. Aqueça bem o óleo e frite as fitas aos poucos, para o óleo não esfriar muito. As fitas deverão ficar bem douradas, sem escurecer. Escorra o excesso de óleo em papel-toalha e salpique com sal grosso pulverizado.

✓ Se quiser fazer na *air fryer*, proceda como no preparo das batatas fritas (ver p. 76).

RENDIMENTO: 6 PORÇÕES

Creme de batata na panela de pressão
PARA FAZER E COMER

- 4 xícaras de batata descascada cortada em cubinhos
- 1 cebola pequena bem picada ou ralada
- 1 folha de louro (opcional)
- 1 ¼ de xícara de leite
- 2 colheres (sopa) de manteiga ou azeite em temperatura ambiente
- 2 colheres (sopa) de farinha de trigo
- 1 ½ a 2 colheres (chá) de sal pimenta-do-reino branca
- 1 xícara de queijo prato ralado (opcional)

✓ Na panela de pressão, coloque as batatas com a cebola, a folha de louro e o leite. Numa tigelinha à parte, misture a manteiga, a farinha de trigo, o sal e a pimenta. Forme uma bola e acrescente aos ingredientes da panela, sem misturar. Feche a panela e cozinhe em fogo lento até atingir a pressão. Deixe em fogo lento durante 15 minutos. Retire do fogo, deixe sair a pressão e abra a panela.

✓ Verifique o cozimento, mexa e, caso necessário, deixe secar por alguns minutos, sem pressão, mexendo em fogo lento.

✓ Se desejar, junte o queijo ralado. Verifique o tempero e sirva bem quente.

RENDIMENTO: 6 PORÇÕES

Tiras de batata ao forno
PARA FAZER E COMER

- ½ kg de batata (aproximadamente 5 unidades médias)
- 2 colheres (sopa) de manteiga derretida ou azeite
- ½ colher (chá) de alecrim ou orégano (opcional)
- Sal grosso, sal de alho ou sal comum

✓ Sem descascar, lave bem as batatas e corte-as em oito tiras cada uma, no sentido do comprimento.

✓ Disponha as tiras num recipiente refratário retangular grande, em camada única, com as cascas voltadas para baixo. Pincele com a manteiga derretida ou azeite e polvilhe com o sal de sua preferência. Espalhe por cima o alecrim ou o orégano apenas se combinar com os demais pratos.

✓ Leve ao forno preaquecido forte (220 °C), mexendo ocasionalmente e virando-as até ficarem tenras e douradas. Sirva imediatamente.

RENDIMENTO: 2 PORÇÕES
Batata esfarelada
PARA FAZER E COMER

- ½ kg de batata descascada e cortada em cubinhos de 3 cm
- 1 ½ colher (sopa) de óleo
- Sal

✓ Ferva as batatas em água com sal apenas até cozinharem, sem amolecerem demais. Passe-as em água fria, escorra e reserve.

✓ Uns 15 minutos antes de servir, aqueça muito bem uma frigideira grande e pesada de 25 cm de diâmetro, de alumínio ou inox. Junte o óleo e aqueça mais, sem deixar que solte fumaça. Espalhe as batatas, mas não mexa imediatamente, deixando que grudem um pouco no fundo, sem tostar. Em seguida, com delicadeza, vá desgrudando-as, obtendo um pouco de farelo.

✓ Retire da frigideira, tempere com sal e sirva imediatamente.

RENDIMENTO: 6 PORÇÕES
Salada cremosa de batata
PARA FAZER E COMER

- 1 kg de batata descascada e cortada em 4 pedaços
- 1 xícara de maionese, de preferência light
- 200 ml de creme de leite
- 2 colheres (sopa) de mostarda
- 1 colher (chá) de sal
- Pimenta-do-reino branca moída na hora

✓ Cozinhe a batata em água e sal até ficar tenra. Escorra-a e, ainda quente, misture-a ao restante dos ingredientes, até a batata se desmanchar e formar uma mistura cremosa. Conserve-a tampada na geladeira até o momento de servir.

FAROFA

RENDIMENTO: 6 PORÇÕES

Farofa com ovos e azeitonas verdes

PARA FAZER E COMER

- 4 colheres (sopa) de manteiga ou azeite
- 2 colheres (sopa) de cebola bem picada
- 1 colher (sopa) de salsa bem picada
- 250 g de farinha de mandioca torrada
- 2 ovos cozidos e cortados em pedaços grandes
- 2 colheres (sopa) de azeitonas verdes em lascas
- ½ colher (chá) de sal

✓ Numa frigideira, derreta a manteiga e refogue a cebola até murchar. Junte a salsa e deixe cozinhar um pouco. Junte o restante dos ingredientes e misture bem, verificando o sal e aquecendo antes de servir.

RENDIMENTO: 6 PORÇÕES

Farofa com banana, ameixa e bacon

PARA FAZER E COMER

- 100 g de bacon magro em fatias
- 4 colheres (sopa) de manteiga ou azeite
- 2 colheres (sopa) de cebola bem picada
- 8 a 10 ameixas-pretas sem caroço picadas
- 2 bananas-nanicas maduras e firmes cortadas em pedaços de 3 cm
- 250 g de farinha de mandioca crua
- ½ colher (chá) de sal

✓ Em uma frigideira, em fogo lento, doure o bacon e retire a gordura que se formou. Reserve-o.

✓ Na mesma frigideira, derreta a manteiga e refogue a cebola. Junte os pedaços de ameixa e deixe refogar mais um pouco.

✓ Acrescente a banana e aqueça ligeiramente, mexendo com cuidado para não desmanchar.

✓ Junte o bacon, a farinha de mandioca e o sal, aqueça bem e sirva imediatamente.

RENDIMENTO: 4 PORÇÕES

Virado de cenoura

PARA FAZER E COMER

- 3 colheres (sopa) de manteiga ou azeite
- 1 colher (sopa) de cebola bem picada
- 2 xícaras de cenoura ralada grosso
- ½ colher (chá) de sal
- 1 pitada de açúcar
- 2 colheres (sopa) de salsa picada
- 1 xícara de farinha de mandioca torrada

✓ Numa frigideira, aqueça a manteiga e doure a cebola. Junte a cenoura, o sal e o açúcar, tampe e deixe cozinhar em fogo baixo por uns 10 minutos.

✓ Junte a salsa e a farinha de mandioca no momento de servir e aqueça bem.

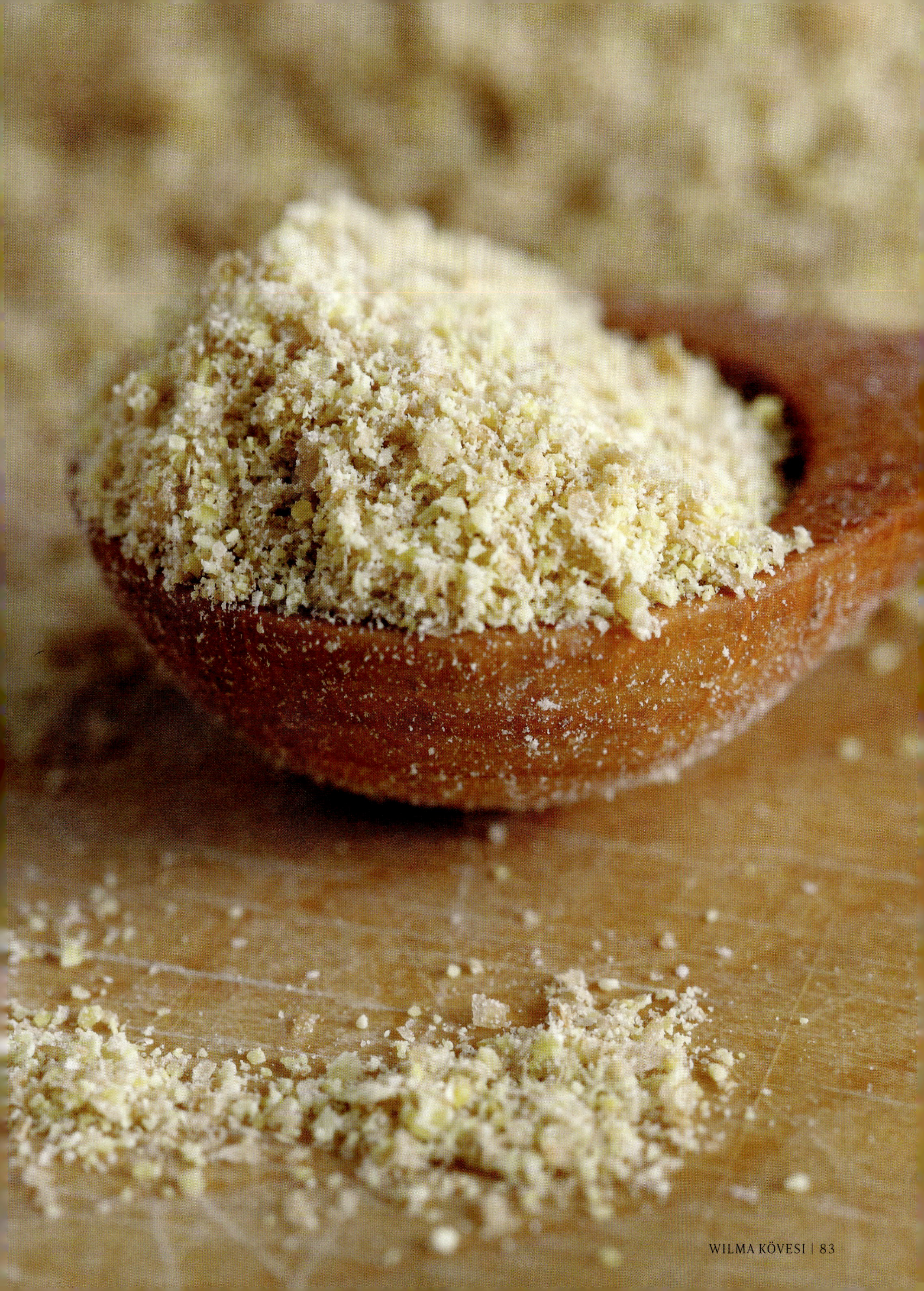

LEGUMES
E
VERDURAS

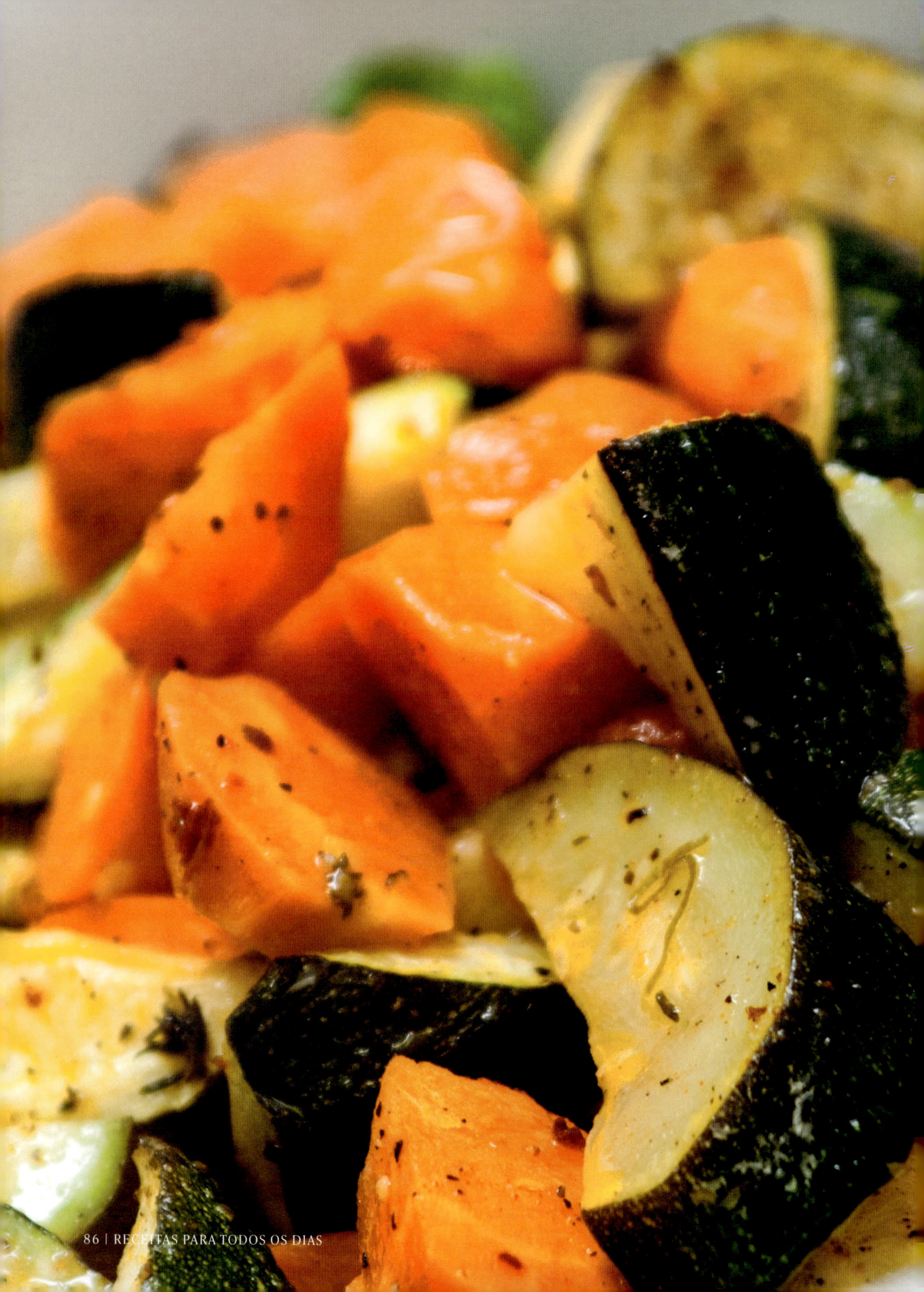

LEGUMES REFOGADOS

Com exceção do brócolis, que não pode ser refogado sem antes ser branqueado (ver p. 89), e do espinafre, que também deve ser branqueado ou cozido antes de ser preparado, a maior parte dos legumes pode ser refogada. O cozimento a vapor é também uma forma muito utilizada e preserva melhor o sabor e a textura dos legumes.

Para refogar, aqueça uma pequena quantidade de óleo e doure ligeiramente de 1 a 2 colheres (sopa) de cebola ralada ou muito bem picada. Junte, então, o legume escolhido, refogue um pouco e acrescente um pouco de água e sal.

Mexa e deixe cozinhar em fogo lento, tampado, até o ponto de cozimento desejado.

OBSERVAÇÃO

Nunca utilize bicarbonato de sódio no cozimento de nenhum vegetal, para não eliminar todas as vitaminas.

ABOBRINHA

PARA COMPRAR
Escolha a abobrinha de sua preferência. Tipo italiana ou brasileira, verdinhas e firmes.

PARA LIMPAR
Lave com uma escovinha em água fria corrente. Retire a ponta do caule e corte da forma desejada.

PARA COZINHAR
É hábito refogar a abobrinha com alho e/ou cebola, cozinhando-a até quase se desfazer, ou recheá-la com um refogado de carne moída e queijo parmesão, ou ainda com um creme da própria polpa, também com queijo, sempre gratinando.

Experimente a versão a seguir, que realça o sabor e a textura desse legume tão mal compreendido. Use-o também ralado grosso, com casca ou em saladas.

RENDIMENTO: 4 PORÇÕES

Abobrinha crocante ao alecrim

PARA FAZER E COMER

- 3 a 4 abobrinhas de bom tamanho, escovadas e secas
- 3 colheres (sopa) de azeite
- 1 dente de alho picado e amassado
- 1 raminho de alecrim ou 1 colher (chá) rasa de orégano
- ¾ de colher (chá) de sal
- 1 pitada de pimenta-do-reino

✓ Retire as extremidades das abobrinhas e corte-as em fatias finas.

✓ Numa frigideira grande, aqueça o azeite, doure o alho e refogue-o em fogo lento por alguns minutos.

✓ Junte as abobrinhas e refogue, mexendo sem tampar por 3 a 5 minutos até ficarem macias, mas ainda crocantes.

✓ Acrescente o alecrim, o sal e a pimenta, dê uma mexida rápida e sirva imediatamente.

BRÓCOLIS

PARA COMPRAR

Há dois tipos: o comum, de flores maiores, e o japonês, de flores menores e textura mais firme.

Escolha sempre brócolis com flores bem verdes e use assim que comprar, pois costumam amarelar com o passar dos dias.

Faça rapidamente o branqueamento, pois o brócolis não pode ser refogado diretamente.

Os dois tipos de brócolis, com flores bem tenras, podem ser consumidos crus, como aperitivos ou em saladas.

PARA LIMPAR

Separe os buquês no tamanho desejado e, com uma faquinha, retire a película mais grossa do caule (estes podem ser cozidos separadamente e aproveitados em sopas e refogados). Lave muito bem em água fria corrente. Os caules, depois de retirada a película, poderão ser cortados em pedaços pequenos, cozidos em caldo e batidos no liquidificador, resultando numa sopa saborosa e nutritiva. Pode-se também aproveitá-los em gratinados, suflês etc.

PARA BRANQUEAR

Coloque uma quantidade abundante de água para ferver. Quando estiver em fervura, adicione os brócolis e deixe-os cozinhar por cerca de 3 a 4 minutos. Escorra e transfira imediatamente para uma tigela com água e gelo para interromper o cozimento e realçar a cor. Retire bem o excesso de água. Este processo pode ser feito em diversos vegetais para congelamento, uso imediato ou posterior.

PARA CONSERVAR

Depois de branqueado, o brócolis pode ser congelado ou conservado em geladeira durante dois a três dias. Para congelá-lo, seque-o muito bem, disponha em sacos adequados para esse fim e congele por no máximo 40 dias.

Para conservação em geladeira, proceda da mesma forma.

Pouco antes de servir, aqueça pouco óleo ou azeite (apenas o necessário para cobrir o fundo) em uma frigideira ou panela de fundo largo e refogue 1 dente de alho picado. Junte o brócolis e o sal e refogue tudo rapidamente, apenas para aquecer. Sirva imediatamente.

Para uma versão incrementada, adicione tomates secos em tiras e/ou lascas de amêndoas torradas.

RENDIMENTO: 4 PORÇÕES

Penne com brócolis e linguiça

PARA FAZER E COMER

✓ Misture buquezinhos de 1 brócolis branqueado (ver acima), azeitonas pretas em lascas, linguiça esfarelada e frita com 400 g de penne ou rigatone cozidos *al dente*.

CENOURA

PARA COMPRAR
Escolha cenouras que pareçam tenras.

PARA LIMPAR
Lave muito bem e, se desejar, raspe a casca ou retire-a com um cortador de legumes.

PARA UTILIZAR
Use a cenoura crua ralada, fatiada em saladas ou como "aperitivo magro".

Cozinhe a cenoura em panela tampada, coberta com água e temperada com pouco sal, de 15 a 20 minutos ou até ficar macia. Se desejar, junte um pedaço pequeno de casca de limão ou de laranja.

RENDIMENTO: 4 PORÇÕES

Cenoura refogada
PARA FAZER E COMER

- 2 cenouras médias descascadas
- 1 colher (chá) de manteiga ou azeite
- Suco de 1 laranja
- 1 pitada de gengibre ralado (opcional)
- Sal

✓ Rale ou corte em cubinhos 2 cenouras médias descascadas. Aqueça uma panela tipo caçarola pequena e coloque 1 colher (chá) de manteiga ou azeite. Deixe aquecer e junte as cenouras, mexendo até que fiquem uniformemente untadas com a gordura escolhida. Tempere com sal, junte o suco de uma laranja e uma pitada de gengibre ralado, caso queira. Deixe cozinhar em fogo brando com a panela semitapada até que as cenouras fiquem macias ao toque do garfo. Desligue o fogo e, se quiser, salpique com salsa picada.

RENDIMENTO: 8 PORÇÕES

Anel de cenoura ao molho branco

PARA FAZER E COMER

PARA O ANEL

- 2 xícaras de cenoura cozida (aproximadamente 5 a 6 unidades)
- 3 claras
- 3 gemas
- 2 colheres (sopa) de manteiga em temperatura ambiente
- 2 colheres (sopa) de cebola ralada ou picada
- ½ xícara de farinha de rosca ou migalhas de bolacha salgada
- Gotas de molho inglês
- ½ de colher (chá) de sal
- Pimenta-do-reino branca
- 1 pitada de páprica doce

PARA O MOLHO

- 2 colheres (sopa) de manteiga
- 1 colher (sopa) de farinha de trigo
- ½ colher (chá) de sal
- Pimenta-do-reino branca
- 1 ½ xícara de leite
- Tirinhas de cenoura refogadas *al dente* com 2 colheres (sopa) de salsa picada ou 2 ovos cozidos grosseiramente picados

TIPO DE FÔRMA: De furo, com 1 litro de capacidade, untada com manteiga e enfarinhada

PREPARE O ANEL

✓ Preaqueça o forno a 180 °C e prepare a fôrma. Reserve.

✓ Descasque as cenouras, corte-as em rodelas e coloque-as em uma panela. Cubra com água e tempere com sal. Ligue o fogo e cozinhe as cenouras até que estejam macias ao toque de um garfo, ou seja, quase se desmanchando em purê. Amasse com um garfo ou passe por uma peneira as cenouras cozidas. Reserve.

✓ Coloque as claras na tigela da batedeira, junte uma pitada de sal e bata as claras até espumarem bem e ficarem firmes.

✓ Na tigela onde você colocou o purê de cenoura, junte as gemas, a cebola, a manteiga, a farinha de rosca e tempere com gotas de molho inglês, sal, pimenta-do-reino e páprica.

✓ Por fim, misture as claras batidas ao creme de cenouras e coloque na fôrma, apertando a massa com uma colher para aderir bem ao fundo.

✓ Coloque a fôrma dentro de outra assadeira para banho-maria. Leve ao forno e complete com água quente até atingir dois dedos da forma do anel.

✓ Asse na mesma temperatura de 180 °C por aproximadamente 35 a 40 minutos ou até a lâmina da faca sair limpa.

✓ Retire do forno e aguarde alguns minutos antes de desenformar. Passe uma faca pelas bordas e desenforme sobre o prato escolhido para servir.

PREPARE O MOLHO

✓ Cubra o anel de cenoura com o molho branco preparado da forma habitual (ver p. 58), mas sem a cebola e a noz-moscada. Distribua as cenouras em tirinhas refogadas com a salsa picada ou os ovos cozidos picados. Se desejar, preencha o centro com ervilhas aquecidas em manteiga, folhas de alface-crespa ou raminhos de salsa.

COGUMELO

TIPOS E UTILIZAÇÕES

Até pouco tempo atrás, o único cogumelo conhecido e utilizado de forma mais generalizada era a variedade conhecida por cogumelo-de-paris, genericamente denominada de champignon. Sua conserva industrializada é amplamente utilizada, apesar de descaracterizar inteiramente o sabor e a textura. Poucos usam a sua conserva caseira, muito melhor em todos os aspectos. Hoje, a variedade de cogumelos no mercado é ampla.

SUGESTÕES DE PREPARO

- Você pode lavar os cogumelos, se estiverem sujos, logo antes de usar. Se mergulhados em água rapidamente, não vão perder sabor nem absorver água.
- Os cogumelos são um valioso curinga para "incrementar" todo tipo de preparação.
- Use cogumelo-de-paris cru ou portobello grelhado em saladas.
- Experimente marinar o cogumelo-de-paris cru, durante uns 15 minutos, num vinagrete feito com vinagre balsâmico, sal, pimenta e um bom azeite extravirgem, para complementar uma salada verde.
- No inverno, para uma salada de rúcula ou de escarola, doure ½ colher (café) de alho picado em azeite, junte o cogumelo (de qualquer tipo) e refogue rapidamente. Acrescente o vinagre balsâmico diluído num pouco de vinho tinto, 1 pitada de açúcar mascavo, sal e pimenta, e use esse refogado como tempero da salada. Para variar, junte 1 ou 2 tomates picados.
- Cozinhe o cogumelo num pouco de caldo caseiro e bata uma parte no liquidificador. Adicione creme de leite e/ou leite e cogumelos inteiros e, se quiser, um pouco de salsa picada. Tempere com sal e pimenta e terá uma sopa cremosa. O mesmo princípio se aplica para engrossar um molho, substituindo o método tradicional de farinha e manteiga.

RENDIMENTO: 3 PORÇÕES

Conserva caseira de cogumelo

PARA FAZER E COMER | PARA FAZER COM ANTECEDÊNCIA

- 250 g de cogumelo fresco
- 1 colher (sopa) de vinho branco seco ou suco de limão
- ½ xícara de água
- ¼ de colher (chá) de sal

✓ Retire as pontas porosas e os cabinhos, se desejar.

✓ Lave os cogumelos rapidamente em água fria, escorra e corte da forma desejada. Respingue com suco de limão.

✓ Numa panelinha, leve a água com o sal para ferver, junte o vinho ou suco de limão e, quando ferver, junte o cogumelo e cozinhe por 3 a 4 minutos. Retire do fogo e deixe esfriar.

✓ Conserve em vidros tampados por 10 a 12 dias na geladeira.

RENDIMENTO: 3 PORÇÕES
Cogumelo refogado
PARA FAZER E COMER

- 1 colher (sopa) de manteiga
- 1 colher (café) de alho bem picado (opcional)
- 250 g de cogumelo lavado e limpo (ver p. 92)
- Sal e pimenta-do-reino branca moída na hora
- 1 colher (sopa) de salsa bem picada (opcional)

✓ Numa frigideira de fundo largo, aqueça a manteiga e doure rapidamente o alho. Junte o cogumelo e refogue rapidamente, sacudindo a frigideira, apenas até cozinhar. Junte o sal, a pimenta e a salsa, aqueça mais um pouco e sirva imediatamente.

OBSERVAÇÕES
Esta receita vale para o cogumelo-de-paris, o shitake, o shimeji etc., sempre frescos. Use gotas de limão somente para o cogumelo-de-paris, para não escurecer.

Lave e limpe conforme já indicado. Para o shimeji, retire e descarte a parte esponjosa. Como gordura, use óleo, manteiga ou azeite, dependendo da finalidade, o mesmo ocorre com o alho e a salsa.

COUVE-FLOR

PARA COMPRAR
Escolha uma couve-flor bem clara, sem manchas escuras.

PARA LIMPAR
Retire as folhas verdes e o excesso do caule central, que é mais duro e pode ser cozido em caldo e aproveitado em sopa, creme etc.

Para cozinhá-la inteira, mergulhe em água fria com 1 colher (sopa) de vinagre ou de suco de limão e deixe de molho durante uns 20 minutos. Retire e lave em água corrente. Retire ainda mais uns 4 cm da parte mais dura do caule.

PARA COZINHAR
Cozinhe coberta com água, com 1 colher (chá) de sal e 1 colher (sopa) de leite, se quiser que fique bem clara. Para evitar o odor característico, coloque miolo de pão na água de cozimento.

O tempo de cozimento será de 20 a 30 minutos, para a couve-flor inteira, ou 10 a 12 minutos, se separada em raminhos.

Pode-se também servi-la crua em saladas ou como aperitivo.

RENDIMENTO: 6 PORÇÕES

Couve-flor empanada ao forno
PARA FAZER E COMER

✓ Separe a couve-flor em raminhos e lave bem.

✓ Coloque os raminhos em uma panela, cubra com água e sal. Ligue o fogo e deixe cozinhar até a couve-flor ficar macia, sem amolecer demais. Desligue o fogo, retire e escorra num escorredor de massa ou peneira. Disponha os raminhos no recipiente refratário untado com manteiga ou azeite.

✓ Em uma frigideira ou panela de fundo largo, derreta 100 g de manteiga e junte 1 ½ xícara de farinha de rosca de boa qualidade e ½ colher (chá) de sal.

✓ Espalhe essa mistura sobre os raminhos de couve-flor e leve ao forno ou *air fryer* preaquecidos a 200 °C até dourar por aproximadamente 5 a 7 minutos.

TIPO DE FÔRMA: Recipiente refratário ligeiramente untado com manteiga ou azeite

RENDIMENTO: 6 PORÇÕES

Couve-flor gratinada

PARA FAZER E COMER

✓ Para uma couve-flor cozida inteira ou em raminhos, prepare 2 xícaras de molho branco de textura média (ver p. 50) e misture 2 gemas e ¼ de xícara de queijo parmesão ralado. Para variar, além do queijo parmesão, acrescente ⅓ de xícara de queijo gorgonzola picado.

✓ Escorra bem a couve-flor e, se inteira, coloque-a em recipiente refratário, cubra com o molho branco e espalhe por cima mais ½ xícara de queijo parmesão ralado. Se em raminhos, misture-os ao molho branco e proceda como acima.

✓ Leve ao forno preaquecido moderado (190 °C) durante aproximadamente 20 minutos, ou até ficar bem gratinada.

✓ Na *air fryer*, serão 5 minutos a 200 °C ou até que fiquem bem gratinadas.

TIPO DE FÔRMA: Recipiente refratário ligeiramente untado com manteiga ou azeite

RENDIMENTO: 6 PORÇÕES

Couve-flor com queijo e bacon

PARA FAZER E COMER

✓ Disponha 1 couve-flor inteira cozida num recipiente refratário untado com manteiga ou azeite.

✓ Espalhe pedacinhos de queijo prato entre os raminhos. Regue com creme de leite fresco.

✓ Cubra com farinha de rosca misturada com manteiga derretida e um pouco de sal. Por cima, espalhe pedacinhos de bacon frito.

✓ Leve ao forno preaquecido moderado (190 °C) durante aproximadamente 15 minutos, ou até derreter o queijo.

✓ Na *air fryer*, previamente preaquecida, serão 5 minutos a 200 °C ou até que o queijo esteja derretido.

TIPO DE FÔRMA: Recipiente refratário ligeiramente untado com manteiga ou azeite

ESPINAFRE

PARA COMPRAR
Escolha maços de caules bem claros e folhas bem verdes, sem furos.

PARA LIMPAR
Retire as folhas dos caules (poderá aproveitá-los em refogados, sopas etc.) e, usando um escorredor, mergulhe as folhas de três a quatro vezes em água fria para retirar a areia.

PARA COZINHAR
Coloque as folhas numa panela de fundo largo, de preferência antiaderente, usando apenas a água que ficou nas folhas. Junte 1 colher (chá) de sal e cozinhe de 3 a 6 minutos ou até as folhas ficarem bem tenras. Se desejar um espinafre bem verde, faça o branqueamento (ver p. 89).

RENDIMENTO
1 maço de espinafre comercial (cerca de 1,2 kg) equivale a 1 xícara de espinafre cozido, escorrido, bem espremido, bem picado e compactado.

RENDIMENTO: 4 PORÇÕES

Espinafre refogado
PARA FAZER E COMER

- Espinafre
- Óleo, azeite ou manteiga
- ½ dente de alho picado
- Sal e pimenta-do-reino branca
- Gotas de limão (opcional)

✓ Em pouco óleo, azeite ou manteiga, refogue ½ dente de alho picado e junte o espinafre cozido, o sal e a pimenta-do-reino branca.

✓ Ou, simplesmente, aqueça o espinafre com a gordura de sua preferência e junte sal, gotas de limão e 1 pitada de pimenta-do-reino branca.

RENDIMENTO: 6 PORÇÕES
Creme rápido de espinafre
PARA FAZER E COMER

- 1 colher (sopa) de farinha de trigo
- 1 xícara de leite
- 1 colher (sopa) de manteiga ou azeite
- 1 colher (sopa) de cebola ralada
- 1 xícara de espinafre cozido, espremido e bem picado
- ¼ a ½ colher (chá) de sal
- 1 colher (sopa) de queijo parmesão ralado

✓ Dissolva a farinha de trigo no leite. Numa panela, aqueça a manteiga e doure a cebola. Junte o espinafre, o leite com a farinha dissolvida e o sal. Misture em fogo baixo até engrossar.

✓ Acrescente o queijo parmesão, verifique o tempero e sirva bem quente.

RENDIMENTO: 6 PORÇÕES
Espinafre à provençal
PARA FAZER E COMER

- ¼ de xícara de azeite ou óleo
- 3 colheres (sopa) de cebola bem picada
- 1 dente de alho bem picado
- 1 xícara de espinafre lavado, escorrido e bem picado
- 2 ovos ligeiramente batidos
- 1 colher (chá) de sal
- 1 pitada de pimenta-do-reino branca
- 1 xícara de migalhas de pão ou de bolacha salgada
- 1 colher (sopa) de manteiga em pedacinhos
- 2 a 3 colheres (sopa) de queijo parmesão ralado

TIPO DE FÔRMA: Recipiente refratário raso

✓ Numa panela de fundo largo, aqueça o azeite e doure a cebola e o alho. Junte o espinafre e refogue alguns minutos, até ficar cozido. Retire do fogo.

✓ Junte os ovos, ligeiramente batidos.

✓ Tempere com sal e pimenta.

✓ Disponha no recipiente refratário e cubra com as migalhas de pão ou bolacha. Espalhe os pedacinhos de manteiga e o queijo parmesão.

✓ Leve ao forno preaquecido moderado (180 °C) durante 15 a 20 minutos ou até ficar dourado. Sirva bem quente.

RABANETES

RENDIMENTO: 4 PORÇÕES

Rabanetes braseados
PARA FAZER E COMER

Esta é uma forma pouco conhecida de utilizar rabanetes. É saborosa e acompanha muito bem milanesas ou grelhados. É importante que os rabanetes sejam pequenos e do mesmo tamanho, para terem um cozimento igual.

— ½ kg de rabanetes pequenos, de preferência redondos, sem os cabinhos e bem escovados (aproximadamente 1 maço)
— 2 colheres (sopa) de manteiga
— 1 xícara de caldo de galinha (ver p. 30)
— 2 colheres (sopa) de salsa bem picada
— Sal e pimenta-do-reino

✓ Em uma panela de tamanho adequado para acomodar os rabanetes numa só camada, coloque os rabanetes, a manteiga, o caldo de galinha e leve ao fogo para ferver. Abaixe o fogo, tampe a panela e deixe cozinhar por aproximadamente 10 minutos ou até que o líquido esteja quase seco e os rabanetes, brilhantes. Sacuda a panela ocasionalmente. Junte a salsa, o sal e a pimenta e sirva imediatamente.

OUTRAS SUGESTÕES DE PREPARO
Prepare um molho branco de textura média (ver p. 50) e nele cozinhe os rabanetes limpos como acima, em panela tampada e fogo lento, mexendo ocasionalmente.

VAGEM

TIPOS PRINCIPAIS
- Macarrão: roliça, sem fiapos.
- Manteiga: achatada, com fiapos laterais que devem ser retirados.
- De metro: fina e comprida.

PARA COMPRAR
Escolha vagens de coloração verde-clara e sem manchas.

PARA LIMPAR
Corte fora as pontas e os fiapos ou cordões laterais, no caso da tipo manteiga.

PARA CORTAR
Antes de cozinhar, corte em pedaços transversais de 1 cm. As vagens podem ser branqueadas (ver p. 89), cozidas em água e sal ou refogadas.

RENDIMENTO: 6 PORÇÕES

Vagem refogada
PARA FAZER E COMER

- 1 colher (sopa) de óleo
- 1 colher (sopa) de cebola bem picada
- ½ kg de vagem limpa, cortada e lavada (do tipo que preferir)
- ⅓ de xícara de água fria
- ½ colher (chá) de sal
- Queijo parmesão ralado (opcional)

✓ Numa panela, aqueça o óleo e doure a cebola. Acrescente as vagens e, sem parar de mexer, refogue até ficarem brilhantes e de cor bem viva. Junte então a água e o sal, tampe a panela, abaixe o fogo e cozinhe por aproximadamente 12 a 15 minutos ou até ficarem tenras. Se desejar, coloque um pouco de queijo parmesão antes de servir.

RENDIMENTO: 6 PORÇÕES

Vagem com ervas
PARA FAZER E COMER

✓ Junte às vagens (½ kg) já branqueadas (ver p. 89) 1 colher (sopa) de manteiga, sal e 1 pitada de pimenta-do-reino. Junte 1 pitada da erva de sua preferência: manjericão, *dill* (endro) ou tomilho e gotas de suco de limão.

RENDIMENTO: 6 PORÇÕES

Vagem com amêndoas

PARA FAZER E COMER

✓ Aqueça 1 colher (sopa) de manteiga e doure 1 colher (sopa) de cebola bem picada e ¼ de xícara de amêndoas sem pele já torradas. Junte ½ kg de vagem já branqueada e aqueça rapidamente. Finalize com queijo ralado por cima.

RENDIMENTO: 6 PORÇÕES

Vagem com temperos

PARA FAZER E COMER

✓ Junte às vagens (½ kg) branqueadas (ver p. 89) 1 colher (sopa) de manteiga e 1 pitada de noz-moscada ralada na hora ou 1 pitada de curry ou de mostarda em pó.

RENDIMENTO: 4 PORÇÕES

Vagem refogada com queijo parmesão

PARA FAZER E COMER

✓ Refogue ½ kg de vagem como na receita de vagem refogada (ver p. 99) e, no momento de servir, salpique um pouco de queijo parmesão ralado.

RENDIMENTO: 10 PORÇÕES

Salada em conserva (tipo caponata)

PARA FAZER E COMER

- 2 berinjelas de tamanho médio com casca
- 3 cebolas de tamanho médio
- 2 pimentões vermelhos (ou 1 vermelho e 1 amarelo)
- 1 pimentão verde
- ½ xícara rasa de óleo
- 2 colheres (chá) de sal
- 1 ½ colher (chá) de açúcar
- 100 g de passas brancas lavadas e secas
- 100 g de castanha-de-caju torrada e salgada
- ½ xícara de vinagre de vinho branco

✓ Lave todos os legumes.

✓ Corte as cebolas em oito pedaços e os legumes em pedaços iguais de aproximadamente 2 cm.

✓ Numa panela de fundo largo de 25 cm de diâmetro, aqueça o óleo e doure, sem fritar, os pimentões, depois a cebola e, em seguida, o restante dos ingredientes, exceto a castanha-de-caju. Depois de tudo refogado, junte os temperos, deixando cozinhar em fogo moderado, com a panela semitampada, apenas até os legumes ficarem cozidos, mas ainda crocantes. Retire do fogo, acrescente a castanha-de-caju e transfira para o prato de serviço, conservando em geladeira até o momento de servir.

> **DICA**
> Para variar, não use vinagre nem açúcar. Corte os legumes em tirinhas não muito finas e use 1 xícara de óleo ou azeite no lugar do vinagre.

LEGUMES GRELHADOS

Corte fatias ou rodelas não muito finas de berinjela e abobrinha com casca.

Corte em tiras ou grandes pedaços pimentões de três cores, sem sementes. Corte tomates maduros e firmes ao meio, retire as sementes e corte em gomos.

Se desejar, utilize também fatias compridas de cenouras, cogumelos etc.

Unte os legumes com pouco azeite e grelhe-os, aos poucos, em grelha bem aquecida, pelo tempo necessário. Junte pouco sal e, se desejar, folhinhas de alecrim.

WILMA KÖVESI | 103

MASSAS

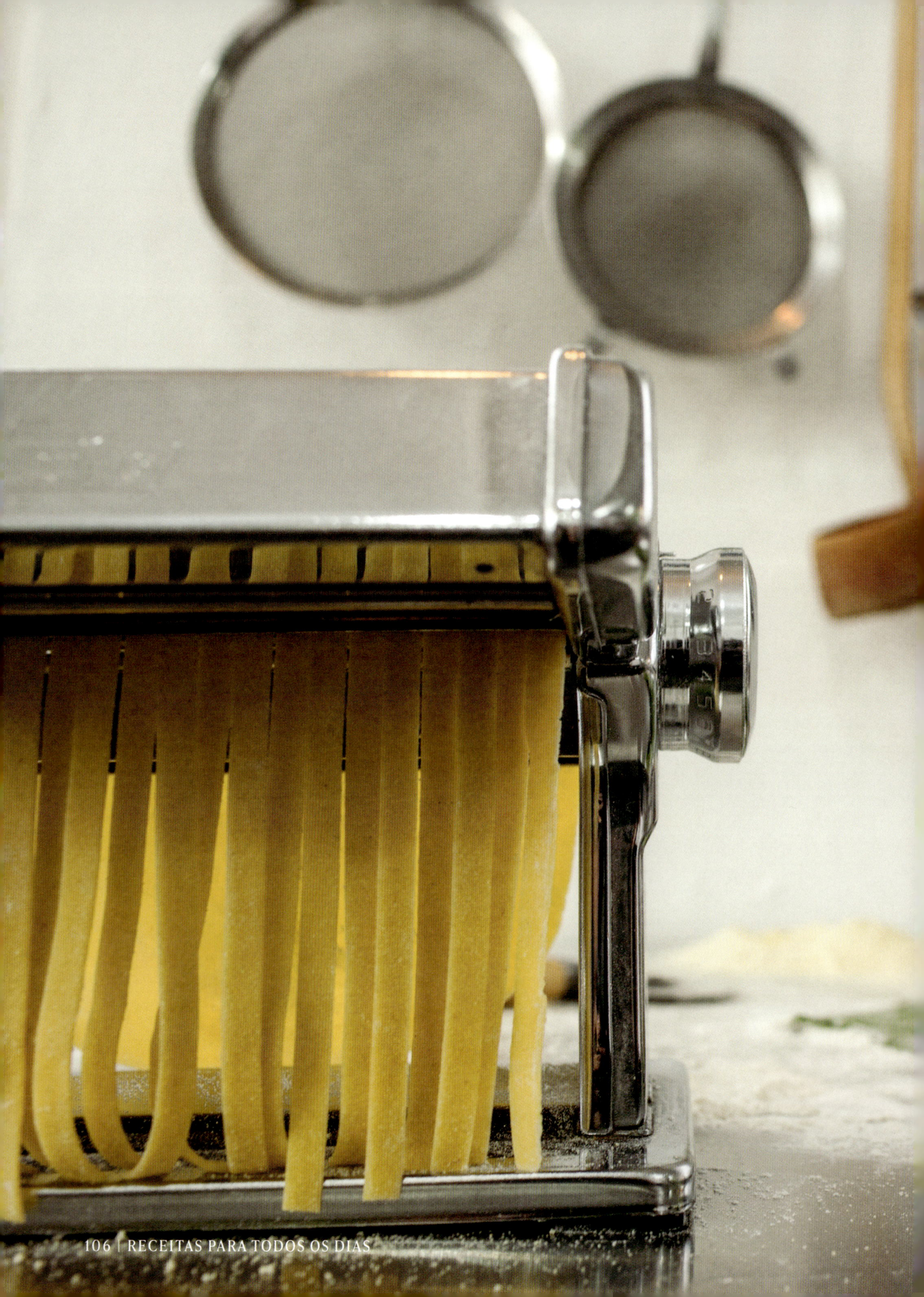

PARA COZINHAR

- Calcule 100 g de massa crua (seca) por pessoa.
- Use 1 litro de água para cada 100 g de massa, ou seja, 5 litros para 1 pacote de ½ kg, e 1 colher (sopa) de sal, de preferência grosso.
- Em panela ou caldeirão grandes, ferva a água com o sal. Quando a água estiver em plena ebulição, adicione o macarrão, misture bem e deixe cozinhar pelo tempo indicado na embalagem, mexendo de vez em quando e verificando o grau de cozimento.
- Escorra reservando 2 colheres (sopa) da água de cozimento para encorpar o molho, uma vez que a água contém amido. Reserve mais um pouco de água para escaldar o prato ou pratos que for servir.
- Use uma parte da água para escaldar a tigela de serviço, deixando um pouco no fundo. Acrescente o macarrão e sirva com o molho escolhido.

OBSERVAÇÃO
A massa fresca demanda um tempo de cozimento menor.

RENDIMENTO: 4 PORÇÕES

Espaguete à primavera
PARA FAZER E COMER

- 1 pacote de espaguete
- 2 tomates grandes, maduros e firmes
- 2 xícaras (250 g) de muçarela de búfala cortada em fatias finas
- ½ xícara de folhas de manjericão medidas bem apertadas na xícara
- ⅓ de xícara de azeite
- ½ colher (chá) de sal pimenta-do-reino

✓ Corte os tomates ao meio, retire a parte do caule, corte em pedaços pequenos, sem tirar a pele e as sementes, e coloque na tigela de serviço.

✓ Misture o restante dos ingredientes e reserve.

✓ No momento de servir, cozinhe o macarrão seguindo as instruções da embalagem, escorra-o muito bem e jogue-o sobre a mistura dos tomates. Junte os outros ingredientes. Misture muito bem e sirva imediatamente.

RENDIMENTO: 4 PORÇÕES

Penne com erva-doce e presunto cru
PARA FAZER E COMER

Esta é uma receita muito saborosa, de preparo facílimo, criada pelo amigo-chef Carlos Siffert num dos intervalos das aulas promovidas em São Sebastião por outro amigo-chef, Edinho "Manacá" Engel.

- 1 pacote (500 g) de penne
- ⅓ de xícara de azeite
- 2 colheres (chá) de alho bem picado
- 2 ½ xícaras de erva-doce limpa de filamentos, picada em tiras não muito finas
- 200 g de presunto cru San Daniele (ou de Parma) em tiras, sem retirar a gordura
- Queijo parmesão ralado para servir

✓ Cozinhe o macarrão seguindo as instruções da embalagem. Enquanto isso, numa frigideira ou panela de fundo largo, aqueça o azeite e doure rapidamente o alho. Acrescente a erva-doce e refogue rapidamente, para murchar sem dourar. Misture o presunto cru e retire do fogo.

✓ Escorra bem o macarrão, misture-o ao refogado e aqueça rapidamente.

✓ Sirva imediatamente, com queijo parmesão.

RENDIMENTO: 4 PORÇÕES

Espaguete ao *pesto*
PARA FAZER E COMER

✓ Faça o molho conforme a receita de molho ao *pesto* (ver p. 53). Cozinhe o macarrão seguindo as instruções da embalagem.

✓ Escorra bem o macarrão e misture o molho. Sirva imediatamente com queijo parmesão.

OBSERVAÇÕES
Para fazer espaguete ao sugo (ver p. 53), proceda da mesma maneira.

Os tipos de macarrão que combinam melhor com o molho ao *pesto* e ao sugo são os lisos, de textura mais delicada, como talharim, linguine, fettuccine etc.

RENDIMENTO: 4 PORÇÕES

Rigatoni à bolonhesa
PARA FAZER E COMER

✓ Faça o molho como indicado na receita de molho à bolonhesa (ver p. 52). Cozinhe o macarrão seguindo as instruções da embalagem.

✓ Escorra bem o macarrão e misture o molho. Sirva imediatamente com queijo parmesão.

OBSERVAÇÃO
Os tipos de macarrão que combinam melhor são o espaguete, rigatone, penne rigate etc.

PANQUECAS

RENDIMENTO: 15 UNIDADES DE 18 CM DE DIÂMETRO CADA

Massa básica com manteiga

PARA FAZER, CONGELAR E FINALIZAR NA HORA DE COMER

Por uma questão de sabor e textura, privilegie o uso da manteiga. Caso necessite substituir por outra gordura, use óleo neutro ou outro de sua preferência. Panquecas de textura leve e porosa para crepes e recheios leves e cremosos.

- 1 ½ xícara de leite
- 3 colheres (sopa) de manteiga
- 3 ovos
- ¾ de xícara de farinha de trigo
- 1 ½ colher (chá) de fermento em pó
- ¾ de colher (chá) de sal ou de açúcar

✓ Aqueça o leite com a manteiga. Deixe esfriar um pouco e bata no liquidificador com os ovos.

✓ Peneire a farinha com o fermento e o sal ou o açúcar e acrescente à mistura do liquidificador, batendo novamente. Verifique o tempero e conserve na geladeira.

✓ Para fritar, aqueça bem uma frigideira antiaderente de 18 cm de diâmetro. Retire do fogo e despeje 25 ml (1 ⅛ de xícara) de massa, espalhando com o dorso de uma colher para aderir ao fundo.

✓ Leve de volta ao fogo e deixe consolidar até ficar levemente dourada. Com uma espátula, solte a panqueca, vire-a e deixe fritar do outro lado. Retire e passe para um prato.

✓ Limpe a frigideira com papel-toalha e continue a fritar as panquecas, até o término da massa.

RENDIMENTO: 15 UNIDADES DE 18 CM CADA

Massa básica com óleo

PARA FAZER, CONGELAR E FINALIZAR NA HORA DE COMER

Panquecas de textura mais firme, indicadas para recheios de carne etc.

- 250 g de farinha de trigo
- 2 ovos
- 2 xícaras de leite
- 1 pitada de sal
- 5 colheres (sopa) de óleo

✓ Bata todos os ingredientes no liquidificador. De preferência, deixe 1 hora na geladeira antes de preparar. Misture bem e, se necessário, junte mais leite. Frite como na receita de massa básica de panqueca com manteiga (ver p. 112).

RENDIMENTO: 15 UNIDADES

Panqueca de ricota e espinafre

PARA FAZER, CONGELAR E FINALIZAR NA HORA DE COMER

PARA O RECHEIO

- 2 colheres (sopa) de manteiga
- 2 colheres (sopa) de cebola bem picada
- 1 xícara de espinafre cozido bem espremido e picado
- 300 g de ricota bem fresca peneirada
- ½ xícara de creme de leite fresco
- ½ xícara de queijo parmesão ralado
- ½ colher (chá) de sal
- 1 pitada de pimenta-do-reino branca
- 1 pitada de noz-moscada ralada na hora

PARA O MOLHO BRANCO

- 2 colheres (sopa) de manteiga
- 2 colheres (sopa) de farinha de trigo
- 2 xícaras de leite
- ¼ de colher (chá) de sal
- 1 pitada de pimenta-do-reino branca
- 2 gemas
- 1 xícara de creme de leite fresco
- 1 xícara de queijo parmesão ralado para gratinar

TIPO DE FÔRMA: Recipiente refratário retangular, untado com um pouco de molho branco

PREPARE O RECHEIO

✓ Numa panela, derreta a manteiga e doure a cebola. Retire do fogo e junte o espinafre, a ricota, o creme de leite, o queijo parmesão, o sal, a pimenta e a noz-moscada. Verifique o tempero e recheie as panquecas.

PREPARE O MOLHO

✓ Faça como na receita de molho branco (ver p. 58), mas usando as proporções indicadas nesta receita, e depois de pronto acrescente as gemas e o creme de leite (caso necessário, complete com mais creme de leite para as panquecas ficarem quase imersas no molho).

✓ Coloque as panquecas num recipiente refratário, cubra com o molho e, por cima, disponha o queijo parmesão.

✓ Leve ao forno forte (220 °C) preaquecido para aquecer e gratinar, cuidando para não secarem demais.

OBSERVAÇÕES

Para variar, recheie as panquecas em camadas, formando um pequeno bolo.

Para fazer panqueca de carne, utilize a receita de picadinho de carne moída (ver p. 125). Cubra com um pouco de molho ao sugo (ver p. 53) e queijo parmesão.

TORTAS SALGADAS

RENDIMENTO: 10 PORÇÕES
Massa básica
PARA FAZER E CONGELAR PRONTO

PARA A MASSA
- 1 xícara (chá) de amido de milho
- 3 xícaras (chá) de farinha de trigo
- 12 colheres (sopa) de manteiga em temperatura ambiente
- 1 xícara (chá) de leite
- 1 colher (chá) de sal

PARA PINCELAR
- 1 gema, desmanchada em 1 colher (chá) de água ou leite

TIPO DE FÔRMA: Fundo removível de 25 cm de diâmetro, sem untar

PREPARE A MASSA
✓ Peneire a farinha de trigo, o amido de milho e o sal. Acrescente a manteiga em pedaços e vá colocando o leite até dar o ponto, amassando com a ponta dos dedos para dar liga. Forme uma bola, envolva com filme plástico e deixe descansar na geladeira por meia hora.

PARA MONTAR
✓ Em tampo ligeiramente enfarinhado, com rolo também enfarinhado, abra a massa em espessura fina e reserve ⅓ da massa para a cobertura. Forre com a massa uma fôrma de fundo falso de 20 cm sem untar. Sobre a camada de massa, acomode o recheio. Recorte as bordas. Com o rolo, abra o restante da massa, cortando tiras com a carretilha para pastel ou com a faca e forme losangos com elas sobre o recheio, indo até as bordas.

✓ Dobre as bordas sobre as tiras, de maneira bem uniforme. Cubra a borda com uma tira maior da massa.

✓ Pincele a massa com a gema adicionada de água e uma pitada de sal.

✓ Leve para assar em forno moderado preaquecido a 180 °C por aproximadamente 30 a 40 minutos ou até assar e ficar dourada.

RENDIMENTO: 10 PORÇÕES

Torta de frango (ou de galinha)

PARA FAZER E CONGELAR PRONTO

O surrado ditado "galinha velha dá bom caldo" é mais do que verdadeiro e também se aplica a esta torta. Como uma galinha pesa ao redor de 3 kg, use metade para o recheio e a outra para o caldo. Se usar galinha, o tempo do refogado será de aproximadamente 1 hora. Não use só a carne branca, isso resultará numa torta muito seca, e não faça uma torta alta demais para evitar fatias de altura exagerada.

- ¼ de xícara de óleo
- 1 cebola de tamanho médio bem picada
- 2 dentes de alho picado e amassado
- 1 frango (ou galinha) de aproximadamente 1,8 kg cortado pelas juntas
- 2 colheres (sopa) de salsa e cebolinha-verde picadas
- 3 colheres (sopa) de azeitonas verdes em lascas
- ½ a 1 colher (chá) de sal
- 2 a 3 colheres (sopa) de suco de limão
- 200 g de ervilhas congeladas (ou em conserva)
- 1 vidro de palmito cortado em pedaços
- 1 colher (sopa) de farinha de trigo
- ¼ de xícara de leite
- 2 ovos cozidos em pedaços grandes
- Pimenta-do-reino branca

TIPO DE FÔRMA: Fundo removível de 25 cm de diâmetro, sem untar

✓ Numa panela de fundo largo, aqueça o óleo e doure a cebola e o alho. Junte os pedaços de frango, refogando até ficar muito bem dourado, virando sempre e raspando o fundo da panela.

✓ Junte o cheiro-verde, as azeitonas, o sal e o suco de limão. Deixe cozinhar em fogo lento, com tampa, pingando água aos poucos, para formar um molho bem escuro com a raspa da panela. Quando a carne estiver bem macia, retire do fogo. Reserve a panela para finalizar o recheio.

✓ Deixe amornarem os pedaços de frango, retire as peles e desosse os pedaços, desfazendo a carne em bocados.

✓ Leve tudo de volta à panela, junte as ervilhas e o palmito, e aqueça bem. Dissolva a farinha de trigo no leite, junte ao conteúdo da panela e mexa em fogo baixo até que o refogado adquira textura cremosa e espessa.

✓ Acrescente os ovos e verifique o tempero, juntando pimenta em quantidade suficiente para "perfumar" o recheio.

✓ Lembre-se de que o sabor do recheio deverá ser bem acentuado, pois estará envolvido por 2 camadas de massa.

✓ Para rechear e assar a torta, siga os procedimentos da massa básica para torta salgada (ver p. 116).

RENDIMENTO: CERCA DE 6 PORÇÕES

Torta de palmito

PARA FAZER E CONGELAR PRONTO

PARA A MASSA

- 1 xícara (chá) de amido de milho
- 3 xícaras (chá) de farinha de trigo
- 12 colheres (sopa) de manteiga em temperatura ambiente
- 1 xícara (chá) de leite
- 1 colher (chá) de sal
- Para pincelar: 1 gema, desmanchada em 1 colher (chá) de água ou leite

PARA O RECHEIO

- 3 xícaras de palmito em conserva picado ou palmito pupunha fresco cozido
- 2 colheres (sopa) de cebola bem picada
- 2 colheres (sopa) de manteiga
- 3 colheres (sopa) farinha de trigo
- 2 xícaras (chá) de leite
- 2 colheres (sopa) de salsa bem picada
- 4 colheres (sopa) de lascas de azeitonas verdes
- 1 colher (sopa) de sal

TIPO DE FÔRMA: Fundo removível de 20 cm de diâmetro, sem untar

> **DICA**
> A torta fica melhor se servida depois de 20 a 30 minutos que sair do forno, já que seu recheio vai firmar e a massa ficará completamente assada.

PREPARE A MASSA

✓ Para preparar a massa, siga os procedimentos da massa básica para torta salgada (ver p. 116).

PREPARE O RECHEIO

✓ Numa panela, esquente a manteiga e junte a cebola picada. Refogue um pouco, sem queimar. Junte a farinha de trigo e misture bem, deixando cozinhar 1 minuto em fogo moderado. Retire a panela do fogo e junte o leite aos poucos, mexendo para evitar que empelote. Quando terminar de acrescentar todo o leite, volte a panela ao fogo baixo, mexendo sempre até engrossar. Tempere com sal e pimenta. Retire do fogo e misture o palmito, a salsinha picada e as azeitonas, experimentando o sal. Deixe amornar.

PARA MONTAR

✓ Em uma superfície ligeiramente enfarinhada e com o rolo enfarinhado, abra a massa em espessura fina e reserve ⅓ da massa para a cobertura. Forre a fôrma com a massa sem untar. Sobre a camada de massa, acomode o recheio. Recorte as bordas. Com um rolo, abra o restante da massa, cortando tiras com a carretilha para pastel ou com a faca, e forme losangos com elas sobre o recheio, indo até as bordas. Dobre as bordas sobre as tiras, de maneira bem uniforme. Cubra a borda com uma tira maior da massa.

✓ Pincele a massa com a gema adicionada de água e uma pitada de sal.

✓ Leve para assar em forno moderado, preaquecido a 180 ºC, por aproximadamente 30 a 40 minutos, ou até assar e ficar dourada.

✓ Retire do forno, passe uma faca pelas bordas, solte o aro e transfira para o prato escolhido para servir, retirando com cuidado o fundo da fôrma.

RENDIMENTO: 6 PORÇÕES

Empadão de queijo
PARA FAZER E CONGELAR PRONTO

PARA A MASSA
- 200 g de farinha de trigo
- 7 colheres (sopa) de manteiga
- 1 ovo
- 1 colher (chá) de sal

PARA O RECHEIO
- 2 xícaras de queijo parmesão ralado ou partes iguais de queijo parmesão ralado e queijo de minas picado
- 1 xícara de leite
- 1 colher (sopa) de manteiga derretida
- 3 ovos
- 2 colheres (sopa) de salsa e cebolinha-verde picadas ou de folhas de manjericão picado na hora

TIPO DE FÔRMA: Fundo removível de 23 cm de diâmetro, sem untar

PREPARE A MASSA
✓ Misture bem todos os ingredientes sem sovar demais. Forme um círculo, envolva em filme plástico e leve-o à geladeira, durante 30 minutos.

PREPARE O RECHEIO
✓ Bata no liquidificador o queijo, o leite, os ovos, a manteiga derretida, as ervas frescas e uma pitada de sal. Reserve.

PREPARE O EMPADÃO
✓ Retire a massa da geladeira e, sobre um tampo e um rolo enfarinhados, abra a massa até obter uma espessura não muito fina (3 mm), dispondo na fôrma.

✓ Fure o fundo com um garfo, cubra com papel-manteiga ou papel-alumínio; espalhe grãos de feijão, pois seu peso sobre a massa garantirá a espessura do fundo da torta. Reserve esses grãos de feijão para usar sempre para esse fim. Leve ao forno preaquecido moderado (180 °C) por aproximadamente 15 minutos ou até o fundo secar.

✓ Retire do forno, tire os grãos e o papel-manteiga, e espalhe o recheio. Leve de volta ao forno por mais 25 minutos a 180 °C ou até o recheio consolidar e dourar.

OBSERVAÇÃO
Se não quiser que o recheio fique esverdeado, bata todos os ingredientes sem as ervas e só as acrescente depois.

CARNES

BIFES E FILÉS

- Para uso diário, o contrafilé é uma carne ideal, pelo preço e versatilidade de uso. É uma carne para preparos rápidos.
- Os preparos a seguir também podem ser feitos com filé mignon. E lembre-se: nunca lave a carne.

BIFE FINO

- Calcule 120 g de carne limpa por pessoa. Corte em bifes finos, que podem ser temperados a gosto.
- Para um bife, use como base: ⅛ de colher (chá) de alho picado ou amassado com ⅛ de colher (chá) de sal.
- Leve para aquecer uma frigideira grande e, de preferência, bem grossa e pesada.
- Junte 1 pitada de sal para evitar fumaça.
- Acrescente óleo de sabor neutro, apenas para cobrir o fundo da frigideira no tamanho do bife, e deixe aquecer bem. Junte o(s) bife(s) e, controlando o fogo alto, deixe fritar até o ponto desejado. Dependendo do tamanho da frigideira, nunca frite mais do que dois ou três bifes de cada vez, pois a carne cozinhará em vez de fritar.

BIFE ALTO

- Calcule 200 g de carne limpa por pessoa. Corte os bifes na espessura de 1 dedo (2,5 cm). Pincele com óleo, mas não tempere.
- Em fogo alto, coloque 1 pitada de sal na frigideira e aqueça nela um pouco de óleo, para cobrir o fundo no tamanho do(s) bife(s).
- Junte o(s) bife(s), no máximo dois de cada vez, e frite, controlando a intensidade do fogo e o ponto do cozimento desejado. Só então junte o sal e, se desejar, pimenta nos dois lados. Sirva imediatamente.

BIFE DE REGIME

- Aqueça bem uma frigideira antiaderente. Unte a carne com gotas de óleo e grelhe por 2 a 3 minutos de cada lado, só então juntando o sal. Transfira a carne para um prato, cubra de leve com papel-alumínio, para conservar o calor, e junte um pouco de água à frigideira, raspando o fundo para fazer um pouco de molho.

BIFE À MILANESA

- Corte a carne em bifes mais finos. Alise com um martelo de carne, sem fazer força, só para afinar. Você pode também colocar a carne entre duas folhas de filme plástico antes de afiná-la.
- Faça cortes enviesados, de leve, dos dois lados, para os nervos ficarem seccionados e os bifes não encolherem durante a fritura. Tempere com quantidades iguais de sal e alho picado ou amassado, ou sal e mostarda, que dá um sabor muito bom e diferente.

Com camada fina e crocante

- Num prato fundo, bata ligeiramente 1 clara com 1 pitada de sal. Passe o bife pela clara batida e escorra o excesso. Passe por farinha de rosca de boa qualidade e retire o excesso.

Com crosta mais espessa

- Num prato fundo, bata ligeiramente 1 clara com 1 pitada de sal. Passe o bife por farinha de trigo e retire o excesso. Passe pela clara batida, escorra o excesso e, finalmente, passe por farinha de rosca de boa qualidade, pressionando bem com o punho, até não sentir mais umidade.

Para fritar

- Numa frigideira funda, aqueça bastante óleo (não se esqueça de colocar na frigideira 1 dente de alho furado com garfo). Sempre em fogo alto, com o óleo já quente, frite o(s) bife(s), um lado de cada vez, virando depois de alguns minutos, para fritar por igual.
- Retire, escorra em papel-toalha e sirva, guarnecendo o prato com folhas de alface-crespa ou raminhos de salsa e pedaços de limão.

DICA
Como o preparo de bifes à milanesa é mais trabalhoso, faça uma quantidade maior. Frite-os, seque bem o excesso de óleo com papel-toalha e embale-os em filme plástico, um a um. Leve ao freezer e, quando quiser bifes à parmegiana, será só cobri-los com um bom molho de tomate ao sugo (ver p. 53), fatias de muçarela, mais molho de tomate e queijo parmesão e levá-los ao forno preaquecido a 200 °C para aquecer e gratinar o queijo.

RENDIMENTO: 8 PORÇÕES

Carne de panela

PARA FAZER E CONGELAR PRONTO

PARA A CARNE
- 1 pedaço de lagarto pesando, limpo, aproximadamente 1,3 kg

PARA O TEMPERO
- 1 dente de alho picado e amassado
- 3 colheres (sopa) de suco de limão
- 2 colheres (sopa) de vinagre de vinho branco
- 1 folha de louro quebrada
- 1 colher (chá) rasa de sal
- Pimenta-do-reino branca

PARA O RECHEIO
- Tiras de toucinho defumado magro e cenoura, ou tiras de presunto e azeitonas verdes ou pretas sem caroço

PARA DOURAR
- 3 colheres (sopa) de óleo
- Açúcar
- 2 colheres (sopa) de cebola ralada
- Bicarbonato de sódio (se desejar um molho mais espesso)

PREPARE O TEMPERO
✓ Misture os ingredientes numa tigela. Com um garfo, fure bem a carne e esfregue o tempero. Cubra e conserve na geladeira, em recipiente coberto, virando e regando de vez em quando. Tire da geladeira com 1 hora de antecedência. Retire os ingredientes sólidos e coe o tempero.

PREPARE O RECHEIO
✓ Retire todas as peles e, se desejar, a gordura da carne. Com uma faca, faça furos no centro da carne em intervalos regulares, formando um círculo, e introduza o recheio de sua preferência. Amarre a carne com barbante cru.

PREPARE A CARNE
✓ Na panela de pressão, leve o óleo e o açúcar para aquecer e doure a carne muito bem, virando de vez em quando. Transfira a carne para outro recipiente.

✓ Junte a cebola ralada à panela para dourar, sem queimar.

✓ Leve a carne, o tempero coado e de ¼ a ½ xícara de água (dependendo do volume da carne) de volta à panela. Feche-a e deixe em fogo moderado até atingir a pressão. Diminua então o fogo para lento, deixando cozinhar durante 1 hora.

✓ Retire a panela do fogo, coloque embaixo de água fria corrente, levante a válvula para sair toda a pressão e abra a tampa. Verifique o grau de cozimento da carne e, se necessário, deixe cozinhar mais algum tempo, sem pressão, até ficar bem macia.

✓ Retire a carne, cubra de leve com papel-alumínio e deixe o molho engrossar na panela destampada, em fogo lento. Corte quente, com uma faca elétrica ou bem afiada, e coe o molho antes de servir, corrigindo o tempero. Se desejar um molho mais espesso, junte uma pitada de bicarbonato de sódio à cebola depois de dourada, que ficará desfeita.

OBSERVAÇÕES
A carne poderá ser "assada" na mesma panela, sem pressão, ligeiramente tampada, pingando o tempero e depois a água, e virando a carne de vez em quando.

O tempo de cozimento será de 2 horas e 30 minutos a 3 horas, e o sabor e a textura ficarão excelentes.

RENDIMENTO: 4 PORÇÕES

Picadinho de carne moída

PARA FAZER E CONGELAR PRONTO

✓ Siga a receita do molho de tomate à bolonhesa (ver p. 52) e use apenas de ½ a ¾ de xícara de polpa de tomate e 3 colheres (sopa) de azeitonas verdes em lascas no meio do cozimento, além de, se desejar, um pouco de salsa picada no momento de servir. Esta mesma receita serve para rechear panquecas, cobrindo-as de molho ao sugo (ver p. 53) ou à bolonhesa.

RENDIMENTO: 4 PORÇÕES

Bolo de carne

PARA FAZER E CONGELAR PRONTO

PARA O BOLO

- ½ kg de patinho moído uma vez
- 2 colheres (sopa) de salsa picada
- 2 colheres (sopa) de cebola picada
- 2 colheres (sopa) de azeitonas verdes em lascas
- 2 claras
- 1 colher (sopa) de mostarda
- ½ colher (sopa) de molho inglês
- 1 colher (sopa) de ketchup
- ½ colher (sopa) de sal
- Pimenta-do-reino
- 1 colher (sopa) de azeite para untar e pincelar

PARA A COBERTURA

- ½ colher (sopa) de açúcar mascavo
- 2 colheres (sopa) de mostarda

PARA FINALIZAR

- 2 ovos cozidos picados
- 2 colheres (sopa) de ketchup

TIPO DE FÔRMA: Recipiente refratário ou fôrma quadrada de 18 cm de diâmetro ou retangular equivalente

PREPARE O BOLO

✓ Em uma tigela, misture a carne moída, a salsa, a cebola, as azeitonas, as claras de ovo, a mostarda, o molho inglês, o ketchup, o sal e a pimenta-do-reino.

✓ Unte um recipiente refratário com azeite e disponha a massa no recipiente refratário, espalhando bem. Cubra com papel-alumínio e leve ao forno a 200 °C durante 15 minutos. Retire do forno.

PREPARE A COBERTURA

✓ Cubra o bolo com a mistura de açúcar mascavo e mostarda, e fure com um garfo em vários lugares para que o tempero possa penetrar na carne. Cubra novamente com papel-alumínio e leve de volta ao forno a 200 °C por mais 15 minutos. Passado esse tempo, retire o papel-alumínio, fure mais e regue com o caldo que se formou. Sem cobrir, leve de volta ao forno por mais 10 minutos, ou até a carne ter perdido todo o rosado.

✓ Misture os ovos picados com o ketchup e cubra o bolo, levando de volta ao forno a 180 °C por mais 5 minutos somente para aquecer.

RENDIMENTO: 6 A 8 PORÇÕES

Rosbife

PARA FAZER E COMER

PARA O ROSBIFE

- 1 kg de filé mignon (parte central limpa)
- 1 colher (chá) de sal
- Pimenta-do-reino preta a gosto
- 2 colheres (sopa) de óleo, azeite ou manteiga
- Barbante para amarrar a carne
- Gotas de suco de limão ou vinho a gosto para aromatizar (opcional)

PREPARE O ROSBIFE

✓ Limpe a peça e utilize somente a parte central, mais grossa, pesando aproximadamente 1 kg. Amarre com barbante cru para manter a forma. Tempere com sal e pimenta-do-reino preta moída na hora e unte muito bem com manteiga em temperatura ambiente. Regue com 2 a 3 colheres de sopa de suco de limão (ou vinho tinto seco, ou vinho madeira).

✓ Unte ligeiramente com manteiga uma assadeira pesada e espessa, e aqueça-a bem na chama forte do fogão.

✓ Coloque o filé e doure bem de todos os lados, sempre em fogo forte. Leve então ao forno preaquecido moderado (180 °C), coberto de leve com papel-alumínio, por aproximadamente 20 minutos, verificando o grau de cozimento: a carne deverá estar rosada.

✓ Retire, transfira para uma travessa e a conserve coberta de leve com o papel-alumínio enquanto prepara o molho com a raspa da assadeira, acrescentando um pouco de água e algumas gotas de limão ou do vinho utilizado, deixando reduzir um pouco.

✓ Retire o barbante da carne e corte em fatias finas, servindo imediatamente com o molho.

RENDIMENTO: 4 PORÇÕES

Filé ao molho mostarda

PARA FAZER E COMER

- 800 g de filé mignon cortados em 8 bifes de 100 g cada, aproximadamente
- 2 colheres de sopa de óleo neutro para selar a carne
- 2 colheres de sopa de mostarda Dijon
- Sal e pimenta-do-reino preta a gosto
- ¼ xícara de chá de caldo de carne (ver p. 30) ou conhaque
- ½ xícara de chá de creme de leite (fresco, espesso ou de caixinha tipo UHT)

✓ Numa frigideira grande de 30 cm de diâmetro, de preferência pesada, coloque 1 pitada de sal e aqueça muito bem quantidades iguais de manteiga e óleo. Unte os filés com um pouco de óleo e depois com mostarda. Frite no máximo 2 a 3 por vez, virando 1 vez.

✓ Tempere com sal e pimenta-preta moída na hora. Verifique o grau de cozimento. Retire, passe para um prato e cubra de leve com papel-alumínio.

✓ Leve a frigideira de volta ao fogo lento. Junte um pouco de caldo de carne ou conhaque, raspando o fundo. Acrescente mostarda e mexa rapidamente. Adicione creme de leite em quantidade adequada ao seu paladar. Verifique o sal e peneire o molho sobre os filés, servindo imediatamente.

OBSERVAÇÃO

Caso use conhaque, retire a frigideira do fogo, e, com cuidado, adicione o conhaque e encoste a chama de um fósforo, para flambá-lo e, assim, eliminar o álcool.

RENDIMENTO: 10 PORÇÕES

Estrogonofe
PARA FAZER E COMER

- 1 kg de filé mignon (ou alcatra) limpo, cortado em tirinhas no sentido do comprimento das fibras
- 2 colheres (sopa) de farinha de trigo
- 2 colheres (sopa) de manteiga ou azeite
- 2 colheres (sopa) de óleo
- 2 colheres (sopa) de cebola ralada
- 4 colheres (sopa) de conhaque
- 4 colheres (sopa) de ketchup
- 2 colheres (sopa) de polpa de tomate
- 3 colheres (sopa) de mostarda
- ½ colher (sopa) de molho inglês
- 300 g de conserva caseira de cogumelo (ver p. 92)
- 250 ml de creme de leite fresco, espesso ou de caixinha tipo UHT
- 1 ½ colher (chá) de sal
- Pimenta-do-reino branca

✓ No momento do preparo, salpique sobre a carne a farinha de trigo e misture bem. Numa panela de 25 cm de diâmetro, aqueça a manteiga e o óleo, junte a cebola ralada e deixe murchar. Adicione então a carne, refogando em fogo alto, mexendo sempre, até perder o tom rosado e dourar bem.

✓ Adicione o conhaque, raspando o fundo da panela. Junte o ketchup, a polpa de tomate, a mostarda e o molho inglês, sem parar de mexer. Acrescente o cogumelo e o creme de leite e tempere com sal e pimenta. Aqueça e sirva, acompanhado de arroz e batatas fritas.

RENDIMENTO: 8 PORÇÕES

Rosbife de picanha no saco
PARA FAZER E COMER

- 1,5 kg de picanha em um só pedaço com aproximadamente 5 cm de altura
- 3 colheres (sopa) de manteiga ou azeite
- 2 colheres (sopa) de óleo
- 1 colher (chá) de alho bem amassado
- 2 colheres (chá) de sal
- ½ colher (chá) de pimenta-do-reino branca
- 1 colher (chá) de orégano ou ervas da Provença
- 1 pãozinho para cachorro-quente, desfeito em migalhas (deve-se obter 1 xícara de migalhas)
- 1 xícara de queijo cheddar, prato ou parmesão ralado fino

✓ Retire a gordura, parcial ou totalmente, como preferir.

✓ Numa tigela à parte, misture todos os ingredientes do tempero, amassando para formar uma pasta, e espalhe por todos os lados da carne.

✓ À parte, misture as migalhas de pão e o queijo ralado. Com os dedos, pressione bem essa mistura sobre toda a parte superior da carne, para formar uma camada bem firme. Espete alguns palitos na carne e coloque-a dentro de um saco de papel-pardo grosso ou em um pedaço de papel-manteiga, fechando-o com vários clipes. Se desejar, a carne poderá ser conservada por várias horas na geladeira e retirada com 1 hora de antecedência.

✓ Preaqueça o forno em temperatura moderada (200 °C). Coloque a carne, ainda fechada, sobre o dorso de uma assadeira e leve ao forno, durante o tempo que desejar.

- **Malpassada: forno a 200 °C por 30 minutos.**
- **Ao ponto: forno a 220 °C por 30 minutos + 15 minutos em forno a 190 °C (total de 45 minutos).**
- **Bem passada: forno a 200 °C por 30 minutos + 15 minutos em forno a 220 °C + 5 minutos em forno a 200 °C (total de 50 minutos).**

✓ Abra o papel e verifique o ponto. Se desejar, deixe mais 5 minutos para dourar a crosta. Deixe a carne descansar por 5 minutos e corte em fatias não muito finas, servindo imediatamente.

APROVEITAMENTO DE SOBRAS

RENDIMENTO: CERCA DE 15 UNIDADES

Croquetes de carne

PARA FAZER E CONGELAR PRONTO

- ¼ a ½ colher (chá) de sal
- 5 colheres (sopa) de vinagre de vinho branco
- 3 colheres (sopa) de azeite
- 2 colheres (sopa) de óleo
- ½ colher (chá) de orégano
- 2 colheras (sopa) de azeitonas verdes em lascas
- 2 colheres (sopa) de salsa picada
- ½ colher (chá) de cebolinha-verde picada
- ½ cebola de tamanho médio cortada em rodelas finas e desfeitas
- 1 kg de carne (sobras de lagarto, músculo ou coxão duro) pesada crua e cozida em caldo

✓ Numa panela, aqueça o óleo e refogue a cebola e a salsa até murchar bem. No processador, triture a carne que foi previamente cozida em caldo, o refogado de cebola e salsa com o óleo e um pouco do molho da carne ou de água, para dar consistência. Transfira para uma panela.

✓ Dissolva a farinha de trigo na água fria e junte à carne, mexendo para engrossar. Junte o sal e a pimenta, se quiser. Deixe essa massa esfriar. Forme os croquetes do tamanho de uma colher de sopa e passe pelo ovo e pela farinha de rosca, apertando para aderir.

✓ Numa frigideira, aqueça bastante óleo (não se esqueça de colocar na frigideira 1 dente de alho furado com garfo). Frite poucos croquetes de cada vez, até ficarem dourados. Retire e escorra em papel-toalha.

> **DICA**
> Podem ser congelados e fritos diretamente no óleo quente no momento de servir ou feitos na *air fryer*.

RENDIMENTO: 6 PORÇÕES

Carne louca ao vinagrete

PARA FAZER E COMER

- ¼ a ½ colher (chá) de sal
- 5 colheres (sopa) de vinagre de vinho branco
- 3 colheres (sopa) de azeite
- 2 colheres (sopa) de óleo
- ½ colher (chá) de orégano
- 2 colheres (sopa) de azeitonas verdes em lascas
- 2 colheres (sopa) de salsa picada
- ½ colher (chá) de cebolinha-verde picada
- ½ cebola de tamanho médio cortada em rodelas finas e desfeitas
- 1 kg de carne (sobras de lagarto, músculo ou coxão duro) pesada crua e cozida em caldo

✓ Numa tigela, misture todos os ingredientes, exceto a carne, para fazer um molho. Coloque um pouco desse molho no fundo do prato escolhido para servir e alterne com camadas de carne, devendo a última camada ser de molho. Conserve tampado em geladeira.

FRANGOS

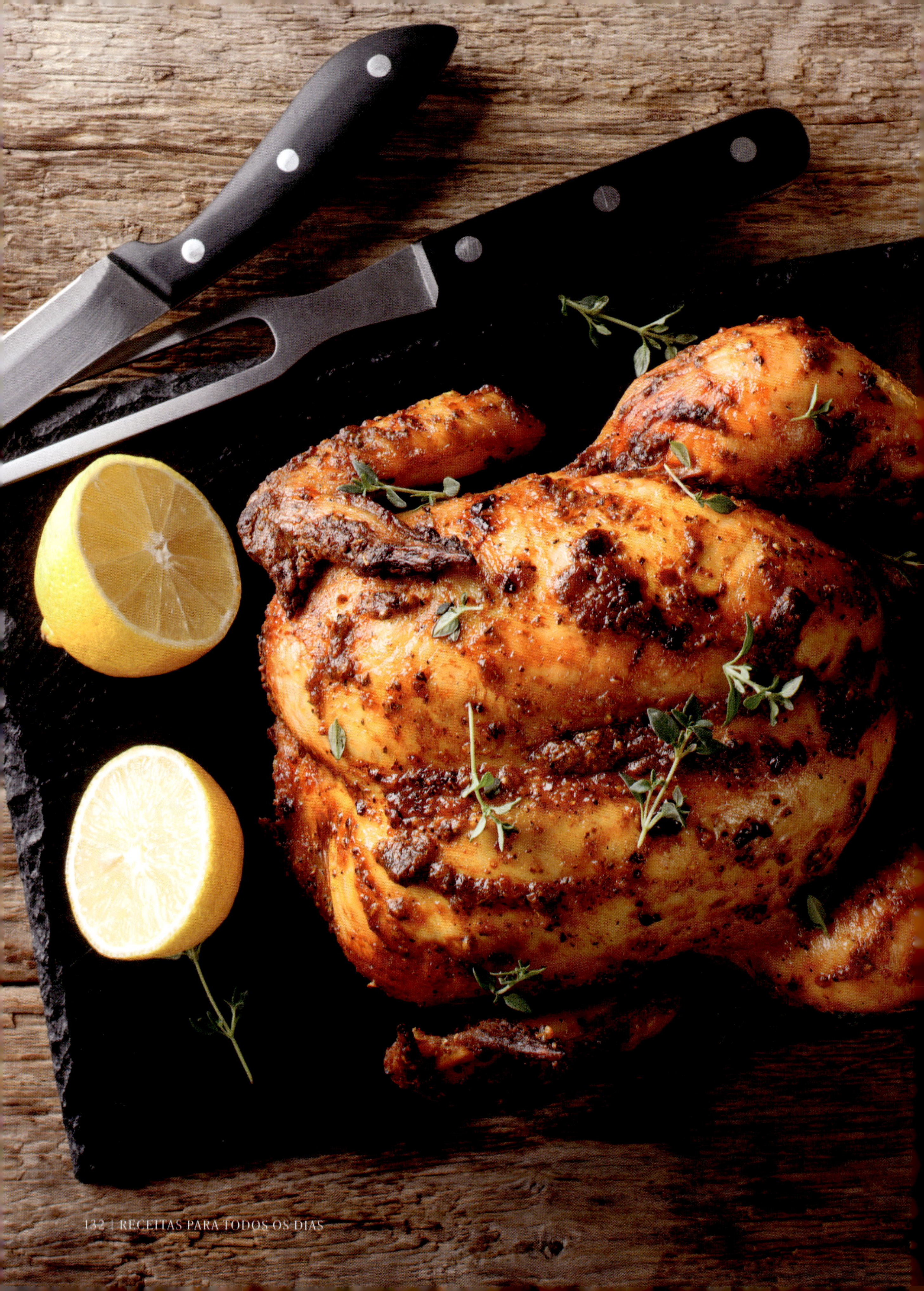

O frango inteiro com osso, de preferência do tipo "caipira", tem menos gordura, excelente sabor e textura mais firme. Não ceda à tentação do "mais prático", assando os pedaços preferidos e desprezando a carcaça. Saiba que os ossos contribuem muito para o excelente sabor final do frango, seja qual for a forma de preparo. Deixe os filés para milanesas ou grelhados, seguindo os mesmos procedimentos para a carne de boi, devendo, no entanto, ficar bem passados.

Seque o frango com papel absorvente e se preferir deslize meia banda de limão pela superfície. Faça esse procedimento sobre uma tábua usada só para isso, impedindo a contaminação cruzada. Dito isso, não é recomendado lavar o frango, pois sua carne, quando crua, é suscetível a bactérias (entre elas a salmonela).

RENDIMENTO: 6 PORÇÕES FARTAS

Sobrecoxas de frango assadas

PARA FAZER COM ANTECEDÊNCIA

- 2 kg de sobrecoxas de frango (prefira com osso e com pele, secas com auxílio de papel absorvente)
- 7 colheres (sopa) de suco de limão
- 4 colheres (sopa) de cebola bem picada
- 5 colheres (sopa) de vinho branco seco
- 1 colher (sopa) de sal
- 1 folha de louro quebrada
- Pimenta-do-reino a gosto

PREPARE O FRANGO

✓ De 3 a 8 horas antes de assar o frango, misture-o com os temperos, coloque-o dentro de um saco plástico ou tigela, vede-o bem e o mantenha refrigerado.

✓ Retire da geladeira 1 hora antes de assar.

✓ Preaqueça o forno e tire todos os temperos sólidos do frango. Coe e reserve o caldo.

✓ Leve o frango para assar, colocando os pedaços virados com a pele para baixo.

✓ Cozinhe em forno a 200º C por cerca de 1 hora, regando com o caldo do tempero. Na metade desse tempo, vire os pedaços para que a pele fique dourada.

✓ Retire do forno, tire os pedaços da assadeira e reserve-os em local aquecido enquanto prepara o molho.

PREPARE O MOLHO

✓ Em fogo baixo, aqueça a assadeira com o molho (crosta) que se formou.

✓ Deixe secar sem queimar e retire toda a gordura.

✓ Pingando água, vá raspando o fundo com uma colher de bambu para formar o molho. Se desejar, pingue gotas de vinagre ou vinho para ajudar a retirar o fundo saboroso que se formou.

✓ Verifique o sal, aqueça mais e coe antes de servir.

VARIAÇÃO

Se quiser assar o frango junto com batatas, corte-as em fatias grossas e coloque-as no início do cozimento. Elas absorverão os sucos do frango e ficarão muito saborosas, mas não haverá uma boa formação de raspas no fundo da assadeira para fazer o molho.

RENDIMENTO: 6 PORÇÕES FARTAS

Frango assado
PARA FAZER E COMER

PARA O FRANGO
- 1 frango de aproximadamente 1,8 kg
- Metade de 1 limão
- 1 colher (sopa) de sal

PARA O TEMPERO
- 2 colheres (chá) de sal
- 4 colheres (sopa) de suco de limão
- 2 colheres (sopa) de cebola bem picada
- 1 folha de louro quebrada
- 2 colheres (sopa) de vinho branco seco
- Pimenta-do-reino branca (opcional)

PREPARE O TEMPERO
✓ Numa tigela, misture todos os ingredientes.

PREPARE O FRANGO
✓ Limpe, seque bem e esfregue o limão por dentro e por fora do frango. Depois, adicione o sal. Com cuidado, fure o frango e regue com o tempero. Conserve coberto na geladeira, virando e regando de vez em quando. Retire da geladeira 1 hora antes de assar. Retire todos os temperos sólidos e coe o molho. Reserve. Amarre as pernas com barbante.

✓ Com 10 minutos de antecedência, preaqueça o forno em temperatura forte (220 °C). Com o peito voltado para cima, coloque o frango numa assadeira, de preferência pesada, regando com um pouco do molho.

✓ Asse, deixando o frango dourar e o molho se depositar no fundo, ficando bem dourado, sem queimar. Raspando o fundo, junte em intervalos de 15 minutos o restante do tempero, regando o frango a cada intervalo.

✓ Vire o frango e continue a regar.

✓ Terminado o tempero, junte um pouco de água de cada vez, continuando a formar um molho da raspa da assadeira.

✓ Dependendo do calor do forno, cubra com papel-alumínio para terminar de assar e não ressecar. Vire novamente o frango para terminar de assar e dourar do lado do peito. O frango estará assado quando, ao se enfiar um garfo na parte mais carnuda do peito e da sobrecoxa, não se produzir líquido algum.

✓ Pronto o frango, transfira-o para um prato, cobrindo-o de leve com papel-alumínio.

✓ Aqueça a assadeira na chama do fogão com cuidado, mantendo em fogo baixo com o molho que se formou. Deixe secar, sem queimar, retire toda a gordura e despreze-a. Pingando água, vá raspando o fundo com uma colher de bambu para formar o molho. Você deve terminar com a assadeira limpa e um molho cor de caramelo escuro, saboroso e vibrante. Verifique o sal, aqueça mais se necessário e coe antes de servir.

RENDIMENTO: 6 PORÇÕES

Frango ao forno com bacon e cogumelo

PARA FAZER E COMER

- 1,8 kg de coxa, sobrecoxa e peito de frango desossados
- 1 colher (sopa) de sal
- 1 pitada de pimenta-do-reino
- 300 g de cogumelo cru em fatias finas, conservado em água com gotas de limão
- 4 fatias de bacon magro cortado em pedacinhos
- 1 colher (sopa) de suco de limão
- 1 colher (sopa) de salsa bem picada
- 1 xícara de miolo de pão amanhecido e esfarelado
- 100 g de manteiga derretida ou azeite

TIPO DE FÔRMA: Recipiente refratário retangular grande de 18 x 30 cm, untado com manteiga ou azeite

✓ Seque os pedaços de frango, temperando-os com sal e pimenta.

✓ Preaqueça o forno a 200 °C. Disponha os pedaços no recipiente refratário previamente untado com manteiga ou azeite. Aumente a temperatura do forno para 220 °C e asse rapidamente os pedaços de frango por aproximadamente 20 minutos, virando-os ocasionalmente. Retire do forno. Reserve.

✓ Escorra os cogumelos e cubra os pedaços de frango com eles, do lado da pele.

✓ Distribua os pedacinhos de bacon sobre os cogumelos e regue tudo com o suco de limão. Espalhe a salsa picada, em seguida o miolo de pão e regue com metade da manteiga derretida.

✓ Leve de volta ao forno a 220 °C até os pedaços ficarem dourados e ligeiramente crocantes, aproximadamente 15 minutos, regando com o restante da manteiga derretida, caso necessário.

✓ Sirva bem quente.

RENDIMENTO: 4 PORÇÕES
Frango frito de forno
PARA FAZER E COMER

- 1 colher (chá) de sal
- Pimenta-do-reino branca (opcional)
- 1 colher (sopa) de suco de limão
- 8 coxas e sobrecoxas de frango
- 50 g de manteiga ou azeite
- 1 pacote de bolacha salgada (tipo água e sal)
- 1 colher (chá) de páprica doce

TIPO DE FÔRMA: Recipiente refratário retangular médio

✓ Numa tigelinha, misture o sal, a pimenta e o suco de limão.

✓ Seque muito bem os pedaços de frango. No lado sem pele, faça um pequeno corte perto do osso para o tempero penetrar. Regue com o tempero e misture bem.

✓ Preaqueça o forno a 180 °C.

✓ Coloque a manteiga no recipiente refratário e derreta no forno. Retire a fôrma do forno com cuidado e passe os pedaços de frango pela manteiga, cobrindo-os bem.

✓ Coloque as bolachas num saco plástico e amasse com o rolo de massa para obter migalhas finas. Coloque essas migalhas numa travessa, misturando a páprica para dar cor. Passe os pedaços de frango pelas migalhas, apertando com os dedos para formar uma crosta. Disponha os pedaços de frango no recipiente refratário, com o lado da pele voltado para cima, e leve ao forno a 180 °C coberto de leve com papel-alumínio, durante 20 minutos.

✓ Retire o papel-alumínio e aumente o forno para 220 °C para obter uma crosta por 10 minutos ou até que a crosta esteja bem dourada.

✓ Sirva quente, enfeitando com raminhos de salsa.

NA *AIR FRYER*

✓ Comece a 150 °C por 20 minutos para que cozinhem sem dourar. Aumente para 180 °C por mais 10 minutos até que dourem e terminem de assar. Teste o ponto do assamento espetando uma faca próximo do osso: não deve sair líquido algum.

RENDIMENTO: 4 PORÇÕES
Frango à parmegiana
PARA FAZER E COMER

✓ Proceda como na receita de frango frito de forno (ver p. 137). Tempere os pedaços de frango do mesmo modo e disponha-os no recipiente refratário médio. Cubra com o molho de tomate de sua preferência.

✓ A quantidade deverá ser suficiente para cobrir os pedaços e sobrar um pouco no fundo do recipiente refratário.

✓ Preaqueça o forno em temperatura de 200 °C e cubra o frango com papel-alumínio. Asse por aproximadamente 20 minutos, virando os pedaços na metade do tempo e verificando o grau de cozimento.

✓ Quando os pedaços estiverem tenros, retire o papel-alumínio, deixe a parte da pele para cima e cubra com o molho grosso que se formou no fundo. Salpique os pedaços com queijo parmesão ralado e, se desejar, 1 pitada de orégano ou folhas de alecrim.

✓ Leve de volta ao forno a 200 °C, regando ocasionalmente até o molho secar ligeiramente e derreter o queijo, devendo ainda restar um pouco de molho no fundo da travessa. Sirva bem quente.

NA *AIR FRYER*

✓ Preaqueça a *air fryer* a 150 °C por 5 minutos.

✓ Leve o refratário para a *air fryer* e mantenha a 150 °C por 20 minutos para que cozinhem sem dourar, virando os pedaços de frango na metade do tempo. Quando os pedaços estiverem tenros, vire novamente e deixe a parte da pele para cima, cubra com o molho grosso que se formou no fundo e salpique os pedaços com queijo parmesão ralado e, se desejar, 1 pitada de orégano ou folhas de alecrim. Aumente a temperatura para 180 °C e asse por mais 10 minutos até que dourem e terminem de assar, e o queijo derreta. Teste o ponto do assamento espetando uma faca próximo do osso, não deve sair líquido algum. Caso ainda queira mais dourado, deixe por mais 3 minutos a 200 °C.

RENDIMENTO: 6 PORÇÕES FARTAS

Frango ensopado com ervilhas
PARA FAZER E CONGELAR PRONTO

- 1 frango de aproximadamente 1,8 kg limpo, lavado e cortado pelas juntas
- Metade de 1 limão
- 1 colher (sopa) de sal
- 1 dente de alho picado
- 1 pitada de pimenta-do-reino branca (opcional)
- 3 colheres (sopa) de óleo
- 2 colheres (sopa) de cebola bem picada
- 2 colheres (sopa) de vinho branco seco
- ⅓ de xícara de polpa de tomate
- 1 buquê garni (10 ramos de salsa, 1 folha de louro, 1 ramo de segurelha ou orégano fresco e 1 cebolinha-verde amarrados com barbante cru)
- 1 pacote de ervilhas congeladas
- 2 colheres (sopa) de salsa bem picada

✓ Esfregue os pedaços com o limão, o sal, o alho e a pimenta.

✓ Numa panela de fundo largo de 25 cm de diâmetro, aqueça o óleo e doure, aos poucos, os pedaços de frango, sem deixar queimar o fundo e transferindo os pedaços para um recipiente.

✓ Na gordura que restou, doure bem a cebola, sem deixar queimar. Junte o vinho, retirando a raspa do fundo e mexendo um pouco para evaporar.

✓ Adicione a polpa de tomate e um pouco de água, na quantidade necessária para formar um molho.

✓ Junte os pedaços de frango, que devem ficar em uma só camada, o buquê garni e, se precisar, mais um pouco de água.

✓ Deixe cozinhar tampado, em fogo baixo, virando os pedaços e raspando o fundo, para obter um molho saboroso.

✓ Junte as ervilhas e a salsa no final do cozimento, verificando o sal.

PEIXES

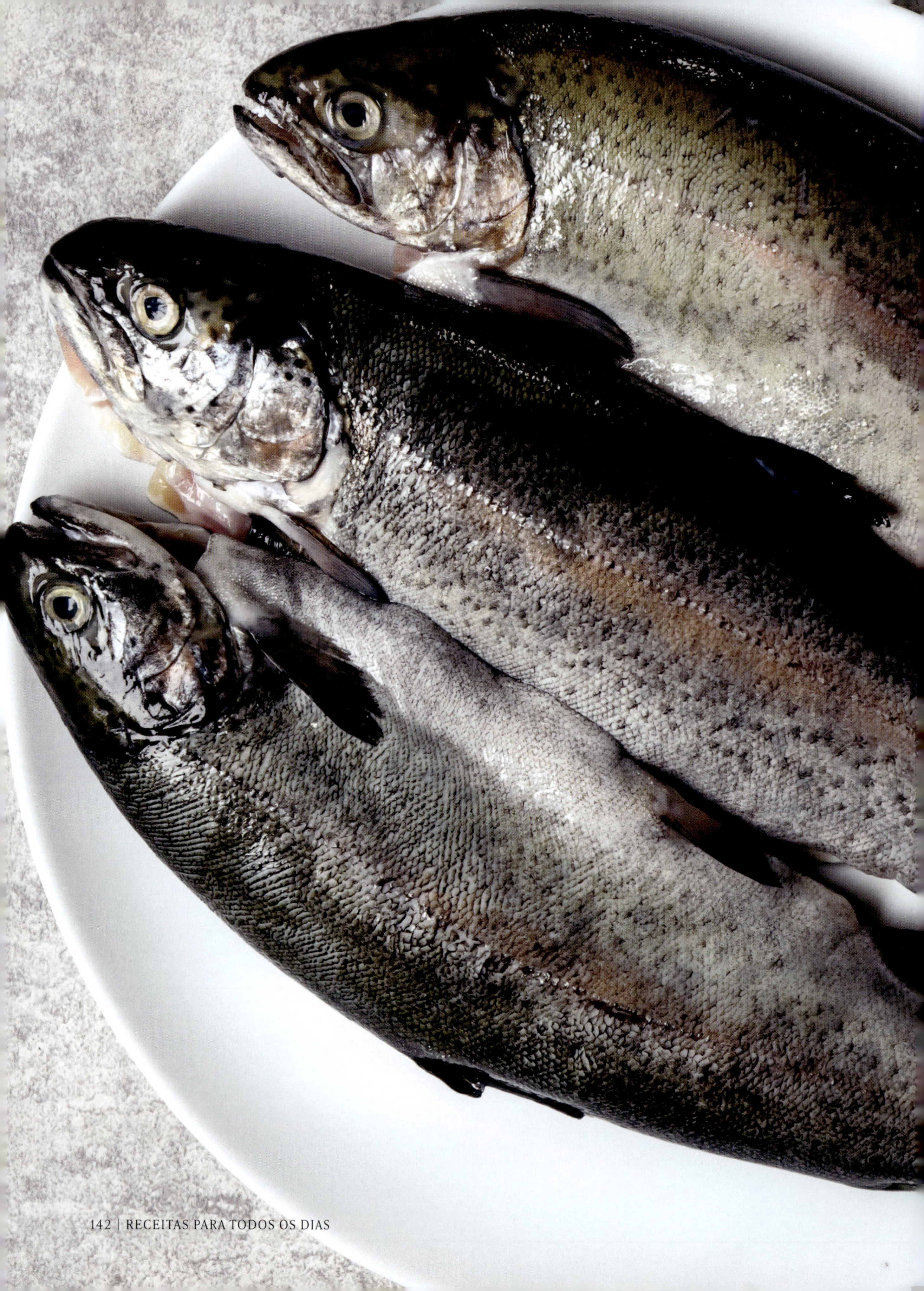

PARA ESCOLHER

O peixe realmente fresco não tem cheiro nenhum. Os olhos devem ser brilhantes, as guelras devem ser avermelhadas e a textura firme.

Para obter filés a partir de peixes inteiros, consulte o peixeiro, mas calcule que um peixe inteiro de 1 kg deve render limpo ½ kg de filés.

A base de consumo é de 150 g por pessoa no mínimo, dependendo do tipo de preparo.

O LIMÃO E OS PEIXES

Esse é um relacionamento mal compreendido. Peixe não é sinônimo de suco de limão, muito pelo contrário. O suco de limão é excelente como tempero para assá-lo à moda brasileira ou baiana. É também o toque final em filés fritos, empanados ou grelhados e excelente para marinar fatias bem finas de peixe, curtindo-as para consumir cruas. Nas receitas a seguir, o suco de limão não é utilizado, pois interferirá no sabor e na textura finais.

RENDIMENTO: 8 PORÇÕES
Filés de peixe gratinados
PARA FAZER E COMER

PARA O PEIXE
- 800 g de filés de peixe, de preferência espessos
- ½ colher (chá) de sal
- 1 pitada de pimenta-do-reino branca

PARA O MOLHO
- 2 ½ colheres (sopa) de manteiga ou azeite
- 4 colheres (sopa) de farinha de trigo
- ½ litro de leite
- 2 colheres (sopa) de vinho branco seco
- 100 g de queijo prato ou muçarela cortado em fatias finas
- 6 colheres (sopa) de queijo parmesão ralado
- ½ colher (chá) de sal
- Pimenta-do-reino branca

TIPO DE FÔRMA: Recipiente refratário retangular, untado com manteiga ou azeite

PREPARE O PEIXE
Seque bem os filés e tempere-os com sal e pimenta. Disponha no recipiente refratário untado com manteiga ou azeite.

Preaqueça o forno em temperatura moderada (180 °C). Cubra os filés com papel-alumínio e leve ao forno por aproximadamente 15 minutos ou até a carne se soltar quando aberta com um garfo. Retire do forno, mas não escorra o caldo que se formou. Mantenha coberto.

PREPARE O MOLHO
Faça a receita de molho branco da forma habitual (ver p. 58) e, depois de pronto, misture o vinho branco.

Cubra os filés com as fatias de queijo e com o molho branco, misturando-o ao caldo reservado. Espalhe o queijo parmesão e leve ao forno a 220 °C ou ligue o gratinador, caso seu forno tenha, e deixe gratinar bem, aproximadamente 5 minutos.

OBSERVAÇÃO
Use filés de linguado, robalo, badejo etc. A pescada-branca não é recomendável para esse tipo de preparo por causa de sua textura mais frágil.

RENDIMENTO: 8 PORÇÕES

Filés de peixe gratinados ao molho mostarda
PARA FAZER E COMER

PARA O PEIXE
- 1,2 kg de filés de pescada-amarela de aproximadamente 200 g cada ou outro de sua preferência
- ½ colher (chá) de sal ou a gosto
- 1 pitada de pimenta-do-reino branca
- 200 g de conserva caseira de cogumelo (ver p. 92)
- ½ xícara de vinho branco seco

PARA O MOLHO
- 1 colher (sopa) de farinha de trigo (se necessário)
- 2 xícaras (400 ml) de creme de leite fresco ou caixinha tipo UHT
- 3 colheres (sopa) fartas de mostarda
- ½ colher (chá) de sal
- 100 g de queijo parmesão ralado para gratinar

TIPO DE FÔRMA: Recipiente refratário retangular

PREPARE O PEIXE
✓ Seque bem os filés, temperando-os com sal e pimenta em ambos os lados.

✓ Disponha 3 filés no recipiente refratário previamente untados com azeite ou manteiga. Cubra-os com os cogumelos e coloque os outros 3 filés por cima.

✓ Regue com o vinho branco e cubra com papel-alumínio, levando ao forno preaquecido a 180 °C por 15 minutos.

PREPARE O MOLHO
✓ Numa tigela, dissolva a farinha de trigo em um pouco do creme de leite fresco (atenção: omita a farinha de trigo se utilizar creme de leite espesso de caixinha UHT), junte a mostarda e tempere com sal.

✓ Retire o recipiente refratário do forno e cubra o peixe com o molho de mostarda, misturando-o ao líquido que se formou.

✓ Espalhe o queijo parmesão e leve de volta ao forno forte (220 °C) para gratinar por aproximadamente 15 minutos.

RECEITAS PARA TODOS OS DIAS

RENDIMENTO: 4 PORÇÕES

Peixe ao forno com tomate, ervas e azeitonas pretas

PARA FAZER E COMER

PARA O PEIXE

- ½ kg de filés espessos de linguado, robalo, pargo, pescada-amarela etc., ou o mesmo peso de peixe inteiro limpo, aberto pelas costas e sem a espinha central
- ½ colher (chá) de sal
- Pimenta-do-reino branca
- ½ colher (sopa) de azeite
- 2 colheres (sopa) de vinho branco seco

PARA A COBERTURA

- 3 tomates grandes, maduros e firmes picados em cubinhos, com pele e sem sementes
- ¾ de xícara de ervas frescas: salsa, cebolinha-verde, folhas de manjericão e alecrim bem picados
- 1 colher (chá) de alho picado
- ⅓ de xícara de azeitonas pretas picadas grosseiramente
- 1 colher (chá) de sal
- ¼ de xícara de azeite

TIPO DE FÔRMA: Recipiente refratário de tamanho adequado para os filés escolhidos

PREPARE O PEIXE

✓ Seque bem o peixe. Tempere com sal e pimenta, e disponha no recipiente refratário untado com azeite ou manteiga. Pincele os filés com o azeite e reserve coberto com plástico filme.

PREPARE A COBERTURA

✓ Numa tigela à parte, misture os ingredientes da cobertura – tomates picados, alho, azeite, azeitonas e as ervas. Tempere com sal e pimenta.

✓ Uns 20 minutos antes de servir, regue o peixe com o vinho e espalhe a cobertura. Preaqueça o forno a 200 °C. Cubra o peixe com papel-alumínio e asse por 15 minutos.

✓ Retire o papel e deixe mais uns 5 minutos para secar um pouco. Retire e sirva imediatamente.

OBSERVAÇÃO

Tenha o cuidado de não usar uma quantidade excessiva da cobertura para não anular o sabor delicado do peixe.

RENDIMENTO: 4 PORÇÕES

Peixe ao forno com pimentões, cebola e batata

PARA FAZER E COMER

Esta é uma versão "abacalhoada" de peixe ao forno.

PARA O PEIXE

— ½ kg de filés grandes e espessos (do tipo que preferir)
— ½ colher (chá) de sal
— 1 pitada de pimenta-do-reino branca ou gotas de molho de pimenta
— ¼ de xícara + ½ colher (sopa) de azeite
— 1 cebola média cortada em rodelas finas
— ½ xícara de tirinhas finas de pimentões amarelos e vermelhos
— 1 tomate maduro e firme cortado em rodelas finas
— 1 colher (sopa) de vinho branco seco
— 2 colheres (sopa) de azeitonas verdes em lascas

PARA A BATATA (OPCIONAL)

— ½ kg de batatas médias com casca
— ½ colher (sopa) de sal grosso
— ½ colher (sopa) de azeite
— Folhinhas de alecrim

TIPO DE FÔRMA: Recipiente refratário retangular, untado com ½ colher (sopa) de azeite

PREPARE O PEIXE

✓ Seque bem os filés e tempere com sal e pimenta.
✓ Disponha os filés no recipiente refratário.
✓ Numa frigideira de fundo largo, aqueça o restante do azeite e refogue rapidamente as rodelas de cebola, os pimentões e, por último, o tomate. Adicione o vinho branco e deixe evaporar. Retire do fogo e junte as azeitonas em lascas. Espalhe esse refogado sobre o peixe e as rodelas de batata.
✓ Leve ao forno preaquecido a 200 °C coberto com papel-alumínio por 20 minutos. Retire o papel e asse mais uns 10 minutos até que a carne do peixe se separe com um garfo, o refogado tenha secado um pouco e as batatas estejam assadas e douradas.
✓ Se desejar, regue com um pouco de azeite antes de servir.

PREPARE A BATATA

✓ Cozinhe as batatas com casca em água com sal, sem deixar que amoleçam muito.
✓ Descasque, deixe amornar e corte em rodelas não muito finas. Misture-as com o sal grosso, o azeite e as folhinhas de alecrim e disponha-as ao redor do peixe. Cubra somente o peixe com o papel-alumínio.

RENDIMENTO: 4 PORÇÕES

Filés altos de peixe com crosta crocante de alecrim

PARA FAZER E COMER

PARA O PEIXE

- 4 postas de peixe de 150 g cada (robalo, namorado ou cherne)
- 1 colher (chá) de sal
- 1 pitada de pimenta-do-reino branca
- 2 colheres (sopa) de vinho branco seco
- 1 colher (sopa) de azeite para untar

PARA O REFOGADO

- ⅓ de xícara de azeite
- 1 xícara de cebola bem picada
- ½ xícara de salsa e cebolinha-verde bem picadas
- 2 dentes de alho bem picados
- 1 xícara de tomate cortado em cubinhos
- ½ colher (sopa) de sal
- 1 pitada de pimenta-do-reino branca

PARA A CROSTA

- 1 xícara de miolo de pão amanhecido, seco no forno e ralado (ou farinha de rosca de boa qualidade)
- 3 colheres (sopa) de azeite
- 2 colheres (chá) de folhinhas de alecrim fresco
- 2 colheres (sopa) de queijo parmesão ralado

TIPO DE FÔRMA: Fôrma ou recipiente refratário, untado com azeite

PREPARE O PEIXE

✓ Seque bem as postas de peixe e tempere os dois lados com o sal e a pimenta. Disponha as postas na fôrma. Regue com o vinho branco e reserve.

PREPARE O REFOGADO

✓ Numa frigideira de fundo largo, aqueça o azeite e refogue rapidamente a cebola, a salsa, a cebolinha-verde e o alho, para secar sem dourar. Junte o tomate e refogue, também rapidamente. Acrescente o sal e a pimenta, refogue por mais 1 minuto e retire do fogo. Deixe esfriar um pouco e distribua esse refogado sobre as postas, pressionando para fixá-lo.

✓ Preaqueça o forno em temperatura forte (220 °C). Cubra as postas com papel-alumínio e leve ao forno por 15 minutos ou até o peixe ficar cozido, com a carne se separando ao toque do garfo, e retire do forno.

PREPARE A CROSTA

✓ Misture o pão com o alecrim, o azeite e o queijo parmesão. Distribua sobre o refogado, apertando para aderir bem.

✓ Leve de volta ao forno forte (220 °C), sem cobrir, apenas para dourar a crosta rapidamente.

SOBREMESAS
SIMPÁTICAS

RENDIMENTO: 10 PORÇÕES
Mousse de chocolate
PARA FAZER COM ANTECEDÊNCIA

Esta é uma das versões da receita clássica. Como não leva creme de leite nem gelatina, o resultado é uma mousse bem leve, cheia de "furinhos".

- ½ xícara de gemas pasteurizadas
- 1 xícara de claras pasteurizadas + 1 colher (chá) açúcar
- 1 xícara + 1 colher (sopa) de chocolate meio amargo
- 1 colher (sopa) de leite
- 3 colheres (sopa) de café
- 1 colher (chá) de essência de baunilha
- Chocolate em pó peneirado (para decorar)

✓ Coloque no fogo uma panela com água e, dentro dela, outra panela com café e chocolate, mexendo sempre até o chocolate derreter. Retire do fogo.

✓ Separadamente, bata as gemas, junte a essência de baunilha, depois o chocolate derretido, e mexa com cuidado.

✓ Bata as claras em neve e adicione, mexendo delicadamente, ao creme de gemas com chocolate.

✓ Acomode a mousse em travessa funda ou monte em taças ou copinhos individuais e leve à geladeira por no mínimo 8 horas, antes de servir.

✓ No momento de servir, enfeite com chocolate em pó peneirado.

OBSERVAÇÕES
Para uma mousse com sabor acentuado de chocolate, não use açúcar.

Para acrescentar licor, derreta o chocolate sem líquido nenhum em banho-maria ou na potência máxima do micro-ondas por 1 minuto. Deixe amornar e junte de 1 a 2 colheres (sopa) do licor de sua preferência (laranja, menta, café, cacau etc.). Não adicione baunilha nem açúcar às gemas e termine a mousse como descrito na receita.

Em caso de pressa, derreta o chocolate, retire do fogo e junte o açúcar, mexendo bem para dissolver. Adicione a baunilha, mais as gemas uma a uma, e bata as claras em neve macia.

RENDIMENTO: 6 PORÇÕES

Sopa de morango com suspiro ao perfume de laranja
PARA FAZER E COMER

PARA O SUSPIRO
- ¼ de xícara de claras em temperatura ambiente
- 4 colheres (sopa) de açúcar
- 1 colher (café) de raspa de laranja
- 1 pitada de sal

PARA A SOPA
- 4 xícaras de morangos maduros limpos e muito bem lavados
- ¼ de xícara de suco de laranja
- ½ xícara de açúcar
- 1 colher (sopa) de licor sabor laranja (Cointreau, Grand Marnier etc.)

PARA DECORAR
- Tirinhas de casca de laranja
- Morangos inteiros com cabinhos, lavados e secos
- Folhas de hortelã

PREPARE O SUSPIRO
✓ Com a batedeira, bata a clara em neve com a pitada de sal, junte o açúcar e bata até o ponto de suspiro firme, acrescentando a raspa de laranja no final.

PREPARE A SOPA
✓ Bata tudo no liquidificador pouco antes de servir e distribua em pratos de sopa. Com auxílio de duas colheres de sopa, disponha "bolas" de suspiro sobre a sopa de morangos.

✓ Decore com um pouco de tirinhas de casca de laranja, morangos e folhas de hortelã. Sirva imediatamente.

RENDIMENTO: 4 PORÇÕES

Sopa de maracujá com suspiro
PARA FAZER E COMER

PARA A SOPA
- ¼ de colher (chá) de gelatina incolor em pó sem sabor
- 2 colheres (sopa) de água fria
- ¼ de xícara de açúcar ou a gosto
- 1 ¼ de xícara de suco de maracujá fresco peneirado
- 2 colheres (sopa) de sementes de maracujá para enfeitar

PARA O SUSPIRO
- ¼ xícara de claras em temperatura ambiente
- 4 colheres (sopa) de açúcar

PARA DECORAR
✓ Raminhos de hortelã

PREPARE A SOPA
✓ Numa tigelinha, adicione a água e salpique por cima a gelatina. Aguarde alguns minutos, até hidratar.

✓ Numa panelinha, coloque o açúcar e o suco e leve ao fogo, mexendo apenas até dissolver. Retire, junte a gelatina hidratada e mexa bem, para dissolver.

✓ Distribua em pratos de sopa e leve à geladeira durante 30 minutos.

PREPARE O SUSPIRO
✓ Bata as claras em ponto de neve macia e acrescente o açúcar aos poucos, continuando a bater até obter um suspiro firme e brilhante.

✓ De forma harmoniosa, distribua várias colheradas de suspiro sobre a sopa de maracujá e guarneça-as com as sementes, enfeitando cada prato com um raminho de hortelã.

RENDIMENTO: 8 PORÇÕES

Pudim de laranja à moda antiga

PARA FAZER COM ANTECEDÊNCIA

PARA A CALDA
- 1 xícara de açúcar
- ½ xícara de água

PARA O PUDIM
- 2 xícaras de suco de laranja
- 4 ovos
- 3 a 4 colheres (sopa) de açúcar
- 1 colher (sopa) de amido de milho

TIPO DE FÔRMA: De furo com 1 litro de capacidade

PREPARE A CALDA
✓ Numa panela pequena, derreta o açúcar até chegar ao ponto de caramelo bem dourado, cuidando para não deixar queimar. Junte a água e deixe o açúcar dissolver em fogo baixo. Despeje essa calda na fôrma. Reserve.

PREPARE O PUDIM
✓ Numa tigela, misture todos os ingredientes, peneire e despeje na fôrma, sobre a calda de açúcar.

✓ Leve ao forno preaquecido moderado (180 °C) em banho-maria de água fervente por aproximadamente 40 minutos ou até a lâmina da faca sair limpa.

✓ Retire e desenforme morno, quase frio. Conserve na geladeira até o momento de servir.

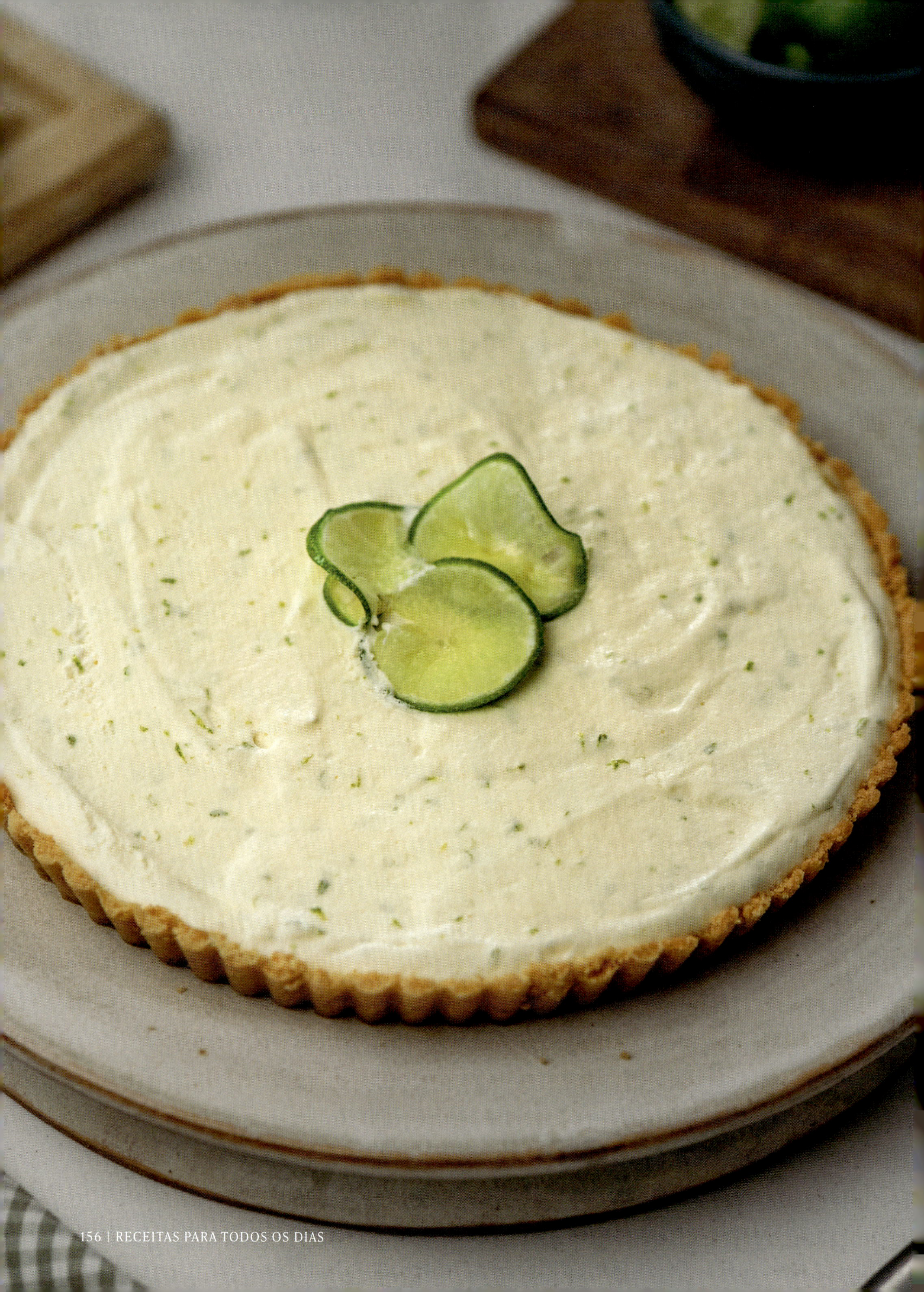

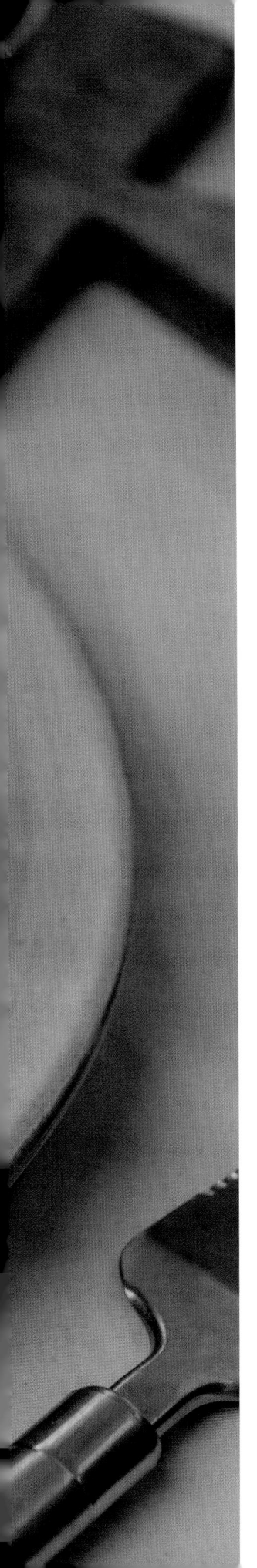

RENDIMENTO: 10 PORÇÕES

Torta-mousse congelada de limão

PARA FAZER COM ANTECEDÊNCIA

PARA A MASSA
- 150 g de biscoito champanhe
- 4 colheres de sopa de manteiga derretida

PARA A MOUSSE
- 3 ovos separados (clara e gema) em temperatura ambiente
- 1 pitada de sal
- ½ xícara (chá) de açúcar para as claras
- ¼ de xícara (chá) de suco de limão
- 2 a 3 colheres (chá) de raspas de limão
- 1 xícara de creme de leite fresco
- 3 colheres (sopa) de açúcar – para o creme de leite

PARA DECORAR
- Rodelas ou fatias de limão bem verde

TIPO DE FÔRMA: De aro removível, com 23 cm de diâmetro, ou recipiente refratário de mesmo tamanho fartamente untado com manteiga

PREPARE A MASSA
✓ Em processador ou liquidificador, bata os biscoitos para obter migalhas. Junte a manteiga derretida e bata somente até misturar.

✓ Pressione a massa na fôrma ou recipiente refratário apertando bem com a ponta dos dedos para formar o fundo e as laterais da torta.

✓ Leve ao forno preaquecido moderado (180 °C) durante 10 minutos apenas para secar e dourar.

PREPARE A MOUSSE
✓ Bata as claras em neve com o sal e junte a ½ xícara de açúcar aos poucos, continuando a bater até obter um suspiro firme e brilhante. Reserve. À parte, bata as gemas até ficarem claras e leves e, com delicadeza, incorpore-as às claras. Reserve.

✓ Bata o creme de leite com as 3 colheres (sopa) de açúcar restantes, juntamente com o suco e a raspa de limão, apenas até obter picos macios, sem chegar ao ponto de chantilly. Aos poucos, com delicadeza, incorpore à mistura anterior.

✓ Despeje esse creme sobre o fundo da torta, que já deve estar frio, cubra com papel-alumínio e leve ao congelador por 8 horas.

✓ Para desenformar, passe uma lâmina de faca aquecida em água quente nas bordas e no fundo, e transfira para o prato escolhido para servir. Decore com fatias de limão.

RENDIMENTO: 6 PORÇÕES

Suflê de banana com molho de chocolate e rum

PARA FAZER E COMER

PARA O SUFLÊ

- ⅔ de xícara de banana madura bem doce, firme, amassada com um garfo
- 1 ½ colher (sopa) de suco de limão
- 4 gemas
- 4 colheres (sopa) de açúcar
- ½ xícara de nozes ou pecãs bem picadas (opcional)
- 4 claras em temperatura ambiente
- 1 pitada de sal
- 2 colheres (sopa) de açúcar
- 1 pitada de cremor tártaro

PARA O MOLHO

- 160 g de chocolate meio amargo picado
- ⅓ de xícara de creme de leite espesso
- 2 colheres (sopa) de rum escuro ou a gosto

TIPO DE FÔRMA: Recipiente refratário para suflê com 1 litro de capacidade, 7 cm de altura e 13,5 cm de diâmetro ou fôrminhas individuais, sempre untando e polvilhando com açúcar

PREPARE O SUFLÊ

✓ Numa tigela, misture a banana, o suco de limão, o açúcar e o sal até dissolver o açúcar. Acrescente as gemas e, se desejar, as nozes picadas.

✓ À parte, bata as claras com 1 pitada de sal até espumarem, acrescente o cremor de tártaro e bata até obter picos macios.

✓ Junte as 2 colheres (sopa) de açúcar restantes e bata mais até obter um suspiro firme.

✓ Delicadamente, incorpore ⅓ das claras à mistura de banana com as gemas. Acrescente o restante das claras, sempre com delicadeza, para obter uma mistura homogênea.

✓ Despeje a mistura na fôrma, coloque numa assadeira e leve ao forno preaquecido a 180 °C na grade intermediária, por 20 minutos ou até consolidar e dourar.

PREPARE O MOLHO

✓ Enquanto o suflê estiver assando, coloque numa panela pequena o chocolate e o creme de leite. Leve ao fogo em banho-maria para dissolver, apenas até ficar homogêneo. Incorpore o rum, desligue o fogo e conserve quente.

✓ Pronto o suflê, abra-o com ajuda de duas colheres de sopa, e, com uma concha, despeje um pouco do molho dentro e sirva o restante à parte.

RENDIMENTO: 6 PORÇÕES

Panqueca cremosa de maçã

PARA FAZER E COMER

- 6 ovos
- 1 ½ xícara de leite
- 1 xícara de farinha de trigo
- 3 ½ colheres (sopa) de açúcar
- 1 colher (chá) de essência de baunilha
- 1 pitada de sal
- ½ colher (chá) de canela em pó
- ½ colher (chá) de raspa de limão
- 100 g de manteiga ou azeite
- 4 maçãs grandes descascadas cortadas em fatias finas
- 3 colheres (sopa) de açúcar mascavo para polvilhar

TIPO DE FÔRMA: Recipiente refratário redondo de 20 cm de diâmetro

✓ Preaqueça o forno a 200 °C.

✓ Numa tigela, misture os ovos, o leite, a farinha de trigo, o açúcar, a baunilha, o sal, uma pitada de canela e a raspa de limão.

✓ Coloque a manteiga no recipiente refratário que você vai usar para assar a panqueca e derreta no forno. Retire com cuidado o refratário e disponha as fatias de maçã sem sobrepor demais.

✓ Leve de volta ao forno por cerca de 10 minutos, para cozinhar sem escurecer.

✓ Retire novamente do forno, cubra as maçãs com a mistura cremosa da tigela, salpique com o açúcar mascavo e mais uma pitada generosa da canela restante. Leve de volta ao forno para assar, ainda a 200 °C, na grade intermediária por aproximadamente 15 minutos, até crescer e dourar bem. Sirva imediatamente.

RENDIMENTO: 6 PORÇÕES

Merengada

PARA FAZER E COMER

Uma sobremesa óbvia, mas deliciosa, à qual ninguém resiste, de preparo extremamente simples. A quantidade dos ingredientes depende do número de "gulosos".

✓ Compre 150 g de suspiros prontos não muito grandes (se forem grandes, quebre-os em pedaços); morangos frescos não muito grandes, lavados, cortados ao meio e postos em peneira para escorrer; abacaxi fresco cortado em pedacinhos e posto em peneira para escorrer (opcional), totalizando cerca de 400 g de frutas; chantili (creme de leite fresco bem gelado, batido na proporção de 200 ml para 2 colheres de sopa de açúcar) e lâminas de amêndoas torradas (opcional).

✓ Em um recipiente fundo, de vidro transparente, forme camadas separadas de suspiros, morangos com ou sem abacaxi, chantili e suspiros, terminando com uma boa camada de creme, decorando com morangos com as folhinhas e, se desejar, com as lâminas de amêndoas.

OBSERVAÇÃO

Para variar, utilize frutas vermelhas como framboesa, amora e mirtilo.

BOLOS

E OUTRAS
COISINHAS

PARA COMER COM

AS MÃOS

RENDIMENTO: CERCA DE 40 UNIDADES

Cookies de aveia

PARA FAZER E CONGELAR PRONTO

- 1 xícara de aveia em flocos finos
- 1 xícara de açúcar mascavo
- 2 colheres (sopa) de farinha de trigo
- ¼ de colher (chá) de fermento em pó
- 2 colheres (chá) de canela em pó
- 1 pitada de sal
- 100 g de manteiga derretida
- 1 ovo ligeiramente batido
- 1 colher (chá) de extrato de baunilha ou algumas gotas de essência

✓ Preaqueça o forno a 180 °C enquanto prepara a massa.

✓ Numa tigela, coloque a aveia em flocos, o açúcar mascavo, a farinha de trigo, o fermento, o sal e a canela em pó. Misture bem. Acrescente a manteiga derretida e, em seguida, o ovo ligeiramente batido com a baunilha.

✓ Unte uma assadeira com manteiga ou utilize uma assadeira antiaderente.

✓ Com a massa, forme bolinhas do tamanho de uma noz e disponha sobre a assadeira, com intervalos de 5 cm.

✓ Leve ao forno preaquecido a 180 °C até dourar e assar por aproximadamente 10 minutos.

✓ Retire da assadeira e deixe amornar. Com cuidado, retire os biscoitos da fôrma.

✓ Deixe esfriar e conserve em lata hermeticamente fechada, entre camadas de papel-toalha.

RENDIMENTO: 35 UNIDADES

Biscoito amanteigado (receita básica)

PARA FAZER E CONGELAR PRONTO

- 1 ½ xícara de açúcar
- 4 xícaras de farinha de trigo peneirada
- 2 colheres (chá) de fermento em pó
- 1 pitada de sal
- 2 colheres (sopa) de chocolate em pó (opcional)
- 200 g de manteiga gelada em pedacinhos
- 2 ovos ligeiramente batidos
- 1 colher (chá) de essência de baunilha
- Açúcar para polvilhar

✓ Numa tigela, junte o açúcar, a farinha de trigo, o fermento em pó, o sal e misture bem. Junte a manteiga bem gelada e cortada em pedacinhos, amassando com a ponta dos dedos para formar um farelo grosso.

✓ Acrescente os ovos ligeiramente batidos com a baunilha e amasse bem para formar uma massa homogênea.

✓ Se quiser biscoitos de chocolate, divida a massa em duas partes e junte o chocolate a uma delas, amassando bem para misturar.

✓ Faça um disco com a massa, embrulhe em filme plástico e leve à geladeira por, no mínimo, 40 minutos, para abrir com facilidade.

✓ Preaqueça o forno a 180 °C enquanto a massa fica na geladeira.

✓ Passados os 40 minutos, num tampo levemente enfarinhado e com rolo também enfarinhado, abra uma pequena quantidade da massa até obter uma espessura fina e corte com um cortador de biscoitos no formato que desejar.

✓ Transfira para uma assadeira sem untar e leve ao forno preaquecido a 180 °C até os biscoitos assarem e ficarem ligeiramente dourados.

✓ Deixe esfriar, polvilhe com açúcar e conserve em lata bem fechada ou no congelador, em embalagens herméticas.

✓ Proceda da mesma forma com os biscoitos de chocolate.

RENDIMENTO: 35 UNIDADES

Biscoito rocambole

PARA FAZER E CONGELAR PRONTO

✓ Para formar um rocambole, separe a massa para biscoitos amanteigados (ver receita acima) em quatro partes: duas brancas e duas com chocolate. Com fita adesiva, fixe uma folha de papel-manteiga sobre um tampo.

✓ Tome uma parte da massa de chocolate e, com rolo levemente enfarinhado, abra-a sobre o papel, dando o formato de um retângulo. Sobre um tampo enfarinhado e com rolo também enfarinhado, abra a mesma quantidade de massa branca no mesmo formato.

✓ Coloque a massa branca sobre o papel-manteiga em cima da massa de chocolate e enrole, dando o formato de um rocambole, apertando para as camadas aderirem bem. Embrulhe em papel-alumínio e leve à geladeira pelo prazo mínimo de 1 hora ou ao congelador.

✓ Para assar, corte em rodelinhas com uma faca afiada e, em assadeira sem untar, leve ao forno preaquecido a 180 °C até ficarem ligeiramente douradas por aproximadamente 10 a 12 minutos. Retire do forno.

✓ Proceda da mesma maneira com o restante da massa.

RENDIMENTO: 30 UNIDADES

Tiras amanteigadas doces ou salgadas
PARA FAZER E CONGELAR PRONTO

- 2 ¼ de xícaras de farinha de trigo
- 1 colher (sopa) de açúcar ou ¼ de colher (chá) se a massa for salgada
- 3 ½ colheres (chá) de fermento em pó
- ½ colher (chá) de sal ou 1 e ½ colher (chá) se a massa for salgada
- 1 xícara de leite
- 75 g de manteiga

✓ Preaqueça o forno a 180 °C enquanto separa os ingredientes.

✓ Numa tigela, peneire a farinha de trigo, o açúcar, o sal e o fermento e junte o leite aos poucos, mexendo com um garfo até ligar a massa.

✓ Retire-a da tigela e, num tampo enfarinhado, role a massa para cobri-la de farinha. Trabalhe a massa levemente, aproximadamente dez vezes.

✓ Abra com um rolo até obter um retângulo de aproximadamente 25 x 17 cm com espessura de 1,2 cm. Com uma faca enfarinhada, corte essa massa ao meio, no sentido horizontal e depois no sentido vertical, em aproximadamente 16 tiras.

✓ Em uma assadeira, derreta a manteiga em forno preaquecido a 180 °C. Retire e reserve.

✓ Passe cada tira pela manteiga derretida, rolando para envolvê-las muito bem, e disponha na mesma assadeira em duas fileiras, com as tiras bem próximas umas das outras. Leve ao forno a 180 °C por aproximadamente 12 minutos até se consolidarem e dourarem.

OUTRAS SUGESTÕES DE PREPARO

✓ Com queijo: adicione ½ xícara de queijo prato ou parmesão ralados aos ingredientes secos depois de peneirados.

✓ Com alho: junte 1 dente de alho bem picado à manteiga antes de levá-la para derreter no forno.

✓ Com canela: antes de assar as tiras, salpique-as com uma mistura de 2 colheres (sopa) de açúcar e ½ colher (chá) de canela em pó.

RENDIMENTO: 12 UNIDADES

Fofinhos rápidos

PARA FAZER E COMER

- 1 ovo
- ¼ de xícara de óleo
- ½ xícara de leite
- 1 ½ xícara de farinha de trigo peneirada
- ½ xícara de açúcar
- 2 colheres (chá) de fermento em pó
- ¼ de colher (chá) de sal

TIPO DE FÔRMA: Fôrminhas de metal para pudim ou refratárias com capacidade para 1 xícara, ligeiramente untadas com óleo

✓ Bata o ovo ligeiramente. Mexendo, junte o óleo e o leite. Peneire juntos os ingredientes secos e junte-os aos poucos, misturando ligeiramente.

✓ Despeje a mistura nas forminhas, preenchendo apenas ⅔ de sua capacidade.

✓ Leve para assar em forno preaquecido forte (220 °C) por uns 7 minutos, até os fofinhos crescerem e dourarem ou o palito sair limpo.

✓ Retire-os do forno e desenforme-os ainda quentes, passando a lâmina da faca em volta dos fofinhos para retirá-los das fôrmas. Sirva ainda quentinhos com manteiga e geleia.

RENDIMENTO: 12 UNIDADES

Fofinhos com mel e laranja

PARA FAZER E COMER

✓ Proceda como na receita básica de fofinhos rápidos (ver receita acima). Nas fôrminhas já untadas, coloque 1 colher (sopa) de mel e 1 fatia de laranja, sem a parte branca, bem fina, sem caroços, cortada em quatro pedaços. Despeje a massa por cima e leve para assar.

RENDIMENTO: 12 UNIDADES

Fofinhos com maçã e canela

PARA FAZER E COMER

✓ Proceda como na receita básica de fofinhos rápidos (ver receita acima). Apenas acrescente ½ colher (chá) de canela em pó aos ingredientes secos e, por último, 1 xícara de maçã ácida ou maçã verde com casca ralada no ralo grosso e bem espremida com as mãos. Para a cobertura dos fofinhos: misture em uma tigela: ½ xícara de açúcar mascavo, ⅓ de xícara de nozes picadas grosseiramente e ½ colher (chá) de canela em pó. Quando retirar os fofinhos do forno, cubra-os com essa mistura.

RENDIMENTO: 8 PORÇÕES

Bolo para o domingo
PARA FAZER E COMER

PARA A MASSA
- ¾ de xícara de açúcar
- 2 colheres (sopa) de manteiga em temperatura ambiente ou óleo neutro
- 1 ovo
- ½ xícara de leite
- 1 ½ xícara de farinha de trigo peneirada
- 2 colheres (chá) de fermento em pó
- ¼ de colher (chá) de sal

PARA A COBERTURA
- ½ xícara de açúcar
- ½ xícara de farinha de trigo peneirada
- ½ colher (chá) de canela em pó
- 50 g de manteiga em temperatura ambiente

TIPO DE FÔRMA: Redonda de 20 cm de diâmetro, untada com manteiga e enfarinhada

PREPARE A MASSA
✓ Preaqueça o forno a 180 °C.

✓ Em uma tigela, misture muito bem (não é necessário bater) o açúcar, o óleo, o ovo e o leite. Peneire em outra tigela a farinha, o fermento e o sal, e junte-os aos poucos à mistura cremosa, mexendo com uma colher de bambu. Despeje a massa na fôrma que deverá estar previamente untada com manteiga e enfarinhada.

PREPARE A COBERTURA
✓ Misture o açúcar, a farinha de trigo, a canela e a manteiga até obter uma farofinha grossa. Salpique por cima da massa e leve para assar em forno preaquecido a 180 °C por 20 minutos, ou até o palito sair limpo e a cobertura ficar crocante. Sirva quentinho, saído do forno.

RENDIMENTO: 12 PORÇÕES

Bolo mármore com calda de chocolate

PARA FAZER E COMER

PARA A MASSA

- 2 colheres (sopa) de manteiga em temperatura ambiente
- 2 xícaras de açúcar
- 3 ovos, separadas claras e gemas
- 1 pitada de sal
- 2 ½ xícaras de farinha de trigo
- 3 colheres (chá) de fermento em pó
- 1 xícara de leite
- 1 colher (chá) de essência de baunilha
- 2 colheres (sopa) de chocolate em pó peneirado

PARA A CALDA

- 4 colheres (sopa) de chocolate em pó
- 1 ½ xícara de leite
- ¼ de xícara de açúcar
- 1 colher (sopa) de manteiga

TIPO DE FÔRMA: De furo com 2 litros de capacidade, aproximadamente 20 cm de diâmetro por 8 cm de altura, untada com manteiga e enfarinhada

PREPARE A MASSA

✓ Na tigela da batedeira, bata bem a manteiga com o açúcar até que a mistura fique esbranquiçada, o que deve levar de 3 a 5 minutos. Junte as gemas uma a uma.

✓ Em outra tigela, peneire a farinha com o fermento e misture bem. Alterne essa mistura de secos com o leite e adicione à massa. Você pode fazer em duas ou três etapas esta adição.

✓ Junte a baunilha e bata rapidamente. Retire a massa da tigela da batedeira e reserve em um recipiente maior no qual você possa adicionar as claras batidas.

✓ Na tigela da batedeira limpa, bata as claras e uma pitada de sal com o batedor tipo globo, até espumarem e ficarem em neve.

✓ Junte as claras batidas aos poucos e delicadamente à primeira mistura.

✓ Separe metade da massa e adicione o chocolate em pó.

✓ Espalhe a massa clara (sem chocolate) na fôrma e cubra com a de chocolate, afundando a colher para formar o desenho mármore, mesclando ligeiramente as duas massas.

✓ Leve ao forno preaquecido a 175 °C por 30 minutos, ou até o palito sair limpo. Retire do forno e desenforme com cuidado o bolo ainda quente sobre o prato escolhido para servir. Lave a fôrma.

PREPARE A CALDA

✓ Coloque em uma panela pequena o chocolate em pó, o leite, o açúcar e a manteiga e aqueça em fogo lento mexendo somente até ferver. Desligue o fogo e despeje a calda na fôrma.

✓ Recoloque o bolo e pressione para umedecê-lo na calda. Desenforme depois de 30 minutos.

RENDIMENTO: 12 PORÇÕES
Bolo branco
PARA FAZER E COMER

- 150 g de manteiga em temperatura ambiente
- 150 g de açúcar
- 3 ovos, separadas claras e gemas
- 250 g de farinha de trigo
- 1 ½ colher (sopa) de fermento em pó
- ¾ de xícara de leite
- Suco e raspa de ⅓ de limão
- 50 g de passas brancas + 1 colher de sopa de farinha de trigo para polvilhar
- 1 pitada de sal
- Açúcar para polvilhar

TIPO DE FÔRMA: De furo com 2 litros de capacidade, aproximadamente 20 cm de diâmetro por 8 cm de altura, bem untada com manteiga e polvilhada com farinha de rosca

✓ Na tigela da batedeira, bata bem a manteiga com o açúcar até que a mistura fique bem esbranquiçada, o que deve levar pelo menos de 3 a 5 minutos. Junte as gemas uma a uma e bata até ficar cremoso e homogêneo.

✓ Lave as uvas-passas e escorra bem sobre uma peneira. Assim que estiverem bem sequinhas, polvilhe uma colher de sopa de farinha para que fiquem todas cobertas sem excesso, isso fará com que elas "grudem" na massa e evitará que se acumulem no fundo da fôrma.

✓ Em outra tigela, peneire a farinha de trigo com o fermento e junte à massa, alternando com o leite e o suco de limão. Mexendo delicadamente, adicione a raspa de limão e as passas.

✓ Retire a massa da tigela da batedeira e reserve em um recipiente maior em que você possa adicionar as claras batidas.

✓ Na tigela da batedeira, que deve estar limpa, bata as claras e uma pitada de sal com o batedor tipo globo, até espumarem e ficarem em neve, e junte aos poucos e delicadamente à massa.

✓ Disponha a massa na fôrma, que deve estar untada com manteiga e farinha de rosca. Leve para assar em forno preaquecido a 170 °C por cerca de 30 a 35 minutos, ou até o palito sair limpo.

✓ Retire do forno, deixe esfriar e desenforme, polvilhando com açúcar antes de servir.

RENDIMENTO: 12 PORÇÕES

Bolo de banana

PARA FAZER E COMER

- 4 bananas-nanicas bem maduras amassadas com um garfo
- 2 ovos
- ½ xícara de óleo
- 1 ½ xícara de açúcar
- 2 xícaras de farinha de trigo
- 1 colher (chá) de fermento em pó
- ½ colher (chá) de bicarbonato de sódio
- 1 pitada de sal
- Açúcar para polvilhar

TIPO DE FÔRMA: De furo com 2 litros de capacidade, aproximadamente 20 cm de diâmetro por 8 cm de altura, untada com óleo e enfarinhada

✓ Misture todos os ingredientes com uma colher de bambu, não sendo necessário bater.

✓ Despeje a massa na fôrma e leve ao forno preaquecido forte (220 °C) nos primeiros 5 minutos e depois moderado (180 °C) por aproximadamente 25 minutos, ou até o palito sair limpo.

✓ Desenforme morno, polvilhando com açúcar antes de servir.

DICA
Este bolo serve para aproveitar as bananas muito maduras.

RENDIMENTO: 15 PORÇÕES

Bolo de laranja
PARA FAZER E COMER

PARA A MASSA
- 2 colheres (sopa) de manteiga sem sal
- 3 xícaras de açúcar
- 3 ovos com claras e gemas separadas
- 3 xícaras de farinha de trigo peneirada
- 1 colher (sopa) de fermento em pó
- 1 xícara de suco de laranja
- 1 pitada de sal

PARA A COBERTURA
- 1 xícara de suco de laranja
- 4 colheres (sopa) de açúcar

TIPO DE FÔRMA: Assadeira retangular de 27 x 22 cm, untada com manteiga e enfarinhada

PREPARE A MASSA
✓ Na tigela da batedeira, bata bem a manteiga com o açúcar até que a mistura fique esbranquiçada, o que deve levar de 3 a 5 minutos. Junte as gemas uma a uma e bata até ficar cremoso e homogêneo.

✓ Em outra tigela, peneire a farinha de trigo com o fermento e junte à massa, alternando com suco de laranja e batendo bem nos intervalos.

✓ Retire a massa da tigela da batedeira e reserve em um recipiente maior em que você possa adicionar as claras batidas.

✓ Na tigela da batedeira, que deve estar limpa, bata as claras e uma pitada de sal com o batedor tipo globo, até espumarem e ficarem em neve. Junte aos poucos e delicadamente à primeira mistura.

✓ Despeje a massa na assadeira e leve ao forno preaquecido moderado (180 °C) por aproximadamente 25 minutos, ou até o palito sair seco.

PREPARE A COBERTURA
✓ Em uma tigelinha misture o suco de laranja com o açúcar e regue o bolo, ainda quente. Depois de frio, corte em quadrados.

RENDIMENTO: 12 PORÇÕES

Bolo de fubá

PARA FAZER E COMER

- 200 g de manteiga em temperatura ambiente
- 1 xícara de açúcar
- 3 ovos, claras e gemas separadas
- 2 xícaras de farinha de trigo
- 1 xícara de fubá mimoso
- 2 xícaras de leite
- ½ colher (chá) de erva-doce em pó
- 1 colher (sopa) de fermento em pó
- 1 pitada de sal

TIPO DE FÔRMA: De furo com 2 litros de capacidade, aproximadamente 20 cm de diâmetro por 8 cm de altura, untada com manteiga e enfarinhada

✓ Na tigela da batedeira, bata bem a manteiga com o açúcar até que a mistura fique esbranquiçada. Junte as gemas uma a uma e bata até ficar cremoso e homogêneo.

✓ Em outra tigela, misture a farinha e o fubá peneirados e, batendo muito bem nos intervalos, junte alternadamente o leite e a mistura das farinhas à primeira mistura.

✓ Retire a massa da tigela da batedeira e reserve em um recipiente maior em que você possa adicionar as claras batidas.

✓ Acrescente a erva-doce e o fermento em pó peneirado.

✓ Na tigela da batedeira, que deve estar limpa, bata as claras e uma pitada de sal com o batedor tipo globo, até espumarem e ficarem em neve. Junte aos poucos e delicadamente à primeira mistura.

✓ Despeje na fôrma e leve ao forno preaquecido 180 °C durante 35 a 40 minutos, ou até o palito sair seco. Desenforme morno.

RENDIMENTO: 15 PORÇÕES

Bolo de chocolate com cobertura
PARA FAZER COM ANTECEDÊNCIA

PARA A MASSA
- 200 g de manteiga em temperatura ambiente
- 1 ¼ de xícara de açúcar
- 3 ovos em temperatura ambiente
- 1 xícara de chocolate em pó peneirado
- ½ xícara de farinha de trigo peneirada
- 3 colheres (chá) de fermento em pó
- 1 pitada de sal
- ¾ de xícara de leite
- 1 colher (chá) de essência de baunilha

PARA O RECHEIO E A COBERTURA
- 200 g de manteiga (não substitua por margarina)
- 1 ¼ de xícara de açúcar
- 3 ovos
- 1 xícara de chocolate em pó peneirado
- 1 colher (chá) de essência de baunilha

TIPO DE FÔRMA: 2 fôrmas redondas de 22 cm de diâmetro ou uma assadeira retangular de 27 x 22 cm, untadas com manteiga e polvilhadas com farinha de trigo misturada com chocolate em pó

PREPARE A MASSA
✓ Preaqueça o forno a 180 °C.

✓ Na tigela da batedeira, bata a manteiga e junte o açúcar aos poucos. Depois acrescente os ovos, um a um, batendo bem nos intervalos (não se preocupe com o aspecto ligeiramente talhado da massa). Junte o chocolate e bata apenas até misturar.

✓ Em outra tigela, peneire os ingredientes secos e, alternando com o leite e a baunilha, acrescente à massa, continuando a bater. Despeje a massa nas duas fôrmas previamente untadas e enfarinhadas com uma mistura de farinha e cacau, e leve ao forno por aproximadamente 25 a 30 minutos, ou até o palito sair seco.

✓ Retire do forno, deixe amornar sobre a grade do fogão ou sobre uma grelha e desenforme.

PREPARE O RECHEIO E A COBERTURA
✓ Com a batedeira, bata a manteiga com o açúcar e junte os ovos, um a um, e a baunilha.

✓ Acrescente o chocolate, batendo rapidamente, só para misturar. Leve à geladeira para obter consistência.

✓ No prato escolhido para servir, coloque um dos bolos e distribua metade do recheio. Cubra com o outro bolo e espalhe a cobertura por cima.

RENDIMENTO: 10 PORÇÕES

Rocambole com creme de chocolate

PARA FAZER E COMER

PARA A MASSA

- 4 gemas em temperatura ambiente
- ¼ de xícara de açúcar
- ½ colher (chá) de essência de baunilha
- 4 claras em temperatura ambiente
- ½ xícara de açúcar
- 1 pitada de sal
- ¾ de xícara de farinha de trigo peneirada
- 1 colher (chá) de fermento em pó
- Açúcar de confeiteiro ou comum para polvilhar

PARA O RECHEIO

- ½ xícara de açúcar
- ½ xícara de chocolate em pó
- 3 colheres (sopa) de farinha de trigo
- 1 pitada de sal
- 1 xícara de leite
- 1 ovo ligeiramente batido
- ½ colher (chá) de essência de baunilha
- ½ colher (sopa) de manteiga

UTENSÍLIOS: Assadeira de 40 x 25 cm, forrada com folha de papel-manteiga untada com manteiga; um pano branco limpo para enrolar o rocambole ainda quente

PREPARE A MASSA

✓ Preaqueça o forno a 180 °C.

✓ Na tigela menor da batedeira, bata as gemas até ficarem claras, espessas e leves. Junte aos poucos ¼ de xícara de açúcar e depois a baunilha. Reserve.

✓ À parte, bata as claras em neve com o sal até um ponto firme. Junte aos poucos a ½ xícara de açúcar, continuando a bater até obter um suspiro firme e brilhante.

✓ Delicadamente e aos poucos, junte as gemas batidas às claras, misturando bem.

✓ Peneire os ingredientes secos e, também peneirando, junte aos poucos à mistura de ovos, misturando com delicadeza, até ficar homogêneo.

✓ Espalhe a massa na assadeira, que deverá estar previamente coberta com o papel-manteiga untado com manteiga. Leve a massa ao forno e coloque-a na grade intermediária para que asse de 12 a 15 minutos, ou até que a massa não deixe marcas quando tocada com as pontas dos dedos e fique dourada, e macia.

✓ Enquanto isso, peneire açúcar de confeiteiro ou comum sobre um pano branco. Retire o rocambole do forno, solte as beiradas com uma faca e, cuidadosamente, vire a assadeira com a massa sobre o pano com açúcar, retirando o papel com cuidado.

✓ Cubra com uma folha de papel-manteiga e, usando o pano, enrole apertado com a folha dentro. Embrulhe no pano e deixe a massa esfriar por completo.

PREPARE O RECHEIO

✓ Numa panela, misture o açúcar, o chocolate, a farinha de trigo e o sal. Junte o leite aos poucos, mexendo.

✓ Leve ao fogo moderado, sem parar de mexer, até ferver e engrossar. Retire do fogo.

✓ Numa tigela pequena, bata ligeiramente o ovo para desmanchar e junte, aos poucos, a mistura do chocolate, mexendo para aquecer.

✓ Leve o creme de volta ao fogo, mexendo sempre, para engrossar. Desligue o fogo, junte a baunilha e a manteiga, mexa mais e deixe o creme esfriar. Sobre o prato escolhido para servir, desenrole cuidadosamente o rocambole. Retire a folha de papel-manteiga e espalhe o creme de chocolate, fazendo uma camada uniforme, evitando as bordas para que não vaze. Enrole a massa novamente, apertando com cuidado.

✓ Polvilhe com mais açúcar de confeiteiro.

DECORAÇÃO OPCIONAL

✓ Leve um espeto de metal ao fogo até ficar em brasa e use-o para fazer listras paralelas sobre o rocambole ou use o maçarico e caramelize com cuidado a superfície do rocambole.

RECEITAS PARA NEM

TODOS OS DIAS

ACOMPANHAMENTOS PARA
APERITIVOS

E

BISCOITOS

SALGADOS

RENDIMENTO: CERCA DE 35 UNIDADES

Tomates-cereja recheados com salada de siri
PARA FAZER E COMER

- 35 tomates-cereja maduros e firmes
- 100 g de carne de siri limpa de cartilagens
- 1 colher (sopa) de iogurte
- 1 colher (sopa) de maionese, de preferência light
- 5 azeitonas pretas picadas
- ½ colher (chá) de suco de limão
- 1 colher (sopa) de pimentão vermelho em conserva ou tomate seco bem picado
- 1 colher (sopa) de coentro fresco picado ou manjericão
- Sal

✓ Misture todos os ingredientes (menos os tomates-cereja) e verifique o tempero, conservando a mistura tampada em geladeira pelo prazo máximo de um dia.

✓ Com uma faca afiada, tire uma tampa da extremidade da haste e, cuidadosamente, retire as sementes e a polpa. Salpique um pouco de sal no interior dos tomates e vire-os sobre papel-toalha durante 15 minutos. Recheie os tomates com a salada e sirva gelado.

RENDIMENTO: CERCA DE 28 UNIDADES

Rolinhos crocantes com recheio picante de cogumelo

PARA FAZER E COMER

- 300 g de cogumelo-de-paris
- 5 colheres (sopa) de manteiga
- 2 cebolas-roxas bem picadas
- ½ colher (chá) de sal ou a gosto
- ¼ de xícara de molho inglês
- ¼ de xícara de queijo cheddar ralado
- 14 fatias de pão de forma sem casca
- 28 talos de cebolinha-francesa

✓ Lave e retire as pontas porosas dos cogumelos e corte em pedaços. Divida em duas partes e pique no processador, uma de cada vez.

✓ Em frigideira antiaderente de 25 cm de diâmetro, coloque 2 colheres (sopa) da manteiga e doure a cebola em fogo moderado, mexendo sempre. Acrescente os cogumelos e o sal, e cozinhe sempre em fogo moderado, mexendo ocasionalmente até secar bem e ficar marrom-escuro (aproximadamente 15 minutos).

✓ Junte o molho inglês e continue cozinhando, agora em fogo lento, mexendo até o molho evaporar e a mistura ficar bem seca (aproximadamente 5 minutos). Retire do fogo, junte o queijo ralado e deixe esfriar. Retire as cascas do pão e, com um rolo de massa, pressione as fatias para afiná-las.

✓ Sobre uma superfície de trabalho, coloque uma fatia no sentido horizontal, disponha 1 colher (sopa) rasa do recheio no mesmo sentido e enrole como rocambole. Coloque na assadeira com a abertura para baixo e repita a operação com o restante do recheio e das fatias de pão, dispondo umas bem próximas às outras, numa única camada.

✓ Derreta as 3 colheres (sopa) de manteiga restantes e pincele toda a superfície dos rolinhos, inclusive a parte de baixo, rearrumando as fatias na assadeira, próximas, mas sem encostarem umas nas outras. Cubra com filme plástico e leve à geladeira durante no mínimo 1 hora e no máximo um dia.

✓ Preaqueça o forno em temperatura forte (220 °C) e asse os rolinhos sobre a grade superior até ficarem dourados. Corte ao meio e amarre uma cebolinha cozida no vapor ao redor de cada metade. Sirva imediatamente.

OBSERVAÇÃO
O recheio poderá ser preparado com três dias de antecedência e mantido coberto na geladeira até a utilização.

RENDIMENTO: CERCA DE 40 UNIDADES

Minirrocamboles de crepe com recheio de cream cheese e ervas

PARA FAZER, CONGELAR E FINALIZAR NA HORA DE COMER

O preparo não é complicado, não se assuste com a explicação passo-a-passo.

PARA OS CREPES

— 1 colher (chá) de amido de milho
— 1 colher (sopa) de água fria
— 4 ovos ligeiramente batidos
— ¼ de colher (chá) de sal
— Óleo vegetal para pincelar

PARA O RECHEIO

— 227 g de cream cheese em temperatura ambiente
— 2 ovos cozidos
— ¾ de xícara de cebolinha picada
— 60 g de caviar preto e/ou ovas de salmão para decorar

OBSERVAÇÕES

Os crepes podem ser preparados com um dia de antecedência e conservados em geladeira embrulhados em filme plástico.

O recheio pode ser preparado com um dia de antecedência, conservado tampado na geladeira e deixado em temperatura ambiente antes da utilização.

PREPARE OS CREPES

✓ Numa tigela, dissolva o amido de milho com a água e, batendo, junte os ovos e o sal até obter uma mistura homogênea.

✓ Pincele levemente com óleo o fundo de uma frigideira antiaderente de 15 cm de diâmetro e aqueça em fogo moderado, sem deixar que solte fumaça.

✓ Encha ⅛ de xícara com a mistura. Retire a frigideira do fogo, junte essa medida da massa e espalhe de maneira uniforme sobre o fundo. Leve de volta ao fogo e cozinhe até consolidar, de 10 a 15 segundos. Solte as bordas com uma espátula de madeira e vire. Deixe consolidar de 5 a 10 segundos e escorregue a massa para um prato. Repita a operação até terminar a massa, sempre pincelando o fundo da frigideira com óleo.

PREPARE O RECHEIO

✓ Numa tigela, bata o cream cheese até ficar leve.

✓ Corte os ovos e, com o dorso de uma colher, passe-os por uma peneira sobre o cream cheese. Junte a cebolinha-verde e misture bem.

✓ Sobre uma superfície de trabalho, disponha dois crepes, um ao lado do outro, sobrepostos em 2,5 cm. Coloque uma pequena quantidade de recheio entre as duas para "colar" e aperte com delicadeza.

✓ Espalhe ½ xícara do recheio sobre os crepes sobrepostos e deixe uma borda de pouco mais de 1 cm no sentido do comprimento.

✓ Dobre a extremidade horizontal mais próxima e, apertando bem, enrole como rocambole, formando um rolo de aproximadamente 28 cm. Repita a operação até terminarem os crepes e o recheio. Envolva os rolos em filme plástico e leve para gelar até o recheio ficar firme, por aproximadamente 1 hora.

PARA FINALIZAR

✓ Na hora de servir, retire o filme plástico e corte fora as extremidades dos crepes. Corte os rolos em fatias de 2 cm de espessura. Sobre o prato escolhido para servir, arrume as fatias e disponha sobre cada uma ¼ de colher (chá) de caviar e/ou ovas de salmão.

RENDIMENTO: CERCA DE 25 UNIDADES

Barquetes de salsão com *pesto* de gruyère
PARA FAZER E COMER

- 25 pedaços de 3,5 cm de salsão
- 120 g de queijo gruyère
- 1 ½ colher (sopa) de *pinoli*
- ¼ de xícara de folhas de manjericão medidas bem apertadas na xícara
- 1 colher (sopa) de vinagre branco
- 2 a 3 colheres (sopa) de azeite

✓ Lave os galhos de salsão e retire os restos.

✓ Com uma faca afiada, retire uma tira no sentido do comprimento para deixar o fundo chato e corte em pedaços diagonais de 3,5 cm aproximadamente.

✓ Conserve-os numa tigela com água e cubos de gelo até o momento do preparo.

✓ Corte 80 g do queijo em tirinhas finas (juliana) e rale fino o restante.

✓ No liquidificador, coloque o queijo ralado e o *pinoli* e bata para picar bem.

✓ Junte as folhas de manjericão e o vinagre, batendo para formar uma pasta. Com o motor ligado, junte o azeite num fio e bata para obter uma emulsão (o *pesto*).

✓ Retire os pedaços de salsão da água e seque bem.

✓ Numa tigela, misture o *pesto* com as tirinhas de queijo e recheie os pedaços de salsão.

OBSERVAÇÃO
As barquetes podem ser preparadas com antecedência de um dia e conservadas cobertas com filme plástico em geladeira, devendo ser servidas em temperatura ambiente.

RENDIMENTO: CERCA DE 60 UNIDADES

Crackers de aveia com queijo de cabra e figos secos marinados em vinho e mel

PARA FAZER E COMER

PARA A MASSA
- 2 xícaras de aveia em flocos
- ¼ de xícara + 2 colheres (sopa) de farinha de trigo
- 1 colher (chá) de sal
- ¾ de colher (chá) de fermento em pó
- 50 g de manteiga gelada cortada em pedacinhos
- ¼ de xícara + 2 colheres (sopa) de leite

PARA OS FIGOS
- 1 xícara de figos secos, cortados em quatro pedaços, retirados os cabinhos
- ½ xícara de vinho tinto seco
- 2 colheres (sopa) de mel
- 3 colheres (sopa) de folhinhas de tomilho fresco
- ⅔ de xícara de queijo de cabra cremoso de sabor suave

TIPO DE FÔRMA: 2 assadeiras grandes, untadas com manteiga

PREPARE A MASSA
- Preaqueça o forno em temperatura moderada (180 °C).
- No processador, bata a aveia utilizando a tecla pulsar até obter flocos bem finos.
- Junte a farinha de trigo, o sal, o fermento e a manteiga e pulse até obter um farelo grosso. Junte o leite e pulse apenas até formar uma massa homogênea.
- Num tampo ligeiramente enfarinhado, abra a massa na espessura de 4 mm (não muito fina). Utilizando um cortador de 2 cm de diâmetro, corte aproximadamente 60 discos.
- Disponha-os nas assadeiras com distância de 2,5 cm uns dos outros e asse na grade do meio de 10 a 12 minutos (os biscoitos não ficarão corados). Transfira os biscoitos para uma grade e deixe esfriar completamente.

PREPARE OS FIGOS
- Numa panelinha, misture o figo, o vinho, o mel e 1 colher (sopa) de raminhos de tomilho fresco e cozinhe em fogo lento, mexendo ocasionalmente até o líquido quase se evaporar por completo. Transfira para um recipiente e deixe esfriar.
- Pouco antes de servir, disponha ½ colher (chá) de queijo de cabra sobre cada biscoitinho, um pedaço do figo e alguns raminhos de tomilho.

RENDIMENTO: CERCA DE 30 UNIDADES

Biscoitinhos rápidos de queijo parmesão

PARA FAZER E CONGELAR PRONTO

- 150 g de queijo parmesão ralado
- 200 g de manteiga
- 250 g de farinha de trigo
- Páprica doce ou queijo parmesão ralado para salpicar.

✓ Preaqueça o forno a 180 °C.

✓ Misture a farinha, o queijo parmesão e a manteiga até obter uma massa homogênea.

✓ Forme bolinhas do tamanho de uma colher de café e acomode as bolinhas numa assadeira salpicando páprica ou queijo ralado.

✓ Leve para assar em forno a 180 °C por aproximadamente 12 a 15 minutos.

✓ Assim que estiverem levemente dourados retire do forno e deixe esfriar. Conserve em lata bem tampada.

RENDIMENTO: CERCA DE 4 ROLINHOS

Rolinhos de queijo
PARA FAZER COM ANTECEDÊNCIA

PARA A MASSA
- 400 g de farinha de trigo
- 130 g de manteiga em temperatura ambiente
- 1 colher (café) de sal
- 1 colher (chá) de fermento em pó
- 1 xícara de leite

PARA O RECHEIO
- 200 g de queijo parmesão ralado
- 100 g de manteiga em temperatura ambiente
- 1 pitada de páprica doce (opcional)

PREPARE A MASSA

✓ Em uma tigela, misture a manteiga, o sal, o fermento e o leite. Junte a farinha aos poucos até obter uma massa homogênea, soltando das mãos.

✓ Num tampo enfarinhado, trabalhe a massa durante alguns minutos, até ficar lisa e elástica.

✓ Com um rolo enfarinhado, abra a massa formando um quadrado de aproximadamente 40 cm de lado e 2 mm de espessura (uma pontinha de dedo).

PREPARE O RECHEIO

✓ Misture a manteiga e o queijo até formar uma pasta. Se quiser, junte uma pitada de páprica.

PREPARE OS ROLINHOS

✓ Com as mãos, espalhe o recheio sobre a massa previamente aberta numa camada uniforme.

✓ Enrole como rocambole, apertando para fixar as camadas, corte em pedaços de 20 cm de comprimento e embrulhe em papel-alumínio, levando à geladeira pelo prazo mínimo de 3 horas ou ao freezer dentro de sacos plásticos pelo prazo máximo de um mês (após esse tempo, o queijo perderá o sabor).

✓ Retire a massa da geladeira e corte em rodelas de 2 mm de espessura, dispondo em assadeira sem untar.

✓ Se os rolinhos estiverem congelados, retire-os do freezer e aguarde uns 10 minutos antes de cortar.

✓ Leve ao forno preaquecido a 180 °C e deixe assar por uns 20 minutos, ou até as rodelas ficarem ligeiramente douradas. Sirva morno ou frio.

RENDIMENTO: CERCA DE 16 UNIDADES

Crackers de limão e *dill*

PARA FAZER E CONGELAR PRONTO

- ½ xícara de farinha de trigo
- 1 colher (chá) de raspa de limão
- 1 colher (chá) de sementes de *dill* secas
- 2 colheres (sopa) de manteiga gelada em pedacinhos
- 1 colher (sopa) de creme de leite espesso azedo
- 1 ½ colher (chá) de suco de limão
- 1 gema dissolvida em pouca água para pincelar
- Sal grosseiramente moído ou *fleur de sel* para salpicar

UTENSÍLIOS: Cortador de massa de 4,5 cm de diâmetro

> **DICA**
> Para preparar o creme de leite azedo, acrescente de 2 a 3 gotas de limão ao creme de leite, espere alguns segundos e misture.

✓ Numa tigela, coloque a farinha, a raspa de limão, as sementes de *dill* e a manteiga, misturando com a ponta dos dedos para obter um farelo.

✓ Acrescente o creme de leite e o suco de limão e amasse, juntando, se necessário, 1 colher (sopa) de água gelada apenas até formar liga.

✓ Junte toda a massa, pressionando para formar um disco, envolva em filme plástico e leve à geladeira durante 30 minutos.

✓ Preaqueça o forno a 180 °C.

✓ Num tampo ligeiramente enfarinhado, abra a massa com um rolo na espessura de 1 mm. Com um cortador de 4,5 cm de diâmetro, corte a massa, dispondo as rodelas em assadeira sem untar.

✓ Pincele com a gema dissolvida, salpique com o sal e leve ao forno preaquecido a 180 °C, na grade do meio, por aproximadamente 12 minutos, ou até ficarem ligeiramente douradas.

✓ Retire e aguarde alguns minutos antes de soltá-las da assadeira e sirva.

OBSERVAÇÕES

Ótimos para acompanhar sopas.

Dependendo do sabor das sopas, o *dill* seco poderá ser substituído por pimenta-do-reino em grão quebrada, kummel, queijo parmesão ralado etc.

ENTRADAS

RENDIMENTO: 4 PORÇÕES

Salada com haddock e amêndoas sobre verdes amargos

PARA FAZER E COMER

PARA O MOLHO

- 1 colher (sopa) de mostarda
- ¼ de colher (chá) de sal
- 1 pitada de pimenta-do-reino branca
- 1 colher (sopa) de suco de limão bem verde
- 4 colheres (sopa) de óleo de milho

PARA A SALADA

- 2 pés de escarola (parte central) ou outras folhas verdes de sua preferência, lavadas, secas e rasgadas em bocados
- 200 g de haddock ou salmão defumado em tirinhas finas
- 4 colheres (sopa) de amêndoas cruas sem pele e cortadas em lâminas finas
- 4 cebolinhas-francesas picadas para decorar

PREPARE O MOLHO

✓ Numa saladeira, misture bem a mostarda, o sal e a pimenta, e dissolva com o suco de limão. Adicione o óleo num fio, batendo bem para ligar.

PREPARE A SALADA

✓ Ao molho já preparado na saladeira, junte as folhas e, com duas colheres, misture delicadamente para cobrir todas as folhas com o molho.

✓ Divida as folhas em quatro pratos. Distribua as tirinhas de haddock, espalhe as amêndoas e a cebolinha-francesa e sirva imediatamente.

RENDIMENTO: 4 PORÇÕES

Peras recheadas com queijo *chèvre* sobre salada de agrião

PARA FAZER COM ANTECEDÊNCIA

PARA O RECHEIO
- 125 g de queijo *chèvre* de sabor suave
- ½ colher (sopa) de creme de leite espesso
- ¼ de xícara de folhas de agrião picadas grosseiramente
- 1 colher (chá) de salsa picada
- 2 colheres (sopa) de damasco seco doce (turco) bem picado
- 2 colheres (sopa) de nozes ligeiramente tostadas e bem picadas
- Sal e pimenta-do-reino preta moída na hora

PARA AS PERAS
- 4 peras grandes maduras e firmes
- Suco de 1 limão
- 1 bom maço de raminhos de agrião lavados e secos

PARA O MOLHO
- ½ colher (chá) de sal
- 1 pitada de pimenta-do-reino branca
- 3 colheres (sopa) de vinagre de vinho branco
- 6 colheres (sopa) de azeite extravirgem

PREPARE O RECHEIO
✓ Numa tigela, amasse com um garfo o queijo *chèvre*, junte o creme de leite, o agrião, a salsa, o damasco picado, 1 ½ colher (sopa) das nozes picadas, o sal e a pimenta e misture para obter um creme.

PREPARE AS PERAS
✓ Lave e seque as peras sem descascá-las.

✓ Corte ao meio e, com uma faca ou descaroçador adequado, retire o centro para acomodar ¼ do recheio de queijo e passe um pouco de suco de limão para as peras não escurecerem.

✓ Recheie as cavidades com o creme, reúna as metades, aperte bem e embrulhe-as uma a uma com filme plástico, apertando bem.

✓ Leve à geladeira pelo prazo mínimo de 4 horas ou de véspera.

PREPARE O MOLHO
✓ Numa tigelinha, misture o sal, a pimenta e junte o vinagre, mexendo para dissolver. Batendo com um garfo, adicione o azeite, formando uma emulsão. Reserve.

PARA FINALIZAR
✓ Com uma faca bem afiada, corte as peras em oito partes no sentido longitudinal, com cuidado para não deslocar o recheio.

✓ No centro de pratos individuais, disponha os raminhos de agrião, salpique o restante das nozes, regue com o molho e distribua ao redor as fatias de pera de forma harmoniosa. Sirva imediatamente.

RENDIMENTO: 8 A 10 PORÇÕES

Patê maison
PARA FAZER COM ANTECEDÊNCIA

Uma dica de Saul Galvão: coloque a fôrma sobre uma folha de jornal dobrada, para não queimar o fundo. Outra de Charlô Whately: para verificar o ponto de cozimento, encoste a lâmina da faca nos lábios; se estiver quente, o patê estará assado.

PARA A MARINADA DOS FÍGADOS
— 500 g fígado de galinha ou pato
— Leite para deixar os fígados de molho

PARA O PATÊ
— 4 colheres (sopa) de manteiga
— ¼ de xícara de cebola bem picada
— ½ colher (sopa) de tomilho seco
— ½ colher (sopa) de estragão seco
— 3 colheres (sopa) de conhaque
— ¼ de xícara de creme de leite fresco
— 3 ovos
— ¾ de colher (chá) de sal
— ⅛ de colher (chá) de pimenta-do-reino branca

PARA MONTAR
— 6 fatias de bacon
— 1 folha de louro

TIPO DE FÔRMA: De pão, com 700 ml de capacidade, forrada com papel-manteiga

✓ Lave bem o fígado, retire todos os nervos e cubra com leite. Em um recipiente tampado, conserve por 12 horas na geladeira. Escorra bem, pouco antes do preparo.

✓ Numa frigideira de fundo largo, derreta a manteiga, retire a espuma que se formar e doure a cebola, o estragão e o tomilho secos. Junte os fígados previamente escorridos e cozinhe em fogo baixo de 3 a 5 minutos até perderem a coloração rosada.

✓ Transfira tudo para uma tigela, inclusive o líquido que se formou, e acrescente o conhaque, o creme de leite fresco, os ovos, o sal e a pimenta. No liquidificador, bata a mistura em duas vezes, rapidamente, sem deixá-la homogênea.

✓ Preaqueça o forno a 180 °C.

✓ Forre a fôrma com papel-manteiga, cubra o fundo com as fatias de bacon, disponha a folha de louro e espalhe o patê.

✓ Dobre uma folha de jornal do tamanho da fôrma do patê, coloque a fôrma sobre o jornal e ponha tudo dentro de outra assadeira maior. Cubra com papel-alumínio, adicione água fervente na fôrma de baixo, para que cozinhe em banho-maria, e deixe assar por aproximadamente 1 hora, ou até que a lâmina de uma faca saia limpa e aqueça os lábios, ou, se você tiver um termômetro culinário, até atingir a temperatura interna de 60 °C. Retire do forno e deixe esfriar completamente.

✓ Leve à geladeira durante 8 horas. Desenforme, retire o excesso de gordura do bacon que restou e alise com uma faca. Sirva acompanhado da compota agridoce de cebola (ver p. 258) e torradas.

RENDIMENTO: 6 A 8 PORÇÕES

Petits flans de agrião com molho de vinho branco e juliana de legumes

PARA FAZER E COMER

PARA OS FLANS
- 4 xícaras de folhas de agrião sem os talos
- 1 ¼ xícara de creme de leite espesso, fresco ou de caixinha tipo UHT
- 5 ovos
- 1 dente de alho amassado e bem picado
- 1 colher (chá) de sal a gosto
- Pimenta-do-reino branca
- Noz-moscada ralada na hora

PARA A JULIANA DE LEGUMES
- 2 colheres (sopa) de manteiga
- ½ xícara de cebola
- ½ xícara de cenoura raspada
- ½ xícara de salsão limpo

PARA DECORAR
- Cubinhos de tomate maduro e firme sem pele e sem sementes ligeiramente aquecidos em azeite, com pouquíssimo alho picado e sal

PARA O MOLHO
- ⅔ de xícara de vinho branco seco
- ⅔ de xícara de caldo de galinha (ver p. 30)
- 1 ½ xícara de creme de leite fresco
- Sal e pimenta-do-reino branca

TIPO DE FÔRMA: De 6 a 8 fôrminhas refratárias ou de alumínio com capacidade para ¾ de xícara (160 ml), untadas com manteiga

PREPARE OS FLANS

✓ No liquidificador, bata muito bem as folhas de agrião, o creme de leite, os ovos e o dente de alho até obter uma mistura homogênea. Ajuste o tempero adicionando sal, pimenta e noz-moscada.

✓ Preaqueça o forno a 180 °C. Distribua a mistura nas fôrminhas previamente untadas com manteiga, coloque-as dentro de outra fôrma maior e asse em banho-maria de água fervente por aproximadamente 25 minutos, ou até os flans ficarem ligeiramente estufados e a lâmina da faca sair limpa.

✓ Retire do forno e aguarde uns 5 minutos para desenformá-las. Passe uma faca pelas bordas e desenforme sobre os pratos de serviço.

PREPARE A JULIANA DE LEGUMES

✓ Enquanto os flans estão assando, corte os vegetais em tirinhas finas (juliana).

✓ Numa panela, derreta a manteiga, junte os legumes e cozinhe em fogo lento, mexendo ocasionalmente até ficarem tenros, mas não muito moles. Retire e transfira para uma tigela. Reserve a panela e os legumes.

PREPARE O MOLHO

✓ Na mesma panela onde os legumes foram cozidos, leve o vinho e o caldo para ferver em fogo lento até reduzir à metade, mexendo de vez em quando. Junte o creme de leite e deixe engrossar um pouco, mexendo delicadamente. Acrescente os legumes e aqueça-os no molho. Tempere com sal e pimenta.

PARA FINALIZAR

✓ Desenforme os flans sobre pratos individuais previamente aquecidos. Disponha ao redor a juliana de legumes, o molho e, por cima, os cubinhos de tomate previamente preparados.

RENDIMENTO: 12 UNIDADES

Crepes com queijo gorgonzola e peras salteadas
PARA FAZER E COMER

PARA OS CREPES
- ½ xícara de leite
- 3 colheres (sopa) de manteiga
- 3 ovos
- ¾ de xícara de farinha de trigo
- 1 ½ colher (chá) de fermento em pó
- ¾ de colher (chá) de sal
- 1 colher (café) de manteiga em temperatura ambiente para untar

PARA O RECHEIO
- 100 g de queijo gorgonzola
- 1 xícara de creme de leite espesso
- Noz-moscada ralada

PARA O MOLHO
- 100 g de queijo gorgonzola
- 1 ½ xícara de creme de leite espesso
- Pimenta-do-reino branca
- Queijo parmesão ralado e pedacinhos de manteiga para gratinar

PREPARE OS CREPES
✓ Numa panela, leve o leite e a manteiga para amornar. No liquidificador, bata todos os ingredientes com a mistura do leite.

✓ Unte uma frigideira antiaderente de 15 cm de diâmetro (medidos no fundo) com 1 colher (café) da manteiga. Aqueça a frigideira e nela despeje uma quantidade de massa que cubra o fundo sem atingir as bordas. Frite dos dois lados, transfira o crepe para um prato e repita a operação até terminar a massa.

PREPARE O RECHEIO
✓ Misture todos os ingredientes e disponha aproximadamente 1 ½ colher (sopa) no centro de cada crepe. Dobre em quatro e disponha num recipiente refratário untado com manteiga.

PREPARE O MOLHO
✓ Misture os ingredientes e com eles cubra os crepes. Por cima, espalhe o queijo parmesão ralado e distribua 2 a 3 pedacinhos de manteiga. Leve ao forno preaquecido de moderado a forte (210 °C) para aquecer e gratinar.

✓ Sirva com peras maduras e firmes descascadas, cortadas em fatias e douradas rapidamente em manteiga.

OBSERVAÇÕES
Para esta receita, prefira um queijo tipo gorgonzola ou *bleu*.

Se o creme de leite estiver ralo demais, bata-o ligeiramente para engrossar ou utilize o conteúdo de uma embalagem de caixinha tipo UHT, que tem boa qualidade e é mais espesso.

RENDIMENTO: 10 A 12 PORÇÕES

Terrine de siri com salada de camarão à provençal
PARA FAZER COM ANTECEDÊNCIA

PARA A TERRINE
- ½ xícara de azeite
- ½ xícara de cebola picada
- ½ xícara de salsa e cebolinha-verde picadas
- 1 kg de carne de siri sem as cartilagens
- 3 colheres (sopa) de extrato de tomate
- ½ colher (chá) de pimenta-síria
- 1 colher (chá) de pimenta-da-jamaica
- 1 pimenta dedo-de-moça sem sementes picada
- 2 colheres (chá) de mostarda em pó
- ½ colher (sopa) de sal
- ½ xícara de maionese
- 2 ovos ligeiramente batidos
- ½ xícara de farinha de rosca

PARA A SALADA
- 1 xícara de água
- ¼ de xícara de vinho branco seco
- 1 galhinho de tomilho fresco
- ½ colher (chá) de sal
- 2 grãos de pimenta-do-reino
- 1 kg de camarão médio limpo

PARA O MOLHO
- ½ colher (chá) de alho bem picado
- 2 colheres (sopa) de salsa
- 1 xícara de folhas de manjericão
- 2 colheres (chá) de sal
- 3 colheres (sopa) de vinho branco seco
- 2 tomates sem pele e sem sementes cortados em cubinhos
- ½ xícara de azeite extravirgem
- 1 pitada de pimenta-do-reino branca
- Gotas de vinagre balsâmico e azeite para guarnecer

TIPO DE FÔRMA: De pão, com 1,2 litro de capacidade, untada com azeite e forrada com papel-manteiga untado e polvilhado com farinha de rosca

PREPARE A TERRINE
✓ Numa panela ou frigideira de fundo largo, aqueça o azeite e refogue a cebola com a salsinha e a cebolinha picadas. Depois de alguns minutos, junte a carne de siri, o extrato de tomate, as 3 pimentas e o sal, e refogue rapidamente, apenas para os sabores se fundirem.

✓ Retire do fogo e coloque em uma tigela. Deixe amornar. Enquanto isso, preaqueça o forno.

✓ Assim que amornar, junte ao refogado do siri a mostarda em pó, o sal, a maionese, o extrato de tomate, os ovos ligeiramente batidos e a farinha de rosca, verificando o tempero.

✓ Disponha a massa na fôrma, que deverá estar untada e coberta com papel-manteiga, espalhe bem e cubra com papel-alumínio. Coloque a fôrma dentro de uma assadeira maior e leve ao forno preaquecido a 180 °C em banho-maria de água fervente por aproximadamente 40 minutos, ou até a lâmina da faca sair seca. Retire do forno, deixe amornar e desenforme sobre o prato escolhido para servir.

PREPARE A SALADA
✓ Numa panela de fundo largo, leve a água, o vinho e os temperos para ferver. Junte então o camarão e ferva por 3 minutos.

✓ Retire do fogo e deixe esfriar. Retire o camarão do líquido e escorra. Reserve.

PREPARE O MOLHO
✓ No liquidificador, bata o alho, a salsa e o manjericão no liquidificador. Numa tigela maior, dissolva o sal no vinho branco. Acrescente a mistura do liquidificador, o tomate em cubinhos, o azeite e a pimenta e deixe descansar por 20 minutos. Junte o camarão e misture.

PARA FINALIZAR
✓ Pouco antes de servir, disponha a salada de camarões ao redor da terrine de siri, deixando que o azeite escorra um pouco para os lados. Pingue algumas gotas do vinagre balsâmico sobre o azeite e sirva imediatamente.

RENDIMENTO: 12 PORÇÕES
Terrine de cogumelo
PARA FAZER COM ANTECEDÊNCIA

Receita de preparo longo e elaborado, mas que vale a pena pelo sabor e pelo aspecto. Leia com atenção, separe e meça os ingredientes e curta todos os momentos. Vale a pena!

PARA A TERRINE
- 1 ½ xícara de caldo de galinha (ver p. 30)
- 1 xícara (30 g) de *funghi porcini* secos sem lavar
- 100 g de manteiga
- ¾ de xícara de cebola bem picada
- 2 dentes de alho bem picados
- ¼ de xícara de vinho do Porto
- 350 g de cogumelo shitake fresco sem os talos e cortado em fatias finas (aproximadamente 4 ½ xícaras)
- 350 g de cogumelo shimeji sem a parte dura e picado grosseiramente (cerca de 4 ½ xícaras)
- 1 xícara de creme de leite espesso
- 4 ovos
- ¼ de xícara de amêndoas torradas e moídas bem finas
- 2 colheres (chá) de salsa bem picada
- ⅓ de xícara de migalhas de miolo de pão fresco
- 1 ½ colher (sopa) de suco de limão
- 2 colheres (chá) de sal
- ½ colher (chá) de pimenta-do-reino preta moída na hora

PARA A COBERTURA
- 2 colheres (sopa) de manteiga
- 1 colher (sopa) de azeite
- 1 xícara de cogumelo shitake cortado em quatro pedaços sem o talo
- ¾ de xícara de amêndoas inteiras com pele, tostadas e picadas grosseiramente
- ¼ de xícara de salsa picada
- Sal e pimenta-do-reino moída na hora

TIPO DE FÔRMA: De pão, com 12 litros de capacidade, untada com manteiga e forrada com papel-manteiga untado

PREPARE A TERRINE

✓ Numa panela pequena, leve o caldo para ferver, retire do fogo e deixe os *funghi porcini* de molho por 30 minutos. Sobre uma panelinha, coloque uma peneira fina forrada com papel-toalha.

✓ Ponha os *funghi* e o caldo que eventualmente tenha restado sobre essa peneira, esprema o excesso de líquido e reserve.

✓ Enxague os *funghi* para eliminar qualquer resíduo e seque bem. Pique e coloque numa tigela grande. Leve o líquido coado para ferver em fogo lento até reduzir a aproximadamente ¼ de xícara e acrescente aos *funghi* picados.

✓ Preaqueça o forno a 180 °C.

✓ Numa frigideira antiaderente, aqueça 2 colheres (sopa) da manteiga em fogo moderado até parar de espumar e refogue a cebola e o alho até murcharem, aproximadamente 6 minutos. Junte o vinho do Porto e continue a refogar, mexendo durante 1 minuto, e transfira para o liquidificador.

✓ Em outra frigideira, com mais 2 colheres (sopa) da manteiga, refogue os dois tipos de cogumelo, mexendo durante uns 2 minutos. Junte o restante da manteiga se necessário.

✓ Acrescente 2 xícaras desse refogado à mistura no liquidificador e o restante aos *funghi* picados.

✓ Junte à mistura do liquidificador o creme de leite, os ovos e as amêndoas e bata para obter um purê homogêneo. Junte esse purê à mistura de *porcini* e acrescente as migalhas de pão, a salsa picada, o suco de limão. Tempere com sal e pimenta e misture.

✓ Despeje a massa na fôrma preparada e cubra com papel-alumínio. Coloque a fôrma sobre uma folha de jornal dobrada. Acomode a fôrma com a base do jornal sobre outra assadeira maior e leve ao forno preaquecido a 190 °C em banho-maria com água fervente até metade da fôrma. Asse na grade central do forno durante 1 hora aproximadamente (a terrine ficará meio mole no centro).

✓ Retire do forno e deixe esfriar.

✓ Leve para gelar tampada durante no mínimo seis horas e no máximo cinco dias. Deixe em temperatura ambiente antes de desenformar.

COBERTURA

✓ Numa frigideira grande, aqueça a manteiga e o azeite em fogo moderado até parar de espumar e refogue os cogumelos mexendo até que fiquem tenros. Junte as amêndoas, transfira para uma tigela e deixe esfriar. Junte a salsa, o sal e a pimenta, misturando bem.

PARA SERVIR

✓ Passe a lâmina de uma faca afiada pelas bordas da terrine e mergulhe a fôrma em água morna durante alguns minutos.

✓ Desenforme sobre o prato escolhido para servir. Cubra com a cobertura e sirva acompanhada de salada ou torradas.

RENDIMENTO: 8 PORÇÕES

Sopa gelada de siri

PARA FAZER COM ANTECEDÊNCIA

- 4 colheres (sopa) de azeite
- 3 a 4 unidades grandes de alho-poró cortadas ao meio, bem lavadas e picadas grosseiramente (parte branca)
- ½ xícara de salsão limpo picado
- ½ kg de pepino bem firme descascado, sem sementes e picado grosseiramente
- 3 tomates maduros sem pele e sem sementes picados ou ½ xícara de polpa de tomate
- 5 xícaras de caldo de peixe (ver dica da p. 99)
- 1 ½ xícara de carne de siri limpa e desfiada
- 2 colheres (sopa) de salsa picada
- 2 colheres (sopa) de cebolinha-verde cortada em rodelinhas
- 1 colher (sopa) de hortelã picada
- ¾ de colher (sopa) de sal ou a gosto
- ¼ a ½ colher (chá) de molho Tabasco ou pimenta-vermelha
- Iogurte ou creme de leite azedo (ver p. 185) para acompanhar
- Raminhos de hortelã para decorar

✓ Numa panela de fundo largo, aqueça o azeite, junte o alho-poró, o salsão e o pepino e cozinhe até ficar macio, mexendo de vez em quando.

✓ Junte os tomates e cozinhe mais um pouco, mexendo por aproximadamente 5 minutos.

✓ Acrescente o caldo de peixe, deixe ferver e cozinhe em fogo baixo com a panela tampada durante uns 20 minutos, até tudo ficar bem cozido.

✓ Retire do fogo e deixe esfriar. Em seguida, aos poucos, bata no liquidificador para ficar homogêneo. Transfira para uma tigela, junte o siri, a salsa, a cebolinha, a hortelã, o sal e o molho de pimenta, retificando o tempero.

✓ Leve a sopa para gelar em recipiente coberto, por, no mínimo, 2 horas. Distribua a sopa em taças individuais geladas, faça uma espiral com iogurte ou creme de leite e enfeite com raminhos de hortelã.

✓ Acompanhe com crackers de limão e *dill* (ver p. 185).

RENDIMENTO: 4 A 5 PORÇÕES

Creme de abóbora com gorgonzola e pera seca
PARA FAZER E COMER

- 3 colheres (sopa) de azeite
- 2 colheres (sopa) de cebola
- 1 kg de abóbora cortada em cubos grandes
- 1 folha de louro
- 1 litro de caldo de legumes, de preferência caseiro (ver p. 31)
- 1 ½ colher (chá) de sal
- 1 pitada de pimenta-do-reino branca
- 50 g de queijo gorgonzola picado
- 150 g de pera seca deixada de molho em água morna e cortada em cubinhos

✓ Num caldeirão pequeno, aqueça o azeite e refogue rapidamente a cebola. Junte a abóbora e refogue mais um pouco.

✓ Acrescente o louro e 700 ml do caldo de legumes. Tampe e deixe cozinhar de 30 a 40 minutos, até a abóbora ficar bem tenra.

✓ Retire do fogo, aguarde um pouco, bata no liquidificador e coloque de volta na panela. Tempere com sal e pimenta.

✓ Pouco antes de servir, aqueça a sopa em fogo moderado, junte o queijo e mexa até derreter. Se necessário, junte mais caldo para obter um creme.

✓ Acrescente as peras, aqueça rapidamente e sirva imediatamente.

OBSERVAÇÕES
O ideal é misturar partes iguais de abóbora-de-pescoço de cor bem acentuada e abóbora japonesa.

Para servir esse creme em porções individuais, lave bem abóboras pequenas e redondas. Retire uma tampa e uma fatia da parte inferior, para assentá-la no prato. Pincele a casca com um pouco de óleo, embrulhe individualmente em papel-alumínio e leve as abóboras e as tampas ao forno moderado para assar, apenas o necessário para retirar o miolo com uma colher. Use esse miolo para a sopa.

Pouco antes de servir, recheie as abóboras com o creme e leve ao forno apenas para aquecer. Use as tampas para cobrir a sopa, decorando o cabinho com folhas de louro bem verdes ou raminhos de alecrim fresco.

WILMA KÖVESI | 199

SALADAS

RENDIMENTO: 6 A 8 PORÇÕES

Salada de alface-roxa, cogumelo, broto de alfafa e queijo parmesão com molho de alho-poró

PARA FAZER E COMER

PARA A SALADA
- 10 xícaras de folhas de alface-roxa rasgadas em bocados
- 1 xícara de cogumelo-de-paris cortado em fatias finas
- 10 colheres (sopa) de queijo parmesão ralado
- 1 ½ xícara de broto de alfafa

PARA O MOLHO
- ⅔ de xícara de alho-poró picado
- 1 colher (chá) de sal ou a gosto
- Pimenta-do-reino
- 2 colheres (sopa) de vinagre de vinho tinto
- ⅓ a ½ xícara de azeite

PREPARE O MOLHO
✓ Bata no liquidificador o alho-poró com o sal, a pimenta e o vinagre até obter um purê. Com o motor em funcionamento, acrescente o azeite num fio, batendo até obter uma emulsão.

PREPARE A SALADA
✓ Numa saladeira, coloque todos os ingredientes, cobrindo com os brotos de alfafa. No momento de servir, junte o molho e misture bem.

RENDIMENTO: 6 A 8 PORÇÕES

Salada de radicchio, repolho-roxo e tomate-cereja com molho de laranja e mostarda

PARA FAZER E COMER

PARA O MOLHO
- 1 colher (sopa) + 1 colher (chá) de mostarda de Dijon
- 2 colheres (chá) de raspa de laranja
- 5 colheres (sopa) de suco de laranja
- ½ colher (chá) de sal
- 1 pitada de pimenta-do-reino
- ¼ de xícara de azeite

PARA A SALADA
- 1 cebola-roxa pequena cortada em rodelas finas, deixada de molho em água fria por 15 minutos
- 4 xícaras (300 g) de radicchio com as folhas separadas e picadas grosseiramente
- 1 repolho-roxo pequeno (300 g ou 3 xícaras) com as folhas separadas e picadas grosseiramente
- 2 xícaras de tomate-cereja maduro, firme e cortado ao meio

PREPARE O MOLHO
✓ Com um batedor de arame (*fouet*) bata a mostarda, a raspa, o suco de laranja, o sal e a pimenta. Continue a bater e junte o azeite num fio. Bata mais até obter uma emulsão.

PREPARE A SALADA
✓ Escorra bem a cebola e misture ao restante dos ingredientes. Acrescente o molho e misture tudo delicadamente, juntando mais sal e pimenta se necessário.

OBSERVAÇÕES
Para uma salada mais colorida, use, de preferência, a variedade de radicchio mais clara e ligeiramente esverdeada.

Para não murchar, a salada deverá ser preparada com antecedência de até 15 minutos.

RENDIMENTO: 4 PORÇÕES

Salada de beterraba assada, pera-chinesa, *mâche* e amêndoas

PARA FAZER E COMER

PARA A SALADA

- 2 a 3 beterrabas (cerca de 400 g) sem os talos
- 3 colheres (sopa) de azeite
- ¼ de xícara de amêndoas cruas em fatias finas
- Sal
- 1 pera-chinesa grande
- 3 xícaras de *mâche* ou minirrúcula

PARA O MOLHO

- 1 colher (sopa) de cebola-roxa picada
- 1 colher (sopa) de suco de limão
- 1 ½ colher (sopa) de vinagre de vinho tinto
- ¼ de colher (chá) de açúcar
- ½ colher (chá) de sal ou a gosto

PREPARE A SALADA

✓ Preaqueça o forno em temperatura moderada-forte (250 °C). Embrulhe as beterrabas em papel-alumínio e asse na grade do meio por aproximadamente 90 minutos, ou até ficarem tenras. Retire o papel-alumínio e deixe esfriar.

✓ Enquanto as beterrabas estiverem assando, aqueça o azeite numa frigideira antiaderente pequena, junte as amêndoas e, em fogo moderado, frite-as até ficarem ligeiramente douradas. Retire do fogo e deixe-as esfriar no próprio azeite (as amêndoas escurecerão um pouco ao esfriarem).

✓ Com uma escumadeira, transfira as amêndoas para uma tigela pequena e salpique com sal. Reserve as amêndoas e o azeite restante.

PREPARE O MOLHO

✓ Numa tigela grande, misture a cebola-roxa, o suco de limão, o vinagre, o açúcar, o sal e o azeite das amêndoas. Reserve.

PARA FINALIZAR

✓ Apertando com os dedos, retire a casca das beterrabas e corte primeiramente em metades e depois em fatias de 0,7 cm de espessura (não muito finas) para dar 2 xícaras. Junte-as ao molho da tigela e misture com delicadeza, para ficarem cobertas com o molho.

✓ Descasque a pera e corte em quatro partes e depois em tirinhas finas (juliana). Disponha as beterrabas numa travessa e regue com o molho que tenha por ventura sobrado. Cubra com *mâche* ou minirrúcula, depois com a pera e, em seguida, espalhe as amêndoas.

OBSERVAÇÕES

A beterraba pode ser assada e misturada ao molho com antecedência de um dia, depois conservada tampada em geladeira.

Mantenha as amêndoas tostadas cobertas em temperatura ambiente.

Retire o molho da geladeira com a antecedência necessária para chegar à temperatura ambiente.

RENDIMENTO: CERCA DE 6 PORÇÕES

Salada de batata com alecrim e gorgonzola

PARA FAZER COM ANTECEDÊNCIA

- 1 kg de batata pequena nova com casca e bem lavada
- 1 colher (chá) de sal
- ¼ de xícara + 1 colher (sopa) de vinagre de vinho branco
- 1 ½ colher (sopa) de alecrim fresco picado, ou 1 ½ colher (chá) de alecrim seco esfarelado
- 1 colher (sopa) de mostarda de Dijon
- ¼ de xícara de azeite
- 150 g de queijo gorgonzola esfarelado
- 1 pitada de pimenta-do-reino
- Ramos de alecrim fresco para decorar

✓ Numa panela, coloque a batata e o sal, cubra com água fria e leve para ferver.

✓ Cozinhe durante uns 15 minutos, apenas até ficarem tenras, mas não muito cozidas. Escorra e coloque numa tigela grande. Junte ¼ de xícara do vinagre e o alecrim, misture e deixe amornar.

✓ Numa tigela à parte, bata o restante do vinagre, a mostarda, o sal e a pimenta e incorpore o azeite num fio, batendo para emulsificar.

✓ Junte esse molho e o queijo às batatas e misture bem.

✓ Conserve tampada em geladeira e retire 20 minutos antes de servir.

✓ Enfeite com raminhos de alecrim fresco.

RENDIMENTO: 6 PORÇÕES FARTAS

Salada de grãos 1
PARA FAZER E COMER

Ótima opção como salada fria substanciosa, acompanhamento frio para grelhados em geral, para bufê de saladas ou para jantar de verão. A seguir sugerimos três opções, mas use sua imaginação e os ingredientes disponíveis em sua geladeira e despensa, e crie à vontade, levando sempre em consideração os pratos principais e os possíveis vegetarianos.

- 3 ½ xícaras de caldo de legumes, de preferência caseiro (ver p. 31)
- 1 xícara de mix de arroz e cereais
- ½ xícara de nozes picadas grosseiramente
- ½ xícara de passas brancas de molho em água fria
- 2 colheres (chá) de curry em pó
- 2 colheres (chá) de sal
- ⅛ de xícara de vinagre balsâmico ou de vinho branco
- 4 colheres (sopa) de azeite extravirgem

✓ Leve o caldo para ferver, junte o mix de arroz e cereais e cozinhe seguindo as instruções da embalagem (aproximadamente 40 minutos), apenas até ficar tenro. Escorra o líquido que sobrar, junte as nozes e as passas.

✓ Dissolva o curry e o sal no vinagre, junte o azeite e misture tudo muito bem. Sirva em temperatura ambiente.

OBSERVAÇÃO
Se preferir, use 1 tablete de caldo de legumes dissolvido em 3 ½ xícaras de água fervente.

RENDIMENTO: 6 PORÇÕES

Salada de grãos 2
PARA FAZER E COMER

- ½ xícara de trigo em grão hidratado em água morna durante 30 minutos
- 1 xícara de cogumelo-de-paris lavado e cortado em fatias finas
- ¼ de xícara de vinagre balsâmico
- ¼ de xícara de azeite aromatizado ao alecrim ou extravirgem
- 1 xícara de pimentão amarelo (com ou sem pele) cortado em cubinhos
- 1 xícara de pimentão vermelho (com ou sem pele) cortado em cubinhos
- 1 embalagem de broto de alfafa lavado e muito bem seco

✓ Proceda como na receita de salada de grãos 1 (ver receita acima), acrescentando alguns ingredientes. Numa panela, cozinhe o trigo com pouco sal, apenas até ficar macio. Escorra e misture ao mix de arroz e cereais já cozidos.

✓ Coloque o cogumelo para marinar no vinagre balsâmico durante 10 minutos e junte o sal, o curry e o azeite. Acrescente o cogumelo e todo o tempero aos grãos, bem como as nozes, passas e a metade dos pimentões, e misture muito bem.

✓ Cubra com os brotos de alfafa e, por cima, espalhe o restante dos pimentões. Misture novamente no momento de servir.

RENDIMENTO: 8 A 10 PORÇÕES

Salada de grãos 3

PARA FAZER E COMER | PARA FAZER COM ANTECEDÊNCIA

PARA A SALADA DE GRÃOS

- 1 xícara de trigo em grão grosso para quibe
- 3 ½ xícaras de caldo de legumes, de preferência caseiro (ver p. 31)
- 1 xícara de mix de arroz e cereais
- 1 xícara de arroz pronto e frio
- 1 xícara de maionese light
- 1 colher (chá) de curry em pó ou a gosto
- 1 colher (café) de pimenta dedo-de-moça sem sementes picada ou molho de pimenta (opcional)
- 1 xícara de muçarela defumada cortada em cubinhos
- 1 xícara de banana-passa cortada em cubinhos
- 1 xícara de amêndoas torradas em lascas

PARA A SALADINHA DE TOMATE

- 1 colher (chá) de sal
- 1 pitada de pimenta-do-reino branca
- 1 colher (sopa) de vinagre balsâmico
- 3 colheres (sopa) de azeite extravirgem
- 200 g de tomate-cereja cortado ao meio
- ½ xícara de salsa picada
- 1 ½ xícara de batata palha para cobrir (opcional)

PREPARE A SALADA DE GRÃOS

✓ Lave o trigo e deixe-o de molho em água morna durante 30 minutos. Cozinhe-o em metade do caldo até ficar macio, escorra e deixe esfriar. Separadamente, faça o mesmo com o mix de arroz e cereais.

✓ Misture os grãos e o arroz. À parte, misture a maionese, o curry e a pimenta, se quiser. Junte aos grãos e mexa com delicadeza, para absorverem a maionese.

✓ Junte a muçarela, a banana-passa e as amêndoas; misture mais. Reserve tampada na geladeira até 30 minutos antes de servir.

PREPARE A SALADINHA DE TOMATE

✓ Numa tigela, coloque o sal e a pimenta. Dissolva no vinagre balsâmico. Batendo com um batedor de arame (*fouet*) ou dois garfos, junte o azeite. Misture o tomate-cereja e a salsa e deixe curtir uns 15 minutos.

✓ Pouco antes de servir, misture a salada de grãos e a saladinha de tomate já pronta e, se desejar, salpique com a batata palha.

RENDIMENTO: 8 A 10 PORÇÕES

Salada de tomate, alho-poró, hortelã e *croûtons* de alho com molho de mostarda

PARA FAZER E COMER

PARA A SALADA

- 1,4 kg de tomate maduro, firme e picado grosseiramente
- ½ xícara de folhas de hortelã lavadas, secas e bem picadas
- ½ xícara de alho-poró bem picado (parte verde)
- ½ xícara de salsa lavada, seca e picada

PARA O AZEITE AROMATIZADO COM ALHO

- ¾ de xícara de azeite
- 1 a 2 dentes de alho bem picados

CROÛTONS

- 5 xícaras de miolo de pão italiano (de preferência) amanhecido cortado em cubinhos de 1,5 cm
- Metade da quantidade do azeite aromatizado com alho – feito anteriormente

PARA O MOLHO

- 3 colheres (sopa) de vinagre de vinho tinto
- 1 ½ colher (sopa) de mostarda de Dijon ou a gosto
- Sal e pimenta-do-reino moída na hora
- Metade da quantidade do azeite aromatizado com alho (feito anteriormente)

PREPARE O AZEITE AROMATIZADO COM ALHO

✓ Numa tigela pequena, misture o azeite e o alho e deixe marinar por 30 minutos para que absorva o sabor. Sobre uma tigela maior, escorra o azeite em uma peneira e descarte o alho.

PREPARE OS *CROÛTONS*

✓ Preaqueça o forno a 180 °C.

✓ Numa assadeira, numa só camada, torre os cubinhos de pão durante uns 15 minutos ou até ficarem marrom-dourados.

✓ Retire e regue-os com metade do azeite aromatizado com alho e misture bem para que absorvam o sabor – o restante do azeite, guarde para fazer o molho da salada, misture bem e deixe esfriar em temperatura ambiente. Reserve.

PREPARE O MOLHO

✓ Numa tigela pequena, com um batedor de arame misture o vinagre, a mostarda, o sal e a pimenta. Junte o restante do azeite aromatizado com alho num fio e bata mais, para emulsionar.

PREPARE A SALADA

✓ Numa saladeira grande, misture os *croûtons*, os tomates picados, a hortelã, o alho-poró e a salsa. Regue a salada com o molho, misture com delicadeza e retifique o sal e a pimenta.

OBSERVAÇÃO

Sirva a salada imediatamente após o preparo, em temperatura ambiente, para conservar o crocante dos *croûtons*, ou deixe todos os ingredientes preparados e separados, misturando-os pouco antes de servir.

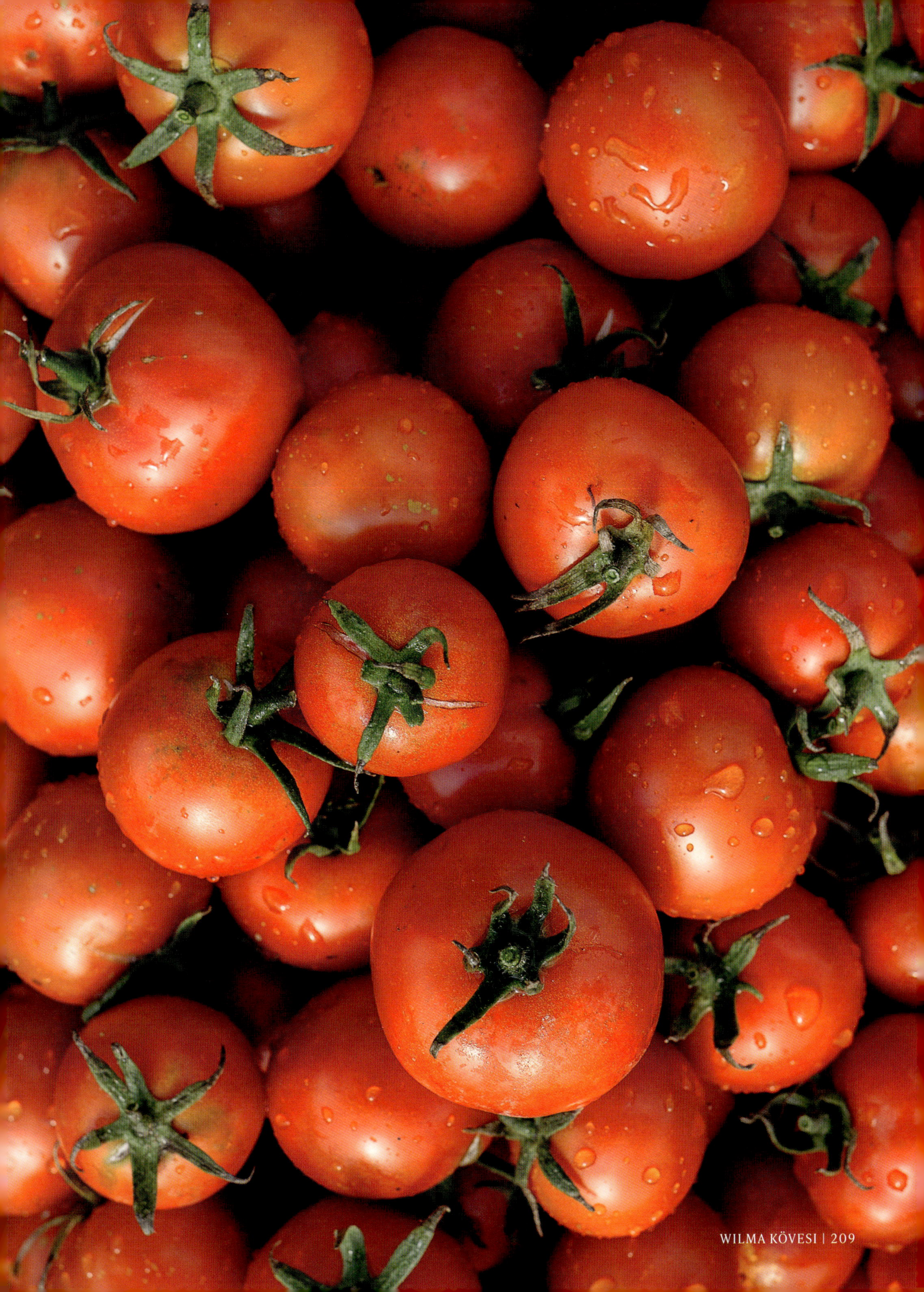

QUICHES

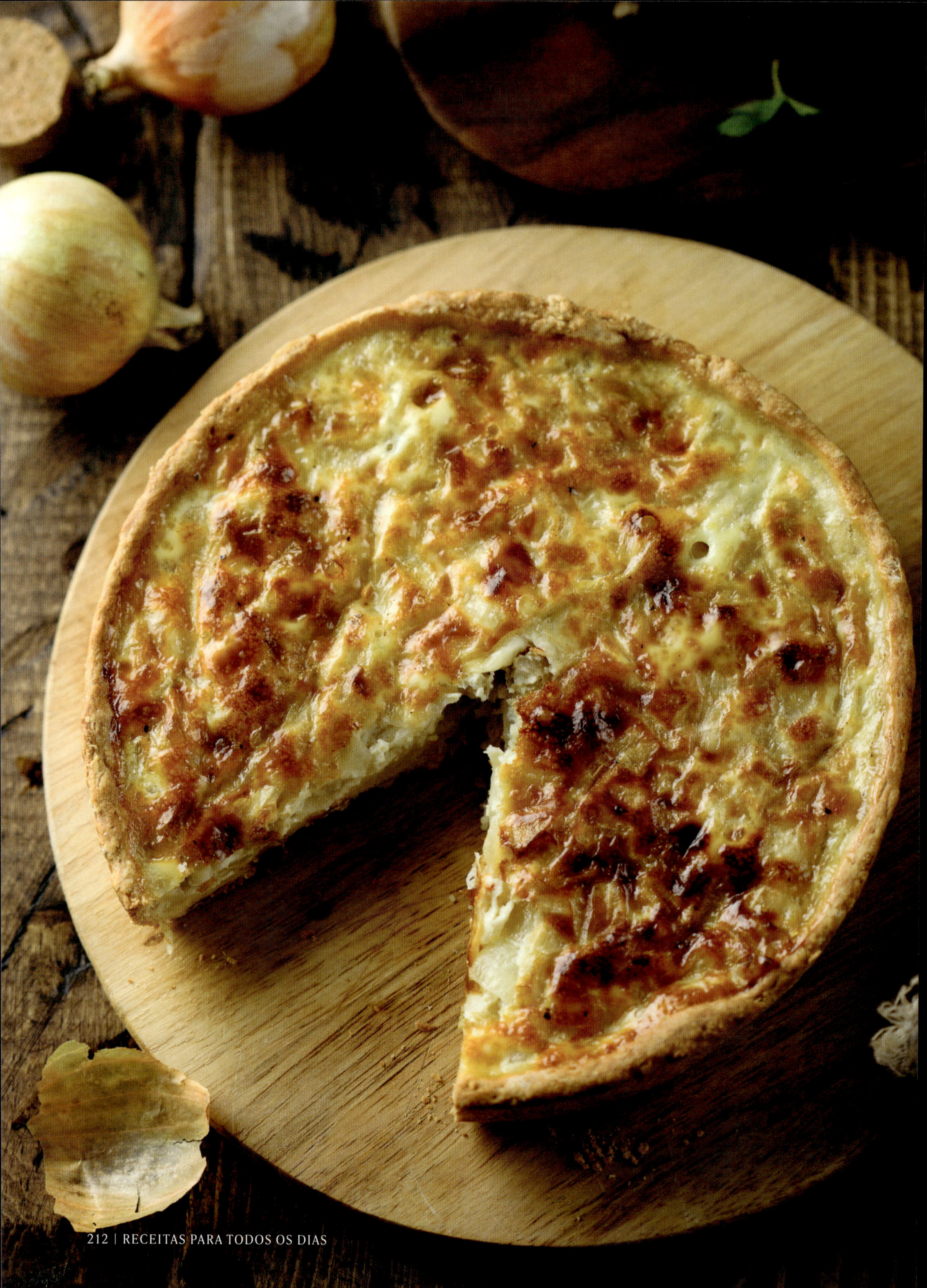

RENDIMENTO: 6 A 8 PORÇÕES

Quiche de cebola

PARA FAZER E CONGELAR PRONTO

As quiches são como os suflês e risotos: aprenda a técnica e use-a em todas as variações possíveis. Dependendo do ingrediente principal, você poderá adicionar um pouco de queijo parmesão ralado. Esta é uma receita-padrão e pode ser usada para fazer quiche de alho-poró, cogumelo etc. Pode ser servida acompanhada de uma salada verde ou como acompanhamento para carnes ou aves grelhadas.

PARA A MASSA (*PATÊ BRISÉE*)

— 200 g de farinha de trigo
— ¼ de colher (chá) de sal
— 100 g de manteiga gelada
— 30 a 40 ml de água bem fria

PARA O RECHEIO

— 1 colher (sopa) de óleo
— 1 colher (sopa) de manteiga
— 16 colheres (sopa) fartas de cebola bem picada
— 250 ml de creme de leite espesso
— 250 ml de leite
— 1 colher (sopa) de farinha de trigo
— 3 ovos
— ½ a ¾ de colher (chá) de sal
— 1 pitada de pimenta-do-reino branca
— Noz-moscada a gosto (opcional)

TIPO DE FÔRMA: Aro removível de 23 cm de diâmetro

PREPARE A MASSA

✓ Num tampo ou tigela, misture a farinha de trigo e o sal, junte a manteiga em pedacinhos e, com a ponta dos dedos, trabalhe a massa para obter um farelo.

✓ Junte a água gelada, misturando e amassando apenas até absorver todo o líquido. Não trabalhe a massa em demasia. Faça um disco, envolva-o em filme plástico e leve para descansar de 20 a 30 minutos na geladeira.

✓ Preaqueça o forno a 180 °C.

✓ Num tampo enfarinhado, e com rolo enfarinhado, abra a massa na espessura de 3 mm e forre o fundo e as laterais da fôrma retirando bem o excesso de massa para que o acabamento das laterais não tenha sobras. Fure a base da massa que fica no fundo da fôrma com um garfo, para que, ao assar, ela não cresça.

✓ Cubra com uma folha de papel-manteiga e espalhe grãos de feijão cru. Leve ao forno preaquecido a 180 °C por cerca de 15 minutos, apenas até a massa secar. Retire o papel e os feijões. Reserve.

PREPARE O RECHEIO

✓ Numa panela de fundo largo, aqueça o óleo e a manteiga e doure a cebola, mexendo ocasionalmente, sem deixar escurecer. Retire do fogo.

✓ Numa tigela ou liquidificador, bata os ovos, o creme de leite, o leite, a farinha de trigo, o sal e a pimenta e os acrescente às cebolas. Retifique o tempero, acrescente a noz-moscada (opcional) e despeje o recheio cremoso de cebolas na massa pré-assada.

✓ Coloque a fôrma dentro de outra assadeira para evitar que caiam gotas de creme no forno caso o recheio vaze durante o tempo de assamento.

✓ Leve para assar em forno preaquecido a 200 °C por aproximadamente 25 a 30 minutos, ou até ficar consolidada e dourada. Sirva quente ou morna.

RENDIMENTO: 6 A 8 PORÇÕES FARTAS

Quiche Lorraine

PARA FAZER E CONGELAR PRONTO

PARA A MASSA
— 1 receita de *patê brisée* (ver p. 213)

PARA O RECHEIO
— 150 g de bacon magro em fatias
— 150 g de queijo gruyère (ou outro) em fatias finas ou lâminas
— 4 ovos
— ½ litro de creme de leite fresco sal
— 1 pitada de pimenta-do-reino
— 1 pitada de noz-moscada ralada na hora

TIPO DE FÔRMA: Fundo removível de 23 cm de diâmetro

PREPARE A MASSA
✓ Preaqueça o forno a 180 °C.
✓ Num tampo enfarinhado, e com rolo também enfarinhado, abra a massa na espessura de 3 mm e forre o fundo e as laterais da fôrma retirando bem o excesso de massa para que o acabamento das laterais não tenha sobras. Fure a base da massa que fica no fundo da fôrma com um garfo, para que, ao assar, a massa não cresça.
✓ Cubra com uma folha de papel-manteiga e espalhe grãos de feijão crus. Leve ao forno preaquecido a 180 °C por cerca de 15 minutos, apenas até a massa secar. Retire o papel e os feijões. Reserve.

PREPARE O RECHEIO
✓ Numa frigideira antiaderente aquecida, coloque o bacon e deixe fritar para que seja possível retirar o excesso de gordura. Assim que estiver bem dourado, retire os pedaços de bacon e seque bem em papel absorvente.
✓ Disponha o bacon no fundo da massa pré-assada e cubra com o queijo.
✓ Numa tigela, bata os ovos e junte o creme de leite. Tempere com sal, pimenta e noz-moscada. Despeje o creme sobre o queijo e coloque a fôrma dentro de outra assadeira para evitar que caiam gotas de creme no forno caso o recheio vaze durante o tempo de assamento.
✓ Leve para assar em forno preaquecido a 200 °C por aproximadamente 25 a 30 minutos, ou até ficar consolidada e dourada. Sirva quente ou morna.

RENDIMENTO: 8 PORÇÕES

Torta de gorgonzola e nozes
PARA FAZER E COMER

Acompanhe com uma salada de verdes amargos e tomates-cereja.

PARA A MASSA
— 1 receita de *patê brisée* (ver p. 213)

PARA O RECHEIO
— 150 g de queijo gorgonzola
— 250 g de queijo de minas bem fresco e bem picado
— 150 g de nozes picadas grosseiramente
— 3 ovos
— 100 ml de creme de leite azedo (ver dica da p. 185)
— ½ colher (sopa) de azeite
— Sal
— Pimenta-do-reino branca moída na hora

TIPO DE FÔRMA: Aro removível de 23 cm de diâmetro

PREPARE A MASSA
✓ Preaqueça o forno a 180 °C.

✓ Num tampo enfarinhado, e com rolo enfarinhado, abra a massa na espessura de 3 mm e forre o fundo e as laterais da fôrma retirando bem o excesso de massa para que o acabamento das laterais não tenha sobras. Fure a base da massa que fica no fundo da fôrma com um garfo, para que, ao assar, não cresça.

✓ Cubra com uma folha de papel-manteiga e espalhe grãos de feijão crus. Leve ao forno preaquecido a 180 °C por cerca de 15 minutos, apenas até a massa secar. Retire o papel e os feijões. Reserve.

PREPARE O RECHEIO
✓ Numa tigela, coloque o queijo gorgonzola quebrado e amassado, e misture o queijo de minas, as nozes, os ovos, o creme de leite azedo, o azeite, o sal e a pimenta, verificando o tempero.

✓ Despeje esse creme na massa pré-assada e coloque a fôrma dentro de outra assadeira para evitar que caiam gotas de creme no forno caso o recheio vaze durante o tempo de assamento.

✓ Leve para assar em forno preaquecido a 200 °C por aproximadamente 20 a 25 minutos, ou até ficar consolidada e dourada. Sirva quente ou morna.

PEIXES
E
CRUSTÁCEOS

RENDIMENTO: 4 A 6 PORÇÕES (CALCULE 150 A 200 G DE CRUSTÁCEOS POR PESSOA)

Lagostim com fondue de tomate, pepino e cogumelo
PARA FAZER E COMER

- 1 kg de lagostim limpo
- 1 colher (chá) + ½ colher (sopa) de sal
- Pimenta-do-reino branca moída na hora
- 100 g + 1 colher (sopa) de manteiga
- 1 ½ xícara de cebola-roxa
- 6 tomates grandes maduros, firmes, sem pele e sem sementes, cortados em cubinhos
- 300 g de cogumelo-de-paris limpo, lavado e cortado em fatias
- 2 ½ xícaras de pepino descascado, sem sementes, e cortado em cubinhos
- 5 colheres (sopa) de vermute branco seco
- 3 a 4 colheres (sopa) de azeite
- 1 raminho de salsa crespa

✓ Tempere os lagostins com 1 colher (chá) de sal e pimenta e reserve.

✓ Numa panela de 25 cm de diâmetro, aqueça 100 g de manteiga e junte a cebola-roxa, em fogo lento, apenas para murchar sem dourar, mexendo de vez em quando. Sempre em fogo lento, junte o tomate, mexa e deixe-os murchar mais.

✓ Acrescente o cogumelo, tampe a panela e cozinhe por 10 minutos, ainda em fogo lento. Junte então o pepino e aqueça sem tampar a panela, mexendo de vez em quando. Adicione o vermute aos vegetais e deixe evaporar.

✓ Acrescente o sal restante, junte a manteiga restante e retire do fogo.

✓ Pouco antes de servir, seque bem os lagostins com papel-toalha. Numa frigideira grande de 28 cm de diâmetro, aqueça o azeite e doure os lagostins por apenas alguns minutos, deixando que fiquem bem tenros, sem fritar.

✓ Coloque-os em papel absorvente e mantenha-os aquecidos.

PARA FINALIZAR
✓ Pouco antes de servir, sobre pratos individuais de serviço, disponha um leito da fondue de vegetais, distribua os lagostins por cima de forma harmoniosa e decore com um raminho de salsa crespa.

✓ Sirva com fettuccine verde, cozido *al dente*, e regue com um fio de azeite.

OBSERVAÇÃO
Se preferir, substitua o lagostim por camarão.

RENDIMENTO: 4 A 6 PORÇÕES
Gratinado de lagosta
PARA FAZER E COMER

Prato hoje considerado ultrapassado, mas que continua muito saboroso. Pode também ser preparado com camarões grandes. Não cometa a imprudência de levar a travessa ao forno excessivamente quente, pois o creme de leite talhará, produzindo uma indesejável camada de manteiga.

- 4 colheres de sopa de manteiga
- 1 kg de cauda de lagosta limpa e cortada em escalopes
- 250 g de cogumelo-de-paris fresco, pequeno, inteiro, sem as pontas porosas, lavado e bem escorrido
- 2 colheres (chá) de farinha de trigo
- ½ litro de creme de leite fresco
- 1 colher (chá) de sal ou a gosto
- Pimenta-do-reino branca moída na hora
- 1 pitada de noz-moscada ralada na hora
- 1 pitada de pimenta-da-jamaica ou pimenta-de-caiena ralada na hora
- 50 g de queijo gruyère ralado

TIPO DE FÔRMA: Recipiente refratário de 23 cm de diâmetro ligeiramente untado com manteiga

✓ Numa frigideira grande e pesada de 30 cm de diâmetro, aqueça a manteiga e doure rapidamente os escalopes de lagosta.

✓ Retire-os da frigideira. Leve a frigideira para aquecer novamente, sem lavar, e junte os cogumelos refogando-os rapidamente.

✓ Numa travessa refratária, disponha os escalopes e os cogumelos refogados e reserve.

✓ Preaqueça o forno a 220 °C.

✓ Dissolva a farinha em 4 a 5 colheres (sopa) de creme de leite fresco e leve o creme restante a uma panela pequena para aquecer. Junte o sal, a pimenta, a noz-moscada, a pimenta-da-jamaica e a farinha dissolvida, e mexa em fogo lento até ferver e engrossar. Verifique o tempero.

✓ Cubra os escalopes com esse creme, por cima disponha o queijo gruyère ralado e leve ao forno preaquecido a 200 °C para aquecer e gratinar.

✓ Sirva acompanhado de arroz com lascas de amêndoas tostadas (ver p. 251) e florões de massa folhada (ver p. 253).

RENDIMENTO: 10 A 12 PORÇÕES

Feijoada com camarão

PARA FAZER COM ANTECEDÊNCIA | PARA FAZER E COMER

- 250 g de feijão-roxinho
- 7 dentes de alho
- 3 folhas de louro
- 1 kg de feijão-branco
- 3 cebolas
- ½ maço de salsa e cebolinha-verde
- ¼ de xícara de azeite
- 1 lata de tomates pelados ou 6 tomates maduros, sem pele e sem sementes, picados grosseiramente
- 1 litro de caldo de carne caseiro (ver p. 30) ou 2 tabletes de caldo de carne
- 1 colher (sopa) de sal ou a gosto
- 1 ½ kg de camarão médio limpo
- Pimenta-do-reino branca

✓ Na véspera, cubra o feijão-roxinho com água e deixe de molho. No dia seguinte, escorra a água, coloque numa panela e cubra com água. Junte 2 dentes de alho e 1 folha de louro e cozinhe, deixando-o ainda meio duro. Escorra o restante da água e reserve.

✓ Deixe o feijão-branco de molho em água morna durante 1 hora, escorra e cozinhe com mais 2 dentes de alho e 1 folha de louro, deixando-o ainda meio duro.

✓ Escorra o restante da água e reserve.

✓ Processe a cebola, os dentes de alho restantes e o cheiro-verde. Numa panela grande, aqueça o azeite e refogue os temperos processados e os tomates. Junte o caldo de carne, os dois tipos de feijão, o sal e água suficiente para cobrir.

✓ Cozinhe com a panela tampada, em fogo lento, durante 1 hora aproximadamente.

✓ Junte o camarão, cozinhe destampado por mais 30 minutos, retifique o tempero e deixe apurar.

✓ Sirva acompanhada de arroz branco e farofa de lulas (ver p. 256).

RENDIMENTO: 4 A 5 PORÇÕES

Haddock gratinado com uva Itália

PARA FAZER COM ANTECEDÊNCIA | PARA FAZER E COMER

PARA O MOLHO

- 1 litro de caldo de peixe (ver p. 30)
- ½ litro de creme de leite fresco
- 1 colher (sobremesa) de fécula de batata dissolvida em 1 colher (sopa) de água
- Queijo gruyère ou parmesão ralado para gratinar

PARA O PEIXE

- 2 colheres (sopa) de manteiga
- 800 g de haddock
- 50 ml de vinho branco seco
- Sal e pimenta-do-reino
- 200 g de uva Itália lavada sem as sementes ou uva verde sem sementes, seca e cortada ao meio

TIPO DE FÔRMA: Travessa refratária retangular de aproximadamente 20 x 25 cm

PREPARE O MOLHO

✓ Numa panela de fundo largo, leve o caldo de peixe para ferver, retirando a espuma que se formar na superfície. Junte o creme de leite e, em fogo moderado, deixe ferver até reduzir à metade, devendo restar aproximadamente 1 litro.

✓ Acrescente a fécula já dissolvida e, mexendo sempre, deixe levantar fervura e engrossar. Retire do fogo, coe e reserve.

PREPARE O PEIXE

✓ Numa frigideira grande, leve a manteiga para aquecer e doure o haddock até ficar macio. Regue com o vinho branco e deixe evaporar.

✓ Junte o molho e reduza até ficar cremoso. Verifique o tempero e acrescente as uvas.

PARA FINALIZAR

✓ Disponha os pedaços de haddock sobre um prato para servir que vá ao forno.

✓ Cubra com o molho e o queijo ralado.

✓ Leve ao forno preaquecido moderado (200 °C) para aquecer e gratinar. Sirva com arroz com lascas de amêndoas (ver p. 251) e florões de massa folhada (ver p. 253).

AVES

RENDIMENTO: 8 PORÇÕES
Rolinhos de frango ao molho de champanhe
PARA FAZER E COMER

Adaptação de receita original do restaurante Royal Champagne, em Champillon, Marne, mesmo porque o nosso frango e o nosso champanhe são bem diferentes... Tenho um carinho especial por esta receita, uma das primeiras que testei para o primeiro curso de Cozinha Francesa Básica e que até hoje permanece no elenco de preferidas, por possibilitar o preparo antecipado e poder ser preparada para 4 ou 40 porções.

PARA O FRANGO
— 1 kg de filé de peito de frango limpo
— 2 colheres (chá) de sal
— Pimenta-do-reino branca
— 2 ½ colheres (sopa) de manteiga

PARA O COGUMELO
— 200 g de cogumelo-de-paris fresco
— 2 colheres (sopa) de água
— 2 colheres (sopa) de suco de limão
— 1 colher (sopa) farta de manteiga

PARA O MOLHO
— 1 ½ colher (sopa) de cebola bem picada
— 120 ml de champanhe seco
— 1 ¼ de xícara (250 ml) de creme de leite fresco
— 1 gema

PARA ENGROSSAR
— *Beurre manié* (1 colher de sopa de manteiga + 1 colher de sopa de farinha de trigo amassadas com um garfo)

PREPARE O FRANGO
✓ Com o lado liso do martelo de carne, alise os filés para afiná-los e tempere com sal e pimenta dos dois lados. Faça rolinhos como se fossem um minirrocambole e amarre-os com auxílio de um barbante culinário. Numa panela de fundo largo (sem ser antiaderente), leve a manteiga para aquecer bem e doure os rolinhos, virando-os com cuidado, sem deixar formar crosta.

✓ Retire e deixe esfriar. Tire os barbantes e corte em fatias de 1,5 cm de espessura. Não lave a panela.

PREPARE O COGUMELO

✓ Lave, retire as pontas porosas e corte em fatias finas. Numa panela pequena, junte o cogumelo, a água, o suco de limão e a manteiga para cozinhar, sem tampa, por uns 5 minutos. Retire os cogumelos e deixe o líquido se reduzir até que se obtenha aproximadamente 3 colheres de sopa. Reserve os cogumelos e o líquido separadamente.

PREPARE O MOLHO

✓ Na manteiga que ficou na panela onde se douraram os rolinhos de frango, doure a cebola, sem deixar queimar. Retire a manteiga e a cebola da panela.

✓ Aqueça bem a panela, junte o champanhe e, em fogo lento, com uma colher de bambu, faça a deglaçagem (ver p. 21), deixando reduzir um pouco.

✓ Junte 150 ml do creme de leite, mexa e reduza por alguns minutos, sempre em fogo lento.

✓ À parte, numa tigelinha, bata ligeiramente o restante do creme de leite com a gema e junte ao molho da panela, misturando bem e fervendo por alguns minutos, sempre em fogo lento.

✓ Passe o molho por uma peneira, sobre outra panela de fundo largo, e mexa para dar liga. Junte os cogumelos e o líquido reservados, e verifique o tempero. Dependendo do teor de acidez do champanhe, junte um pouco de suco de limão peneirado.

✓ Aqueça os rolinhos nesse molho, apenas sacudindo a panela. Caso seja necessário engrossar o molho, junte pelotinhas de *beurre manié* ao molho da panela, mexendo com delicadeza.

✓ Se desejar preparar com antecedência, doure os rolinhos de frango, retire da panela, não a lave e faça a deglaçagem posteriormente. Termine o preparo. Conserve os rolinhos e o molho separados, na geladeira. Pouco antes de servir, junte os rolinhos ao molho e aqueça em fogo bem lento, sem ferver, sacudindo a panela constantemente. Sirva acompanhados de arroz com cubinhos crocantes de alho-poró (ver p. 252) ou arroz com lascas de amêndoas (ver p. 251) e florões de massa folhada (ver p. 253).

RENDIMENTO: 6 A 8 PORÇÕES
Galinha-d'angola com especiarias
PARA FAZER E COMER

PARA A GALINHA
- 4 anises-estrelados
- 2 colheres (chá) de erva-doce
- 2 colheres (chá) de cravos inteiros
- 1 canela em pau de aproximadamente 5 cm
- ½ colher (chá) de cominho em pó
- 1 colher (sopa) de pimenta em grão
- 4 colheres (sopa) de azeite ou óleo
- 3 galinhas-d'angola de aproximadamente 1,5 kg cada uma, limpas, lavadas e secas, reservados os pés, pescoços, asas e miúdos, exceto os fígados
- 2 ½ colheres (sopa) de sal
- 1 ½ xícara de vinho branco seco
- 2 xícaras de caldo de galinha (ver p. 30)

PARA O MOLHO
- 4 anises-estrelados
- Casca de 2 laranjas-pera cortados em tirinhas finas (juliana)
- 16 fatias finas de gengibre fresco amassadas com a lâmina de uma faca grande
- 2 colheres (sopa) de vinagre de vinho tinto de boa qualidade
- 3 a 4 colheres (sopa) de polpa de tomate
- 1 xícara de água
- 6 colheres (sopa) de shoyu
- 2 colheres (chá) de sal
- Pimenta-do-reino branca

PREPARE A GALINHA
✓ Bata os temperos secos no liquidificador. Numa tigelinha, misture os temperos em pó com 2 colheres (sopa) do azeite e esfregue as galinhas, adicionando também o sal. Em 2 assadeiras pesadas, leve o restante do azeite para aquecer e doure rapidamente as galinhas, uma de cada vez, juntamente com os outros pedaços e os miúdos. Retire tudo e cubra de leve com papel-alumínio. Faça a deglaçagem (ver p. 21) das assadeiras com metade do vinho branco e junte uma boa concha do caldo de galinha a cada assadeira. Coloque as galinhas e o restante dos pedaços de volta nas assadeiras, cubra com papel-alumínio e asse em forno preaquecido moderado (180 °C) por aproximadamente 1 hora e 30 minutos, raspando o fundo, regando e virando de vez em quando. Retire e aguarde uns 20 minutos.

✓ Corte as galinhas, separe as coxas das sobrecoxas e corte os peitos em fatias não muito finas. Caso os pedaços não tenham ficado bem assados, leve-os de volta ao forno por mais uns 10 minutos, cobertos de papel-alumínio.

PREPARE O MOLHO
✓ Faça novamente a deglaçagem das assadeiras com o restante do vinho branco e coloque o molho resultante numa panela com o restante do caldo de galinha, o anis-estrelado, as cascas de laranja, o gengibre, o vinagre, a polpa de tomate, a água e o shoyu. Ferva em fogo lento, destampado, retirando a espuma que se formar até reduzir e engrossar, aproximadamente 30 minutos. Coe o molho. Deixe esfriar, desengordure o molho e retifique o tempero.

PARA FINALIZAR
✓ Para servir, aqueça no forno os pedaços de galinha nas assadeiras cobertas de papel-alumínio. Transfira para os pratos de serviço, regue com um pouco do molho e sirva o restante numa molheira à parte.

✓ Acompanhe com cuscuz com 3 pimentões (ver p. 253), ervilhas-tortas branqueadas e aquecidas em azeite ou couve-de-bruxelas preparadas do mesmo modo.

RENDIMENTO: CERCA DE 15 PORÇÕES

Peru assado à moda antiga

PARA FAZER COM ANTECEDÊNCIA

PARA O PERU

- 1 peru de aproximadamente 8 kg
- 1 cebola grande bem picada
- 1 cabeça de alho com os dentes descascados e amassados
- 1 maço de cheiro-verde
- 2 folhas de louro picadas
- 1 colher (sopa) de orégano
- 1 colher (chá) de noz-moscada ralada
- 1 colher (chá) de cravo em pó
- 1 colher (sopa) de sal ou a gosto
- ½ colher (sopa) de pimenta-do-reino preta
- ¾ de xícara de suco de limão peneirado
- ¾ de xícara de vinagre de vinho branco
- 1 garrafa de champanhe seco
- 1 xícara de vinho branco seco

PARA REGAR

- 2 a 3 colheres (sopa) de azeite
- 2 a 3 folhas de louro quebradas

PARA ASSAR

- 150 g de manteiga
- 300 g de fatias de bacon magro
- 150 ml de mel (opcional)

PREPARE O TEMPERO

✓ Numa tigela grande, coloque a cebola, os dentes de alho, o cheiro-verde, o louro, o orégano, as especiarias, sal e a pimenta. Junte o suco de limão, o espumante, o vinho branco, o vinagre e misture bem, experimentando o sabor com cuidado para não salgar demais.

✓ Mergulhe um pano limpo neste tempero e coloque-o dentro do papo. Com um garfo, fure a pele em vários lugares, com cuidado para não rasgar.

✓ Coloque o peru dentro do tempero e, com uma concha, coloque um pouco do tempero dentro da cavidade e regue bem toda a ave.

✓ Regue o peito com o azeite e disponha as folhas de louro quebradas, cobrindo com um pano. Vire o peru em intervalos de 1 hora e regue bem.

✓ Conserve tampado em geladeira durante 12 horas, virando e regando-o de vez em quando com o tempero.

PREPARE O PERU

✓ Preaqueça o forno na temperatura máxima (250 °C).

✓ Retire todos os temperos sólidos do peru e coe o tempero. Besunte a ave muito bem com a manteiga. Coloque numa assadeira grande e pesada. Cubra o peito com as fatias de bacon e regue com um pouco do tempero.

✓ Cubra com papel-alumínio e leve ao forno sempre na temperatura máxima (250 °C), regando a intervalos regulares com o tempero coado e raspando o fundo da assadeira para começar a formar o molho. Depois de 1 hora e 15 minutos, vire o peru, deixando o peito para baixo e continuando a regar. Depois de 2 horas, vire novamente e faça o teste do cozimento. Com um garfo, fure a parte mais carnuda do peito e da coxa: a carne não deverá liberar líquido algum. Verifique também o sal da carne, provando um pedacinho dela e experimentando o molho, que não deverá estar muito salgado. Se necessário, junte um pouco de sal ao molho.

✓ Retire então o papel-alumínio e continue a regar com o molho, fazendo a raspa da assadeira e acrescentando um pouco de água se necessário. Regue constantemente o peru com o molho da assadeira, para deixá-lo bem dourado. Se desejar, pincele-o com um pouco de mel. Aproveite para começar a desengordurar o molho, retirando com uma colher a gordura que subir à superfície.

✓ Quando o peru estiver assado e bem dourado, retire-o do forno e da assadeira, mantendo-o ligeiramente coberto com papel-alumínio.

PREPARE O MOLHO

✓ Retire todos os sólidos que restaram no molho, aproveitando-os na farofa. Deixe o restante na assadeira. Sobre duas bocas, em fogo moderado, deixe o molho secar e a gordura subir à superfície, retirando-a com uma colher.

✓ Verifique o sabor resultante e ajuste o sal, acrescentando, se desejar, um pouco de mel ou açúcar mascavo para abrandar a acidez. Coe o molho e sirva à parte em molheira.

OBSERVAÇÕES

Esta é a forma de preparo dos bons tempos em que ainda se encontravam à venda perus sem tempero, livres do indesejável sabor industrializado. Para minimizar esse problema, retire as penugens etc. e lave bem o peru em água corrente. Deixe-o de molho em água fria, durante 6 horas, trocando a água algumas vezes. Escorra bem e seque com um pano.

O peru, depois de temperado, deve ser mantido na geladeira (retirado 1 hora antes do preparo) ou em lugar muito fresco e arejado.

Para assar, calcule o tempo máximo de 30 minutos por quilo. Portanto, um peru de 8 kg ficará assado e dourado em aproximadamente 4 horas.

Não é necessário rechear o peru com farofa, uma técnica muito trabalhosa que em nada contribui para o sabor final. Tenho uma opinião muito pessoal sobre as tradicionais farofas das festas natalinas. Não utilizo castanhas, por achar que o seu sabor é anulado pela farinha. Em geral, faço dois tipos de farofa: uma doce e outra salgada, que podem ser encontradas na seção *Receitas para todos os dias* (ver p. 82).

Outros bons acompanhamentos, além das frutas em compota, são o purê de maçã e o abacaxi em compota (ver ambas as receitas na p. 257).

RENDIMENTO: 10 A 12 PORÇÕES

Peito de peru recheado ao molho de cogumelo shimeji

PARA FAZER COM ANTECEDÊNCIA

Prato festivo de preparo longo e complexo, mas tem a grande vantagem de poder ser feito com boa antecedência e aquecido no momento de servir.

PARA O PERU

- 1 peito de peru de cerca de 2 kg desossado e sem tempero
- 3 a 4 colheres (sopa) de óleo
- ½ colher (sopa) de sal
- 1 pitada de pimenta-do-reino branca

PARA O RECHEIO

- 4 colheres (sopa) de azeite ou óleo
- 5 colheres (sopa) de cebola bem picada
- 2 colheres (sopa) de salsão picado
- 1 ½ xícara de cenoura raspada e ralada grosseiramente
- ½ xícara de passas escuras sem caroço de molho em água fria
- ½ colher (chá) de sal ou a gosto
- 1 pitada de pimenta-do-reino branca
- ½ colher (chá) de páprica doce
- ½ xícara de água
- ¾ de xícara de nozes, pecãs ou pistaches bem picados

PARA O CALDO

- Aparas do peito de peru
- 2 talos de salsa
- 1 cebolinha-verde
- ½ cebola
- Sal
- 2 grãos de pimenta-do-reino branca

PARA O MOLHO

- 2 colheres (sopa) de cebola ralada
- 1 xícara de peito de peru defumado cortado em cubinhos
- 400 g de cogumelo shimeji limpo
- ½ xícara de vinho branco seco
- Caldo das aparas
- ½ xícara de caldo de galinha (ver p. 30)
- Sal e pimenta-do-reino branca

PREPARE O PERU

✓ Com uma faca afiada, retire as peles e aderências dos dois lados do peito. Disponha-o entre duas folhas de filme plástico e, com um martelo de carne, afine-o na espessura de 2 cm, em formato de retângulo.

✓ Corte fora as aparas e, se necessário, complete o retângulo com um pedaço maior de apara, pressionando para incorporá-la ao retângulo. Reserve o restante das aparas: você vai utilizá-las para preparar um caldo. Salpique com sal e pimenta.

PREPARE O RECHEIO

✓ Numa frigideira, aqueça o azeite e refogue a cebola e o salsão, dourando sem escurecer. Acrescente a cenoura, as passas drenadas, o sal, a pimenta, a páprica e refogue mais.

✓ Junte a água e deixe secar em fogo lento, mexendo ocasionalmente, para cozinhar a cenoura. Junte as nozes e amasse para formar uma pasta. Retire do fogo e verifique o tempero. Deixe esfriar e recheie o peito de peru, enrole como rocambole e amarre com barbante.

✓ Numa assadeira de tamanho médio, aqueça o óleo e doure o rocambole de todos os lados, em fogo moderado, cuidando para não formar uma crosta.

✓ Transfira o rocambole para um recipiente e reserve, sem lavar a assadeira.

PREPARE O CALDO

✓ Coloque as aparas de peru numa panela, cubra com água, junte a cebola, os talos de salsinha, a cebolinha, os grãos de pimenta e cozinhe durante 30 minutos. Coe e reserve.

PREPARE O MOLHO

✓ Aqueça novamente a assadeira e junte a cebola ralada e, sem deixar queimar, raspe o fundo para formar a base para o molho.

✓ Acrescente os cubinhos de peito de peru, refogue rapidamente e junte os shimejis, refogando também rapidamente. Retire e reserve. Leve a assadeira de volta ao fogo, aqueça novamente e faça a deglaçagem (ver p. 21) com metade do vinho branco, o caldo das aparas e o de galinha, mexendo em fogo moderado.

PARA O COZIMENTO

✓ Preaqueça o forno em temperatura moderada (180 °C). Disponha o rocambole na assadeira, regue com um pouco do molho, cubra com papel-alumínio e leve ao forno.

✓ Regue ocasionalmente com o molho que se formou no fundo, raspando e juntando mais um pouco de água, caso necessário.

✓ É importante deixar que o molho e a raspa fiquem bem escuros, sem queimar.

✓ Depois de 1 hora, retire do forno e cubra de leve com o papel-alumínio. Após 10 minutos, retire o barbante e, com uma faca de lâmina lisa e afiada, corte em fatias de 1,5 cm de espessura, dispondo sobre a travessa de serviço.

PARA FINALIZAR

✓ Leve a assadeira com o molho que se formou ao fogo moderado, deixe secar um pouco, junte o restante do vinho branco e reduza por 2 minutos. Junte a mistura de cogumelo e peito de peru reservada, retifique o tempero e desligue o fogo. Aqueça no momento de servir e disponha esse refogado com o molho ao redor das fatias.

RENDIMENTO: 6 PORÇÕES

Pato assado
PARA FAZER COM ANTECEDÊNCIA

PARA O PATO
- 1 pato de aproximadamente 2 kg, limpo e lavado
- Suco de 1 limão
- 1 colher (sopa) de sal
- 2 colheres (sopa) de manteiga

PARA O TEMPERO
- 3 dentes de alho
- 1 cebola cortada em pedaços
- ½ xícara de salsa e cebolinha-verde picadas grosseiramente
- 1 colher (sopa) de sal
- Suco de 3 limões grandes
- 1 cerveja Malzbier (355 ml)
- 1 folha de louro quebrada
- 1 ramo de tomilho fresco

PARA O MOLHO
- 2 colheres (sopa) de mel
- Gotas de vinagre balsâmico
- Água ou caldo de aves

PREPARE O PATO
✓ Limpe muito bem o animal, conservando a gordura, mas retirando todas as penugens e os canudinhos das penas.

✓ Para isso, se necessário, passe a ave rapidamente pela chama do fogão e use uma pinça para remover esses canudinhos. Lave, esfregando todo o pato com o suco de limão e o sal. Com um garfo, fure as partes mais carnudas.

✓ Conserve os pés, o pescoço e a moela. Se houver fígado, use-o para outra finalidade.

PREPARE O TEMPERO
✓ No processador de alimentos, bata o alho, a cebola, a salsa e a cebolinha-verde até obter uma pasta. Em recipiente grande, não metálico, misture a pasta de temperos, o sal, o suco dos limões, a cerveja, a folha de louro, o tomilho e o açúcar mascavo (ou o mel). Junte o pato, os pés etc. e coloque um pouco do tempero no seu interior. Conserve tampado em geladeira durante 12 horas, virando o pato e regando-o de vez em quando com o tempero.

PARA ASSAR
✓ Retire o pato da geladeira com 1 hora de antecedência. Retire os temperos sólidos e coe o molho.

✓ Preaqueça o forno em moderado/forte (210 °C). Coloque o pato na assadeira e unte-o com a manteiga. Regue com um pouco do tempero, cubra com papel-alumínio, leve ao forno com a parte do peito para cima e asse durante 90 minutos. Durante os primeiros 30 minutos, deixe os sucos que se formarem no fundo da assadeira secarem, sem queimar.

✓ Em seguida, vá acrescentando o restante do tempero e desengordurando o molho que se formar no fundo da assadeira e regando o pato de vez em quando.

✓ Passados 90 minutos, retire o papel-alumínio e deixe o pato terminar de assar e dourar, durante mais 1 hora aproximadamente.

✓ Fure a parte mais carnuda, de onde não deverá sair líquido nenhum. Caso isso ocorra, deixe assar mais 30 minutos.

✓ Retire o pato da assadeira e cubra de leve com papel-alumínio enquanto termina o molho. Desengordure e faça a deglaçagem do molho (ver p. 21).

✓ Corrija o tempero e, se desejar, adicione mel e vinagre balsâmico.

✓ Corte o pato e sirva acompanhado de repolho-roxo com passas e purê de maçã (ver p. 257).

CARNES

RENDIMENTO: 4 A 6 PORÇÕES

Coelho à provençal com azeitonas pretas e amêndoas

PARA FAZER COM ANTECEDÊNCIA

É uma pena que se consuma tão pouco carne de coelho. Ela é magra, sadia e muito saborosa. Supermercados especializados têm à venda cortes de coelho – escolha os mais carnudos. Gosto de preparar e servir este prato numa bela panela pesada, de pedra ou ferro esmaltado colorido.

- 2 xícaras de vinho branco seco
- ¼ de xícara + 2 colheres (sopa) de azeite
- 8 dentes de alho (5 em fatias, 3 inteiros)
- 2 colheres (sopa) de folhinhas de alecrim fresco
- 2 colheres (chá) de sal
- Pimenta-do-reino preta moída na hora
- 1 coelho de 1,8 kg cortado pelas juntas, limpo e lavado
- 1 tira de casca de laranja de 8 cm de comprimento sem a parte branca.
- 2 colheres (sopa) de farinha de trigo
- 80 g de toucinho magro picado
- 1 xícara de cebola cortada em rodelas finas
- 2 raminhos de tomilho fresco
- 3 folhas de louro
- 2 colheres (chá) de raspa de casca de laranja ralada na hora
- 3 a 4 colheres (sopa) de suco de limão
- ½ xícara de azeitonas pretas em lascas
- 3 colheres (sopa) de amêndoas sem pele em lascas

✓ Numa tigela grande (não use metal), misture o vinho, 2 colheres (sopa) do azeite, os dentes de alho em fatias, o alecrim, o sal e a pimenta.

✓ Junte os pedaços de carne, misture bem e leve à geladeira durante 8 a 12 horas, mexendo ocasionalmente.

✓ Preaqueça o forno em temperatura moderada (180 °C). Leve a casca de laranja ao forno por uns 10 minutos para secar, sem deixar queimar. Retire e reserve.

✓ Retire os pedaços de carne da marinada e seque bem. Coe o molho e reserve.

✓ Numa panela de fundo largo, leve ¼ de xícara de azeite para aquecer e doure os pedaços de carne em duas vezes.

✓ Polvilhe com a farinha de trigo, junte o toucinho, os 3 dentes de alho inteiros, as rodelas de cebola e o tomilho.

✓ Refogue, mexendo, até o alho e a cebola dourarem. Junte todo o molho, a casca da laranja reservada e as folhas de louro e, com uma colher de bambu, raspe bem o fundo da panela, para formar o molho.

✓ Reduza o fogo para lento e cozinhe tampado, mexendo ocasionalmente até a carne ficar macia. Se necessário, tempere com sal e pimenta. Junte então a raspa da laranja, o suco de limão e as azeitonas pretas, misture e cozinhe por mais uns 2 minutos.

✓ Transfira para o prato escolhido para servir (ou sirva na própria panela) e por cima disponha as amêndoas em lascas. Sirva bem quente, acompanhado de arroz com brócolis (ver p. 66).

OBSERVAÇÃO

Se desejar, prepare essa receita com frango.

RENDIMENTO: 8 A 10 PORÇÕES
Pernil de cordeiro assado 1
PARA FAZER COM ANTECEDÊNCIA

Existem inúmeras formas de preparar esse corte do cordeiro, algumas de preparo muito longo e complexo. Escolhi duas versões mais simples e muito saborosas.

PARA O CORDEIRO
- 1 pernil de cordeiro com cerca de 2 kg, limpo de peles e excesso de gordura

PARA O TEMPERO
- 1 dente de alho picado
- 2 colheres (chá) de sal ou a gosto
- Pimenta-do-reino preta moída na hora
- 2 colheres (sopa) de azeite
- 1 colher (chá) de manjerona fresca picada
- 1 colher (chá) de tomilho fresco picado
- 1 colher (chá) de alecrim fresco picado
- 2 colheres (sopa) de farinha de trigo

PARA COZIMENTO
- 1 xícara de vinho branco seco
- 1 alho-poró cortado em pedaços (parte branca)
- 1 cenoura cortada em pedaços
- 1 cebola grande cortada em pedaços
- 3 dentes de alho com casca
- 1 talo de salsão
- 1 xícara de água

PREPARE O CORDEIRO
✓ Peça ao açougueiro para retirar o osso excedente e serrá-lo em vários pedaços. Lave-os e seque-os. Fure a carne em diversos lugares e amarre o pernil com barbante cru.

PREPARE O TEMPERO
✓ Amasse o alho com o sal e a pimenta-do-reino. Acrescente o azeite e espalhe sobre a carne. Disponha as ervas sobre a carne e polvilhe com a farinha de trigo.

✓ Preaqueça o forno em temperatura moderada/forte (220 °C).

PARA O COZIMENTO
✓ Numa assadeira pesada, coloque o vinho branco, os ossos e os vegetais e, no centro, o pernil. Cubra com papel-alumínio e leve ao forno. Deixe que os legumes dourem no fundo da assadeira, fazendo a deglaçagem (ver p. 21) com um pouco de água, regando a carne de vez em quando.

✓ Depois de 1 hora de forno, retire o papel-alumínio e doure a carne, regando sempre com o molho que se formou.

✓ O tempo de cozimento será de aproximadamente 1 hora e 30 minutos para uma carne rosada (dependendo do tamanho do pernil) e 2 horas para o cozimento completo.

✓ Retire o pernil do forno e cubra-o de leve com o papel-alumínio. Retire o excesso de gordura da assadeira e, levando-a ao fogo lento, aqueça o molho restante e faça a deglaçagem do molho. Coe o molho e sirva-o numa molheira à parte.

RENDIMENTO: 8 PORÇÕES

Pernil de cordeiro assado 2

PARA FAZER COM ANTECEDÊNCIA

Outra versão, esta de preparo descomplicado, na qual o pernil fica saboroso e bem cozido, sem tons rosados. É uma receita do chef e grande amigo Carlos Siffert.

PARA O CORDEIRO

- 1 pernil de cordeiro com cerca de 1,8 kg, limpo de peles e excesso de gordura
- 1 colher (sopa) de sal
- Pimenta-do-reino preta moída na hora
- 3 colheres (sopa) de óleo

PARA O MOLHO

- Pedaços dos ossos serrados
- 1 cenoura cortada em pedaços
- 3 talos de salsão, sem as folhas, cortado em pedaços
- 1 cebola descascada e cortada em pedaços
- 2 alhos-porós inteiros, limpos e cortados em pedaços
- 1 colher (chá) de folhinhas de alecrim fresco
- 1 colher (chá) de folhinhas de tomilho fresco
- 1 ½ xícara de vinho branco seco
- 1 colher (sopa) de sal
- 1 cabeça de alho inteira
- Mel, açúcar mascavo, vinho tinto e geleia de framboesa

PREPARE O MOLHO

✓ Bata no liquidificador a cenoura, o salsão, a cebola, o alho-poró, as ervas, o vinho e o sal. Reserve.

PREPARE O CORDEIRO

✓ Peça ao açougueiro para retirar o osso excedente e serrá-lo em vários pedaços. Lave-os e seque-os.

✓ Fure a carne em diversos lugares e amarre o pernil com barbante cru.

✓ Preaqueça o forno em temperatura moderada (180 °C).

✓ Esfregue o pernil com o sal e a pimenta-do-reino.

✓ Numa assadeira grossa e grande, aqueça o óleo e doure o pernil de todos os lados, deixando a gordura derreter. Faça a deglaçagem (ver p. 21) com o molho, raspando o fundo da assadeira. Regue o pernil com esse molho, coloque os ossos e a cabeça de alho no fundo, cubra o pernil com papel-alumínio e leve ao forno para assar por aproximadamente 2 horas.

✓ A cada 30 minutos, raspe o fundo da assadeira, junte pouquíssima água, se necessário, e regue o pernil com o molho formado, virando-o uma vez. Depois de 90 minutos, retire o papel-alumínio e, sempre regando, doure o pernil de todos os lados.

✓ Quando o pernil estiver assado, retire-o e mantenha-o coberto com o papel-alumínio. Descarte a cabeça de alho ou, se preferir um molho de sabor mais pronunciado, esprema o conteúdo dos dentes e misture-o ao molho que restou.

✓ Coe o molho numa peneira, pressionando com uma colher.

✓ Leve a assadeira ao fogo brando, junte o molho coado e faça a deglaçagem.

✓ Verifique o sabor e, se necessário, adicione um ou mais dos ingredientes mencionados (mel, açúcar mascavo, vinho tinto ou geleia de framboesa), de acordo com a sua preferência.

✓ Corte o pernil em fatias e sirva com o molho. Os acompanhamentos recomendados são legumes grelhados (ver p. 102) e batatas com leite ao forno (ver p. 76).

RENDIMENTO: 2 PORÇÕES

Fígado de vitela ao molho de vinho do Porto e vinagre balsâmico
PARA FAZER E COMER

PARA A CEBOLA E O MOLHO
- ¼ de xícara de óleo
- 5 a 6 cebolas grandes cortadas em fatias finas
- 1 xícara de vinho do Porto
- ½ xícara de vinagre balsâmico
- Sal

PARA O FÍGADO
- 2 colheres (sopa) de óleo
- 2 colheres (sopa) de manteiga
- ½ kg de fígado de vitela sem as membranas, cortado em bifes finos ou tiras
- Sal e pimenta-do-reino

PREPARE A CEBOLA
✓ Numa frigideira grande e de preferência pesada, aqueça o óleo muito bem e junte as cebolas, mexendo ocasionalmente até ficarem bem douradas e fritas. Retire com uma escumadeira, coloque-as em papel-toalha e tempere com sal, mantendo-as quentes.

PREPARE O FÍGADO
✓ Na mesma frigideira, aqueça muito bem o óleo e a manteiga, junte o fígado e, sempre em fogo alto, doure rapidamente dos dois lados, deixando rosado por dentro. Tempere com sal e pimenta e coloque num prato aquecido, mantendo-o quente.

PREPARE O MOLHO
✓ Escorra a gordura que restou, deixe a frigideira aquecer sem queimar e, em fogo lento, adicione o vinho do Porto, raspando o fundo e deixando reduzir por uns 2 minutos. Junte o vinagre balsâmico, misture e reduza mais um pouco.

PARA FINALIZAR
✓ Sirva o fígado regado com o molho e coberto com as cebolas, acompanhado de maçãs grelhadas e batata esfarelada (ver p. 79).

RENDIMENTO: 4 A 6 PORÇÕES

Boeuf bourguignon
PARA FAZER E COMER

A receita tradicional recomenda deixar a carne em marinada com o vinho e o buquê garni com antecedência de 2 a 3 horas, em temperatura ambiente, seguindo-se então o preparo do prato. Prefiro não utilizar essa técnica por considerar que o prato fica com sabor excessivamente acentuado para o nosso clima e paladar.

- 1 colher (sopa) de óleo
- 2 colheres (sopa) de manteiga
- 100 g de toucinho defumado picado
- 1 cebola média bem picada
- 1 kg de músculo bem limpo e cortado em cubos de 5 cm
- 1 ½ colher (sopa) de farinha de trigo
- 250 ml de caldo de carne (ver p. 30)
- ½ litro de vinho tinto seco (Merlot ou Cabernet Sauvignon)
- 1 dente de alho inteiro
- 1 buquê garni (10 talos de salsa, 1 cebolinha-verde, 1 folha de louro e 1 raminho de tomilho amarrados com barbante cru)
- 1 dúzia de cebolinhas pequenas para picles
- Sal e pimenta-do-reino preta

✓ Numa panela pesada de 25 cm de diâmetro (para um cozimento mais lento), aqueça o óleo e 1 colher (sopa) de manteiga, junte o toucinho, refogue e deixe derreter a gordura. Junte a cebola picada e deixe dourar. Retire o toucinho e a cebola e reserve.

✓ Na mesma gordura, doure e frite muito bem a carne. Polvilhe com a farinha de trigo. Junte a cebola e o toucinho já refogados, o caldo de carne, o vinho tinto, o alho e o buquê garni e cozinhe em fogo lento, tampado, por aproximadamente 2 horas, ou até a carne ficar macia. Mexa de vez em quando.

✓ À parte, aqueça a manteiga restante e doure as cebolinhas. Na última meia hora de cozimento, adicione as cebolinhas à carne. Retifique o sal e retire o dente de alho.

OBSERVAÇÕES

Se preferir um sabor menos acentuado de bacon, junte-o apenas no final com as cebolinhas.

Se desejar, substitua as cebolinhas por cogumelos pequenos e crus.

Esse prato é tradicionalmente acompanhado por batatas de tamanho médio, cozidas no vapor. Outras possibilidades, mais adequadas ao gosto brasileiro, são arroz branco e rodelas de batatas douradas em óleo ou manteiga e acrescidas de salsa.

RENDIMENTO: 4 PORÇÕES

Filé mignon ao ragu de cogumelo shitake
PARA FAZER E COMER

O rosbife de filé mignon, cujo preparo é descrito a seguir, pode, para um menor número de porções, ser substituído por filés émincé (tirinhas) ou outros cortes do próprio filé mignon.

O peso ideal da porção é de 180 a 200 g cada uma. No caso dos filés, pincele-os ligeiramente com óleo. Numa frigideira pesada (sem ser antiaderente), aqueça bem, sem deixar que soltem fumaça, partes iguais de óleo e manteiga e sele (doure) rapidamente os filés, só duas unidades por vez. Para terminar o cozimento na própria frigideira, abaixe o fogo e vire os filés uma só vez, juntando sal e pimenta-do-reino somente depois de atingido o grau de cozimento desejado. Retire a gordura da frigideira e faça a deglaçagem (ver p. 21), caso indicado.

Para um número maior de filés, proceda como acima e leve ao forno para terminar o cozimento enquanto prepara o molho.

PARA A CARNE
- 1 pedaço de filé mignon com cerca de 800 g ou 4 filés de 200 g cada
- ¼ a ½ colher (chá) de sal para cada filé
- Pimenta-do-reino
- 4 colheres (sopa) de azeite

PARA O RAGU
- 300 g de cogumelo shitake
- ½ colher (sopa) de manteiga
- 1 colher (sopa) de cebola ralada
- Sal e pimenta-do-reino branca moída na hora
- 2 colheres (sopa) de vinho tinto seco
- 100 a 150 ml de caldo de carne (ver p. 30)
- Creme de leite fresco e/ou amido de milho diluído em pouca água (opcional)

PARA O MOLHO
- 4 colheres (sopa) de cebolinha-verde picada
- ⅔ de xícara de vinho do Porto
- 1 xícara de vinho tinto seco (Merlot ou Cabernet Sauvignon)
- 1 xícara de caldo de carne (ver p. 30)
- 3 colheres (chá) de mostarda de Dijon ou a gosto
- *Beurre manié* (1 colher de sopa de manteiga em temperatura ambiente e 1 colher de sopa de farinha de trigo amassadas com um garfo)
- Sal e pimenta-do-reino moída na hora

PREPARE A CARNE
✓ Tempere o filé com sal e pimenta. Preaqueça o forno em temperatura forte (200 °C).

✓ Numa assadeira, aqueça bem o óleo e a manteiga até escurecer sem queimar e, sobre a chama do fogão, doure bem a carne de todos os lados.

✓ Leve ao forno para assar coberto com papel-alumínio por aproximadamente 20 minutos, verificando o grau de cozimento, que deverá ser ao ponto.

✓ Retire a carne (reserve a gordura que se formou), transfira para uma travessa e cubra de leve com papel-alumínio.

PREPARE O RAGU
✓ Limpe bem os cogumelos com um pano úmido de cozinha exclusivo para esse uso, retire os cabinhos e corte em lâminas não muito finas.

✓ Aqueça bem a gordura que sobrou na assadeira ou junte a manteiga e refogue rapidamente a cebola ralada. Junte os cogumelos e refogue de leve, temperando com sal e pimenta.

✓ Retire os cogumelos, reservando o líquido que se formou. Deixe o líquido secar e junte o vinho tinto, fazendo a deglaçagem do fundo.

✓ Junte o caldo de carne e reduza um pouco. Acrescente os cogumelos para aquecê-los rapidamente, e retifique o tempero.

✓ Se desejar, adicione um pouco de creme de leite fresco apenas para dar liga e, caso queira, engrosse com amido diluído em água.

✓ Corte o filé em fatias finas e sirva acompanhado do ragu de cogumelos.

RENDIMENTO: 4 PORÇÕES

Filé ao molho mostarda e vinho do Porto

PARA FAZER E COMER

PARA A CARNE

- 1 pedaço de filé mignon com cerca de 800 g ou 4 filés de 200 g cada
- ¼ a ½ colher (chá) de sal para cada filé
- Pimenta-do-reino
- 4 colheres (sopa) de azeite

PARA O MOLHO

- 4 colheres (sopa) de cebolinha-verde picada
- 2/3 de xícara de vinho do Porto
- 1 xícara de vinho tinto seco (Merlot ou Cabernet Sauvignon)
- 1 xícara de caldo de carne (ver p. 30)
- 3 colheres (chá) de mostarda de Dijon
- *Beurre manié* (1 colher de sopa de manteiga em temperatura ambiente e 1 colher de sopa de farinha de trigo amassadas com um garfo)
- Sal e pimenta-do-reino moída na hora

PREPARE A CARNE

✓ Com um pano ou papel-toalha, retire a umidade dos filés e tempere-os com sal e pimenta.

✓ Numa frigideira grande e pesada (sem ser antiaderente), aqueça o azeite sem deixar que solte fumaça e doure a carne por 2 minutos de cada lado. Em seguida, doure por mais 4 a 6 minutos, para ficar ao ponto, virando de todos os lados.

✓ Retire a carne e cubra ligeiramente com papel-alumínio.

PREPARE O MOLHO

✓ No azeite que restou na frigideira, refogue a cebolinha-verde em fogo baixo, mexendo até murchar. Junte os dois tipos de vinho e reduza a ⅓ do volume. Acrescente o caldo, deixe reduzir à metade e passe a mistura por uma peneira fina, transferindo-a para uma panela pequena e esmaltada.

✓ Batendo com um batedor de arame (*fouet*), incorpore a mostarda, deixe ferver e junte o *beurre manié* aos poucos, até obter um molho espesso e homogêneo. Ferva por mais uns 2 minutos, mexendo ocasionalmente. Junte os sucos que se formaram no recipiente da carne. Tempere com sal e pimenta.

✓ Corte a carne em fatias e sirva acompanhado da compota agridoce de cebola (ver p. 258) e chips de batata-doce (ver p. 250).

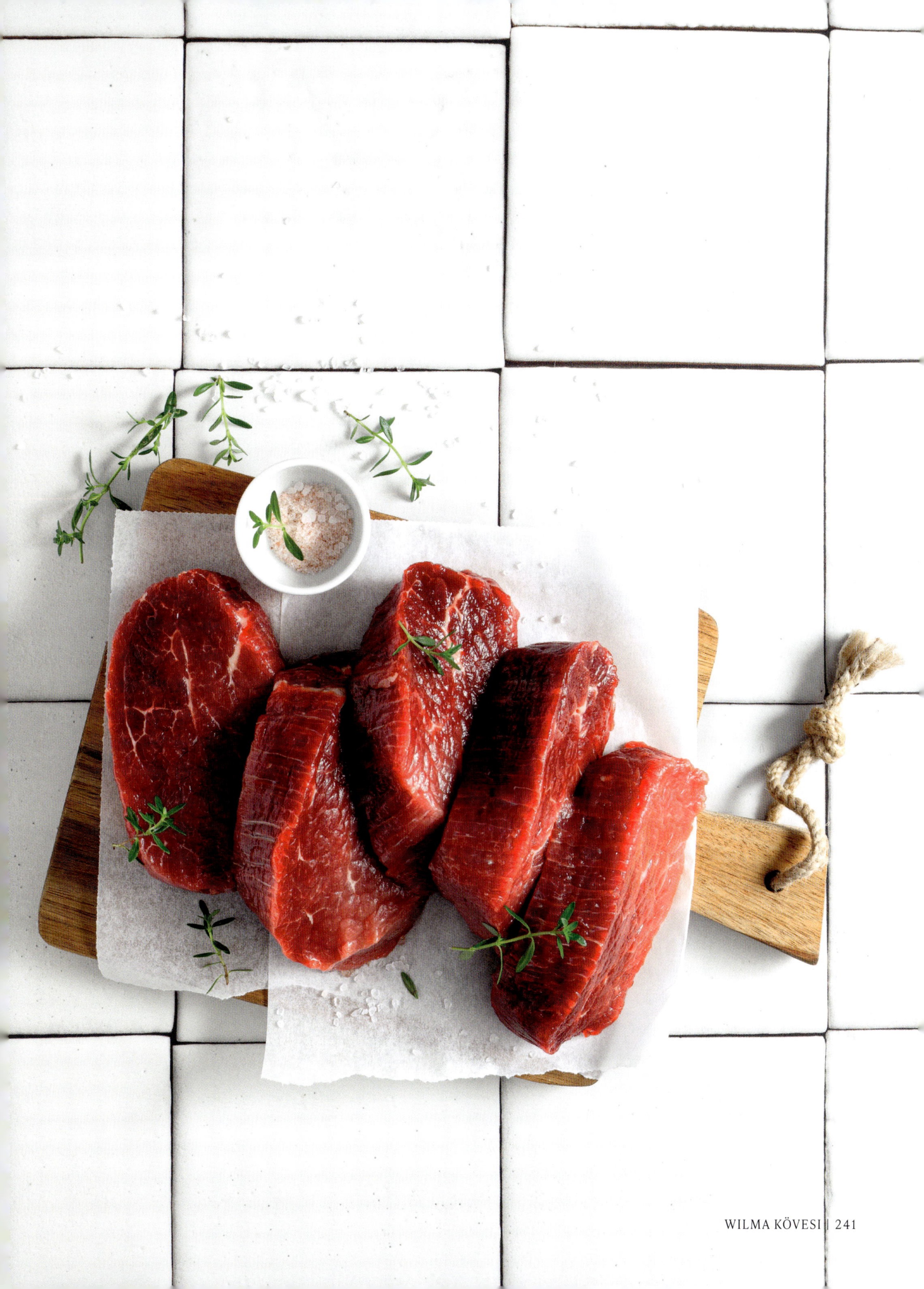

MOLHOS

RENDIMENTO: 4 PORÇÕES

Molho béarnaise
PARA FAZER E COMER

Mais indicada para rosbife ou filés, esta é uma receita que, se seguida à risca, sempre dá certo.

- ¼ de xícara de vinagre de estragão
- ¼ de xícara de vinho branco seco
- 2 colheres (sopa) de cebolinha-verde picada
- ½ dente de alho picado
- 3 gemas
- 180 g de manteiga gelada em pedacinhos
- 1 pitada de sal pimenta-do-reino branca
- 2 colheres (sopa) de salsa picada

PREPARE O TEMPERO

✓ Numa panelinha esmaltada, misture o vinagre, o vinho, a cebolinha-verde e o alho. Leve para ferver, sem tampar, até ficar reduzido a 2 colheres de sopa.

✓ Passe por uma peneira, apertando bem com uma colher para extrair os sucos. Reserve.

PREPARE O MOLHO

✓ Numa panela de banho-maria, leve a água para ferver. Em outra panela esmaltada, coloque as gemas, junte o líquido reduzido, misture e cozinhe em fogo lento em banho-maria. Bata bem com um batedor de arame (*fouet*) até obter uma mistura bem clara.

✓ Junte a manteiga aos poucos, 2 colheres (chá) de cada vez, batendo bem nos intervalos. Só acrescente mais quando a manteiga estiver bem absorvida. Bata até terminar, sempre em fogo baixo. Continue a bater para aquecer bem o molho. Junte o sal, a pimenta e a salsa, misturando bem.

✓ Verifique o tempero e sirva imediatamente.

RENDIMENTO: CERCA DE 1 XÍCARA

Molho béarnaise de laranja

PARA FAZER COM ANTECEDÊNCIA | PARA FAZER E COMER

PARA O TEMPERO

- 6 colheres (sopa) de casca de laranja-pera sem a parte branca, cortadas em tirinhas bem finas (juliana)
- 1 colher (chá) de estragão seco
- 1 colher (chá) de sal
- 1 colher (chá) de pimenta-do-reino preta ou a gosto moída na hora

PARA O MOLHO

- ¼ de xícara de vinagre de estragão
- 2 colheres (sopa) de cebolas-roxas bem picadas
- 2 colheres (chá) de estragão seco
- ½ colher (chá) de raspa de laranja ralada na hora
- 3 colheres (sopa) de suco de laranja
- 1 colher (chá) de sal
- 3 gemas em temperatura ambiente
- 200 g de manteiga clarificada morna (para clarificar a manteiga, derreta-a em fogo lento, retire do fogo e tire a espuma que se formou na superfície)

PREPARE O TEMPERO

✓ Deixe a juliana de cascas de laranja sem cobrir, em temperatura ambiente, durante 3 horas ou até ficarem enroladas.

✓ Num prato, misture bem 3 colheres (sopa) dessa juliana, o estragão, o sal e a pimenta. Espalhe essa mistura sobre o rosbife ou os filés individuais, aperte para aderir e embrulhe em filme plástico. Leve à geladeira durante 8 horas.

✓ Retire 1 hora antes de preparar a carne. Tire o tempero e repare o rosbife ou os filés como descrito na receita de filé mignon ao ragu de cogumelo shitake (ver p. 239). Se desejar, guarneça a carne com tirinhas de laranja.

PREPARE O MOLHO

✓ Numa panelinha esmaltada, misture o vinagre, a cebola-roxa, o estragão, a raspa e o suco de laranja, o sal e a pimenta e ferva em fogo lento até reduzir para 2 colheres de sopa.

✓ Coloque no liquidificador, junte as gemas, ligue e imediatamente desligue. Ligue de novo em velocidade alta e adicione a manteiga num fio contínuo.

✓ Transfira o molho para uma tigela, cubra com papel-manteiga ligeiramente untado com manteiga e mantenha aquecido em banho-maria de água quente desligado. Sirva em uma molheira.

ACOMPANHAMENTOS

RENDIMENTO: 6 A 8 PORÇÕES

Patê à choux de batata

PARA FAZER, CONGELAR E FINALIZAR NA HORA DE COMER

Sirva como acompanhamento de carnes, aves e peixes grelhados ou com pouco molho. Se sobrar massa, embale-a em sacos plásticos e congele pelo prazo máximo de 30 dias. Para utilizá-la, descongele em temperatura ambiente e empregue.

PARA A BATATA

- ½ kg de batata
- ½ xícara de queijo parmesão ou prato ralado
- Sal
- Pimenta-do-reino branca
- Óleo para fritar (opcional)

PARA A *PATÊ À CHOUX*

- ½ xícara de leite
- 3 colheres (sopa) de manteiga
- ½ colher (chá) de sal
- 1 pitada de pimenta-do-reino branca
- 1 pitada de noz-moscada ralada
- ½ xícara de farinha de trigo
- 2 ovos em temperatura ambiente

PREPARE A BATATA

✓ Leve as batatas descascadas e cortadas ao meio em uma panela, cubra com água e junte o sal. Cozinhe até que fiquem bem macias ao toque do garfo.

✓ Escorra a água e passe as batatas ainda quentes pelo espremedor. Devolva o purê à panela e deixe cozinhar em fogo brando para que seque um pouco em fogo lento. Devem-se obter 2 xícaras. Reserve.

PREPARE A *PATÊ À CHOUX*

✓ Numa panela média, ferva o leite, a manteiga, o sal, a pimenta e a noz-moscada. Abaixe o fogo e, de uma só vez, junte a farinha de trigo e mexa vigorosamente com uma colher de bambu, deixando secar bem até que a mistura forme uma bola e desgrude da panela. Retire do fogo e coloque em uma tigela para amornar ligeiramente.

✓ Junte os ovos, um a um, mexendo nos intervalos e batendo bem para obter uma massa bem lisa e homogênea.

✓ Separe 1 xícara dessa massa, junte as batatas e o queijo parmesão, misture muito bem e retifique o tempero.

✓ Enrole bolinhas da massa do tamanho de uma noz e frite em óleo quente, até ficarem douradas. Escorra em papel-toalha.

✓ Se desejar assar (minha versão preferida), enrole bolinhas do tamanho de uma noz e leve para assar numa assadeira untada com manteiga, até ficarem douradas. Ou unte uma fôrma ou fôrminhas para pudim, coloque um pouco da massa até preencher ⅔ do volume e asse em forno preaquecido a 200 °C até ficarem douradas.

OUTRAS SUGESTÕES DE PREPARO

✓ Além do queijo, acrescente: 3 a 4 colheres (sopa) de cheiro-verde picado, ou ⅓ de xícara de bacon ou presunto bem picados, ou ⅓ de xícara de cebola ou cogumelo picados e refogados.

DICA
Use o restante da massa de *patê à choux* para o preparo de profiteroles (ver p. 278)

RENDIMENTO: 4 A 6 PORÇÕES
Purê de batata e cenoura ao parmesão
PARA FAZER E COMER

Sirva como acompanhamento de carnes, aves e peixes grelhados ou com pouco molho.

- ½ kg de batata com casca bem lavada
- 2 cenouras raspadas
- ½ colher (chá) de sal
- 2 colheres (sopa) de azeite
- ⅓ de xícara de queijo parmesão ralado
- ½ xícara de leite
- 1 colher (sopa) farta de manteiga

✓ Numa panela, com água suficiente para cobri-las, cozinhe a batata e a cenoura com o sal.

✓ Quando estiverem bem tenras, escorra e, assim que possível, tire a casca das batatas ainda quentes e passe-as pelo espremedor.

✓ No liquidificador, bata as cenouras com o azeite e o queijo parmesão. Mantenha aquecido.

✓ Coloque as batatas numa panela e, com uma colher de bambu, mexa para o purê secar um pouco, formando uma bola. Junte o leite e bata vigorosamente para ficar leve.

✓ Acrescente a manteiga e bata mais.

✓ No momento de servir, aqueça bem, juntando mais um pouco de leite se necessário. Acrescente o purê de cenoura, mas não misture inteiramente, deixando ainda traços amarelos.

RENDIMENTO: 4 PORÇÕES
Purê de batata com erva-doce
PARA FAZER E COMER

Acompanhamento para carnes, aves e peixes grelhados ou com molho suave.

- ½ kg de batata descascada
- 4 ½ colheres (sopa) de manteiga
- 1 colher (chá) de alho picado
- 800 g (4 ½ xícaras) de erva-doce sem os fiapos e cortada em fatias finas
- 4 colheres (sopa) de vinho branco seco
- 1 xícara de caldo de galinha (ver p. 30)
- 2 a 3 colheres (sopa) de creme de leite azedo (ver dica da p. 185)
- Sal e pimenta-do-reino branca moída na hora

✓ Numa panela, com água suficiente para cobri-la, cozinhe a batata com ½ colher (chá) de sal até ficar bem tenra.

✓ Enquanto isso, numa frigideira, aqueça 2 ½ colheres (sopa) de manteiga, junte o alho e doure ligeiramente. Acrescente a erva-doce, o vinho e o caldo, e deixe levantar fervura. Reduza o fogo, tampe e cozinhe até a erva-doce ficar bem tenra e quase todo o líquido evaporar.

✓ Escorra a batata e leve de volta ao fogo moderado para secar um pouco.

✓ Junte a erva-doce, o restante da manteiga e o creme de leite. Bata com o mixer ou a batedeira para obter um purê. Tempere com sal e pimenta.

RENDIMENTO: 4 PORÇÕES

Pommes de terre Anna
PARA FAZER E COMER

Deliciosa receita clássica – o resultado vale o trabalho.

- ½ kg de batata descascada cortada em rodelas bem finas
- 50 g de manteiga
- Sal e pimenta-do-reino

TIPO DE FÔRMA: Redonda de 20 cm de diâmetro

✓ Lave e seque muito bem as rodelas de batata. Preaqueça o forno a 180 °C.

✓ Derreta a manteiga na fôrma. Disponha as rodelas de batata em camadas, salpicando cada uma com sal e pimenta. Em fogo alto, apertando de vez em quando com uma escumadeira, deixe cozinhar e dourar por baixo.

✓ Depois de 15 a 20 minutos, leve a fôrma ao forno preaquecido moderado (180 °C), coberta com papel-alumínio, para terminar o cozimento, secar e dourar por aproximadamente 30 minutos. Desenforme sobre o prato escolhido para servir e sirva imediatamente.

RENDIMENTO: VARIÁVEL

Chips de batata-doce
PARA FAZER E COMER

- 1 kg de batata-doce descascada
- Óleo neutro para fritar
- Sal grosso

✓ Com uma faca bem afiada ou aparelho adequado, corte a batata-doce em rodelas bem finas. Lave as rodelas e seque bem com papel-toalha.

✓ Numa frigideira ou panela, aqueça o óleo em quantidade suficiente para as rodelas ficarem imersas e frite-as aos poucos, mexendo de vez em quando, até ficarem bem douradas, sem escurecer demais.

✓ Retire, escorra em papel-toalha e salpique com sal grosso.

NA *AIR FRYER*

✓ Preaqueça a *air fryer* a 180 °C por 5 minutos.

✓ Acomode no cesto da fritadeira as rodelas de batata-doce de modo que as fatias não fiquem muito sobrepostas (dependendo da quantidade, faça em duas ou três etapas). Pincele com azeite ou óleo neutro.

✓ Asse por 5 minutos, abra a cesta e misture para que as fatias possam virar e retorne para a *air fryer* por mais 3 a 5 minutos ou até dourarem bem. Salpique com sal grosso e sirva.

RENDIMENTO: 6 PORÇÕES
Arroz com lascas de amêndoas
PARA FAZER E COMER

Acompanhamento para a receita de haddock gratinado com uva Itália (ver p. 221) e pratos de ave ou peixe com molho cremoso de sabor suave.

✓ Numa frigideira antiaderente, aqueça bem 1 colher (sopa) de manteiga e doure rapidamente 1 ½ xícara de amêndoas em lascas. Acrescente as 2 xícaras de arroz já pronto e misture.

RENDIMENTO: 6 A 8 PORÇÕES
Arroz verde enformado
PARA FAZER E COMER

Ótimo para aproveitamento de sobras de arroz. Acompanhamento para grelhados em geral ou pratos com molho, podendo também ser preparado em fôrminhas individuais.

— 2 xícaras de arroz já pronto
— ½ xícara de salsa bem picada
— 2 colheres (sopa) de cebolinha-verde bem picada
— 2 colheres (sopa) de manteiga derretida
— 2 ovos separados
— ⅓ de xícara de queijo parmesão ralado (opcional)
— Sal e pimenta-do-reino branca

TIPO DE FÔRMA: De pão ou de furo com 1,2 litro de capacidade, fartamente untada com manteiga gelada

✓ Misture o arroz, a salsa, a cebolinha, a manteiga, as gemas ligeiramente batidas e o queijo parmesão, se desejar. Tempere com sal e pimenta.

✓ Bata as claras em neve com 1 pitada de sal e incorpore, aos poucos e delicadamente, à mistura.

✓ Disponha na fôrma e leve ao forno preaquecido moderado (180 °C) por 25 a 30 minutos, ou até a lâmina de uma faca sair limpa.

✓ Retire do forno, passe uma faca pela borda e aguarde cerca de 5 minutos antes de desenformar.

RENDIMENTO: 4 PORÇÕES

Fôrminhas de arroz com açafrão
PARA FAZER E COMER

Acompanham carnes, aves e peixes grelhados ou com molhos de sabor delicado. Devem ser complementadas por algum tipo de batata crocante, como chips de batata-doce (ver p. 250), fitas de batata frita (ver p. 77) etc.

- ½ xícara de caldo de galinha (ver p. 30)
- ½ colher (chá) de açafrão em pistilos
- 2 colheres (sopa) de manteiga
- ½ xícara de cebola bem picada
- ¾ de xícara de arroz sem lavar
- Sal e pimenta-do-reino branca
- Raminhos de salsa-crespa ou agrião

TIPO DE FÔRMA: Individuais untadas com manteiga e previamente geladas

✓ Numa panela, aqueça o caldo em fogo moderado e junte o açafrão esmigalhado. Retire do fogo e deixe descansar uns 10 minutos.

✓ Numa panela de fundo largo, aqueça a manteiga e murche a cebola. Sempre em fogo moderado, acrescente o arroz e mexa até que fique bem envolto pela manteiga.

✓ Junte o caldo com açafrão, o sal e a pimenta. Deixe ferver, abaixe o fogo e cozinhe, bem lentamente, com panela tampada, aproximadamente 20 minutos, ou até que o arroz fique bem tenro.

✓ Distribua o arroz nas fôrminhas, faça uma ligeira pressão para comprimir e desenforme sobre o prato escolhido para servir, enfeitando com raminhos de salsa-crespa ou de agrião.

RENDIMENTO: 4 PORÇÕES

Arroz com cubinhos crocantes de alho-poró
PARA FAZER E COMER

Acompanhamento para os rolinhos de frango ao molho de champanhe (ver p. 224), peixes e aves com molho cremoso e delicado.

✓ Corte 2 xícaras da parte branca e verde bem clara do alho-poró em cubinhos e refogue no azeite até ficarem crocantes. Disponha sobre o arroz já pronto.

RENDIMENTO: 4 PORÇÕES

Florões de massa folhada
PARA FAZER E COMER

Excelente acompanhamento para carnes, caças ou aves com molho denso.

✓ Abra uma folha de massa folhada de 20 cm x 30 cm aproximadamente, com um rolo até que fique na espessura de 0,5 cm. Com um cortador redondo de biscoitos corte 6 a 8 rodelas e, das sobras, meias-luas. O corte deve ser feito num só movimento, sem movimentar o cortador em círculos.

✓ Pincele somente a parte de cima da massa com gema diluída num pouco de água. Disponha em uma assadeira sem untar e asse em forno preaquecido a 200 °C até ficar dourado.

RENDIMENTO: 4 PORÇÕES

Cuscuz
PARA FAZER E COMER

- 100 g de cuscuz
- 1 colher de sopa de manteiga derretida ou azeite
- ½ pimentão verde cortado em cubinhos
- ½ pimentão vermelho cortado em cubinhos
- ½ pimentão amarelo cortado em cubinhos
- 1 berinjela pequena com casca cortada em cubinhos
- Cominho em pó (opcional)

✓ Siga as instruções da embalagem, tanto para o preparo quanto para as porções, e adicione a quantidade de azeite ou manteiga indicada. Reserve.

✓ Pouco antes de servir, frite os legumes em azeite até ficarem bem sequinhos. Junte ao cuscuz já pronto, aqueça mais um pouco, retifique o tempero e junte uma pitada de cominho em pó, se desejar.

RENDIMENTO: 6 A 8 PORÇÕES

Flans de cenoura
PARA FAZER E COMER

Acompanhamento para carnes, aves, caças e assados com molho.
Você pode variar com couve-flor, espinafre etc., já que o princípio do flan é sempre o mesmo.

- 600 g (4 xícaras fartas) de cenoura raspada cortada em cubinhos
- 1 colher (sopa) farta de manteiga
- 1 xícara de caldo de galinha (ver p. 30)
- 4 ovos
- 75 ml de creme de leite espesso
- Sal e pimenta-do-reino branca
- Noz-moscada ralada na hora

PARA SERVIR
- Palitinhos de cenoura branqueados (ver p. 89), amarrados com talos de cebolinha-verde e cozidos rapidamente no vapor, ou raminhos de salsa-crespa para decorar

TIPO DE FÔRMA: Individuais para pudim com 150 ml de capacidade, bem untadas com manteiga

✓ Numa panela, cozinhe a cenoura, a manteiga e o caldo em fogo lento, sem tampa, até a cenoura ficar bem tenra. Retire e deixe amornar.

✓ Preaqueça o forno a 180 °C.

✓ No liquidificador, bata a cenoura, os ovos e o creme de leite e tempere a gosto com sal, pimenta e noz-moscada.

✓ Distribua a mistura nas fôrminhas até preencher ¾ de sua capacidade e acomode-as dentro de outra assadeira. Leve ao forno a 180 °C por 20 a 25 minutos, ou até a lâmina da faca sair limpa. Retire e passe a lâmina ao redor das fôrminhas, desenformando-as sobre os pratos de serviço. Decore com as cenouras ou a salsa-crespa.

RENDIMENTO: 4 A 6 PORÇÕES
Flans de cogumelo
PARA FAZER E COMER

- 2 colheres (sopa) de manteiga
- 1 dente de alho picado
- ½ cebola ralada
- 2 colheres (sopa) de salsa picada
- 300 g de cogumelo-de-paris lavado e cortado em pedaços
- 2 ovos
- 200 ml de creme de leite espesso
- Sal e pimenta-do-reino branca
- Noz-moscada ralada na hora
- Salsa picadinha para decorar

TIPO DE FÔRMA: Individuais para pudim com 150 ml de capacidade, untadas com manteiga

✓ Numa panela, aqueça a manteiga e refogue o alho, a cebola e a salsa. Junte o cogumelo e refogue mais um pouco apenas até ficar cozido. Retire e deixe amornar.

✓ Preaqueça o forno a 180 °C.

✓ No liquidificador, coloque os ovos, o creme de leite, o sal, a pimenta e a noz-moscada, junte o refogado de cogumelo e bata só até misturar, deixando, de preferência, alguns pedacinhos de cogumelo ainda sem bater.

✓ Leve ao forno por de 20 a 25 minutos, ou até a lâmina da faca sair limpa. Retire e passe a lâmina ao redor das fôrminhas, desenformando-as sobre os pratos de serviço. Passe uma faca pelas bordas e desenforme os flans sobre os pratos de serviço, espalhando um pouco de salsa picada por cima.

RENDIMENTO: 4 PORÇÕES
Confete de milho-verde, pimentões e bacon
PARA FAZER E COMER

Acompanhamento colorido para carnes, aves, peixes grelhados, podendo também ser misturado ao arroz já pronto.

- 4 fatias de bacon magro picado
- ½ xícara de cebola bem picada
- 2 xícaras de grãos de milho-verde cozidos
- 3 colheres (sopa) de pimentão vermelho cortado em cubinhos
- 3 colheres (sopa) de pimentão verde cortado em cubinhos
- 4 colheres (chá) de vinagre de vinho branco
- ½ a 1 colher (chá) de sal
- 1 pitada de pimenta-do-reino branca ou de pimenta-da-jamaica

✓ Em uma frigideira, em fogo moderado, derreta o bacon até ficar crocante. Escorra-o em papel-toalha. Retire a gordura da frigideira, conservando 2 colheres de sopa, e nela doure a cebola, mexendo até ficar tenra.

✓ Junte os vegetais, mexendo em fogo lento. Tempere com vinagre, sal e pimenta e acrescente o bacon esfarelado, misturando bem.

RENDIMENTO: 6 A 8 PORÇÕES

Farofa de lulas
PARA FAZER E COMER

Acompanhamento para peixes grelhados ou assados com molho à base de tomate, servindo também para rechear peixes assados no forno. No caso de utilizá-la como recheio, use ½ xícara de azeite e 10 tomates.

- 1 cebola grande
- 2 dentes de alho
- ½ maço de salsa e cebolinha-verde
- ½ kg de lulas pequenas inteiras e limpas com os tentáculos
- ¼ de xícara de azeite
- 1 lata de tomates pelados ou 6 tomates maduros, sem pele e sem sementes picados
- Sal
- ½ pimenta dedo-de-moça sem sementes picada
- ½ kg de farinha de mandioca torrada

✓ Processe os temperos. Corte as lulas em rodelas não muito finas. Numa panela, aqueça o azeite, refogue os temperos e junte as lulas, os tomates, o sal e a pimenta. Cozinhe com tampa, mexendo ocasionalmente em fogo lento por aproximadamente 40 minutos.

✓ Destampe a panela e deixe o molho secar.

✓ No momento de servir, junte a farinha de mandioca e mexa até obter uma farofa seca. Retifique o tempero e sirva imediatamente.

RENDIMENTO: 4 A 6 PORÇÕES

Repolho-roxo com passas
PARA FAZER E COMER

Acompanhamento para carnes, caças e aves assadas.

- 1 kg de repolho-roxo
- 2 colheres (sopa) de óleo
- 2 colheres (sopa) de cebola bem picada
- ½ xícara de passas brancas sem sementes
- 2 colheres (sopa) de açúcar
- 2 colheres (sopa) de vinagre balsâmico
- 1 ½ colher (sopa) de sal

✓ Separe as folhas do repolho, retire as partes duras e escuras e corte bem fino.

✓ Aqueça o óleo, refogue a cebola, junte o repolho e o restante dos ingredientes e deixe cozinhar, tampado, em fogo lento por aproximadamente 15 minutos, até ficar macio. Sirva bem quente.

RENDIMENTO: 4 PORÇÕES

Purê de maçã
PARA FAZER E COMER

Acompanhamento para carnes, caças e aves assadas. As maçãs mais adequadas são a verde, a fuji ou a gala.

✓ Lave, descasque e retire as partes duras e as sementes de 6 maçãs grandes. Corte em pedaços. Coloque numa panela de fundo largo, respingue com suco de limão, acrescente açúcar, se desejar, e cozinhe em fogo lento, tampado, mexendo de vez em quando.

✓ Depois de bem macias, amasse com uma colher de bambu. Sirva em temperatura ambiente.

RENDIMENTO: 4 PORÇÕES

Abacaxi em compota
PARA FAZER E COMER

✓ Escolha um abacaxi maduro e firme, com a casca perfeita. Descasque e tire todos os "olhos" com a ponta de uma faca pequena. Corte em rodelas de 8 mm e retire o centro com um cortador de biscoitos.

✓ Disponha as rodelas numa panela de fundo largo e leve ao fogo moderado, com a panela tampada para cozinhar durante uns 5 minutos. Transfira para um recipiente e deixe esfriar no próprio caldo de cozimento que se formou. Conserve em geladeira até o momento da utilização.

RENDIMENTO: 4 PORÇÕES

Compota agridoce de cebola
PARA FAZER E COMER

- 100 g de manteiga
- ½ kg de cebola cortada em rodelas finas
- ½ xícara de açúcar
- 1 colher (chá) de sal
- 1 pitada de pimenta-do-reino branca
- ½ xícara de vinho tinto seco
- ¼ de xícara de vinagre de vinho tinto de boa qualidade

✓ Numa frigideira de fundo largo, derreta a manteiga e murche a cebola, juntamente com o sal, a pimenta e o açúcar em fogo moderado, mexendo ocasionalmente até as cebolas ficarem bem cozidas. Junte o vinho e o vinagre, deixe levantar fervura e cozinhe em fogo moderado, sem tampar, mexendo de vez em quando por mais uns 20 minutos, até o líquido reduzir um pouco. Aumente a chama e engrosse rapidamente a compota. Retire e sirva morna ou em temperatura ambiente.

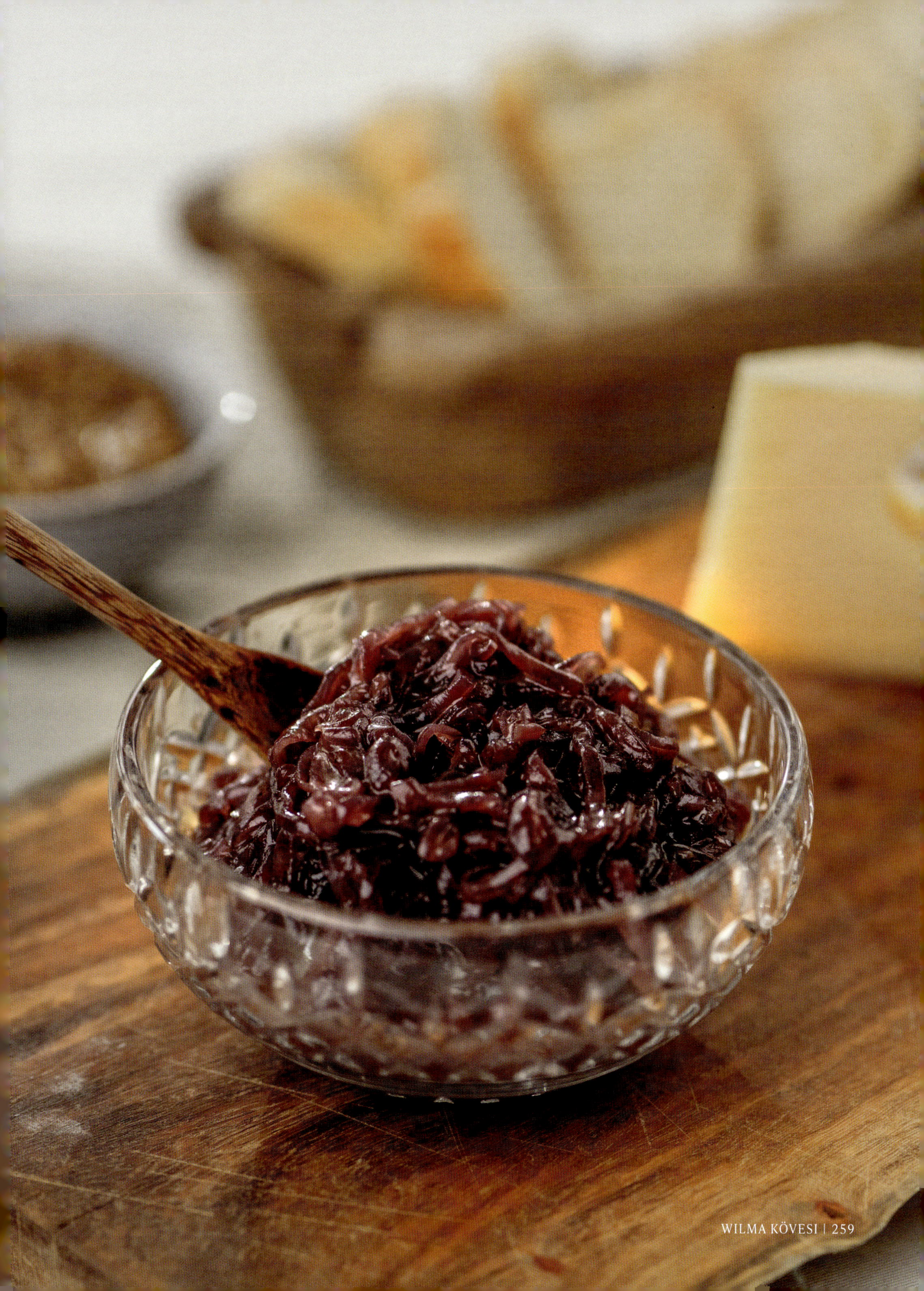

DOCES

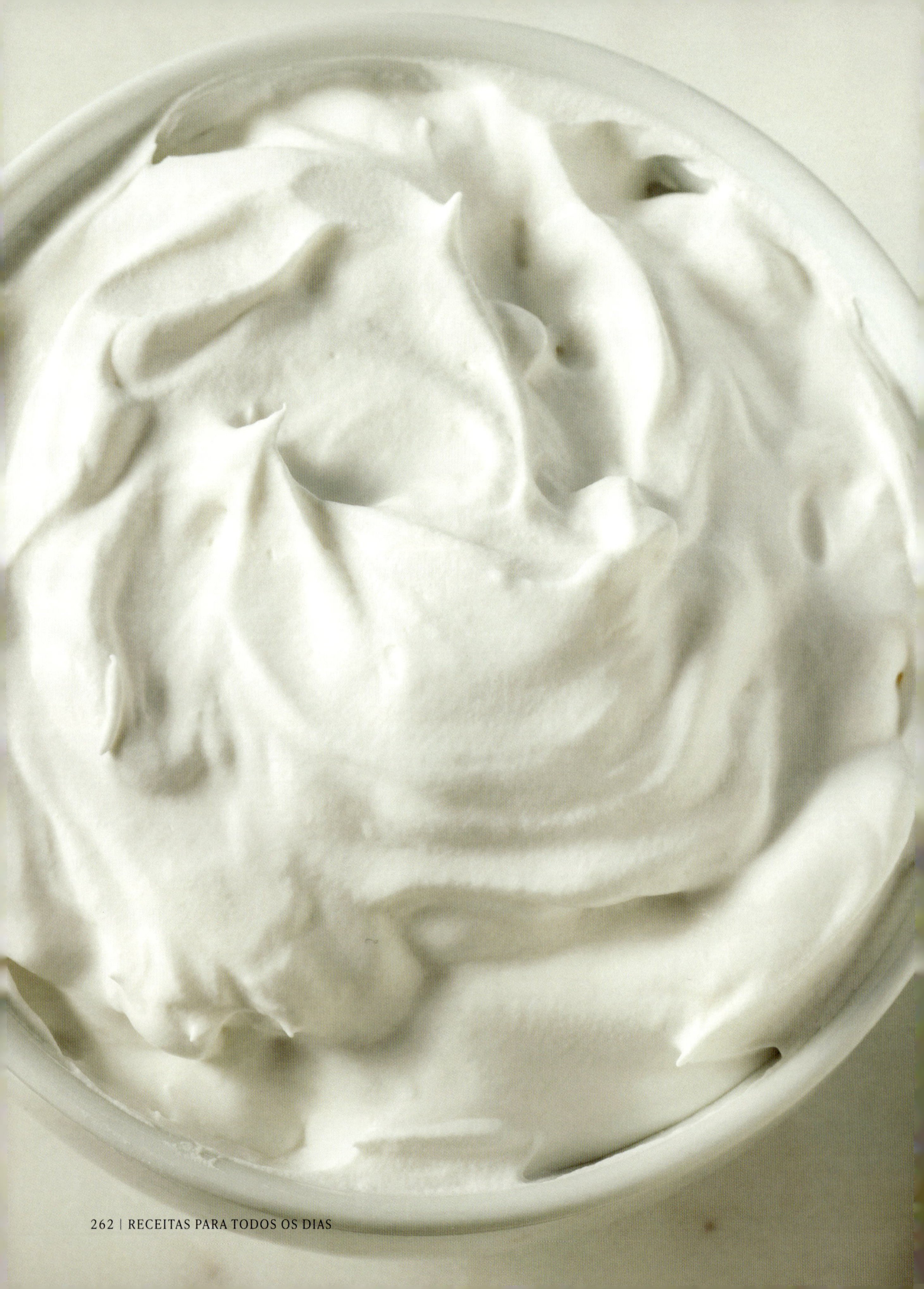

Sou uma maníaca por doce confessa, a ponto de planejar um jantar a partir da sobremesa. Foi muito difícil selecionar as receitas – são tantas...

Para facilitar a escolha, fiz algumas subdivisões: receitas geladas e congeladas, com chocolate, de ascendência húngara, caseiras à moda antiga etc.

Neste capítulo, é importantíssimo não substituir os ingredientes, exceção feita à essência ou ao extrato de baunilha. A boa cozinha recomenda o emprego do açúcar baunilhado (açúcar conservado em recipiente fechado, com duas favas de baunilha abertas ao meio) e da fava de baunilha aberta com as sementes raspadas para o preparo de cremes. O sabor é incomparavelmente melhor e mais delicado. Em nome da praticidade, é possível optar pelo extrato de baunilha, apesar de a sua substituição pelo ingrediente autêntico ser recomendada sempre que possível.

GELADOS E CONGELADOS

Procurando sobremesas diferentes para um almoço, topei com o *semifreddo* e fiz cinco variedades em pouco menos de 2 horas.

O sabor, a textura e a grande praticidade de poder mantê-los no freezer e servi-los imediatamente, acompanhados ou não de molhos e caldas, fizeram com que eu os reunisse numa aula única, que há dez anos é sucesso garantido.

Há ainda a vantagem de enformar em fôrmas para pão e poder cortar uma ou mais fatias com a lâmina de uma faca aquecida em água quente, conservando o restante, incólume, no freezer.

Se preferir, desenforme o *semifreddo* com antecedência sobre o prato escolhido, cubra com filme plástico e conserve no freezer até o momento de servir.

Este é outro exemplo de "aprenda um e faça todos": pode parecer complicado, mas não é. Leia a receita com atenção: todos requerem preparo antecipado de 8 horas.

RENDIMENTO 10 A 12 PORÇÕES

Semifreddo de laranja com coco queimado
PARA FAZER COM ANTECEDÊNCIA

PARA O *SEMIFREDDO*
- ¼ de xícara de suco de laranja
- ¾ de xícara de açúcar
- 4 ovos em temperatura ambiente
- 1 colher (chá) de gelatina incolor em pó sem sabor
- 1 colher (chá) de raspa de laranja
- 200 ml de creme de leite fresco bem gelado

PARA A COBERTURA
- 1 ⅓ de xícara de coco fresco ralado ligeiramente tostado e frio
- 2 colheres (sopa) de açúcar

TIPO DE FÔRMA: De pão, com 1,5 litro de capacidade

PREPARE O *SEMIFREDDO*
✓ Respingue com água o fundo e as laterais da fôrma e forre com filme plástico, deixando uma borda excedente de 5 cm. Leve ao freezer.

✓ Numa panela pequena, misture o suco e o açúcar e mexa com uma uma colher de metal, em fogo baixo, até o açúcar dissolver. Deixe ferver, sem mexer, em fogo lento, até obter consistência de xarope.

✓ Enquanto isso, numa tigela não muito grande, bata os ovos até obter uma mistura espessa, leve e clara.

✓ Numa tigelinha refratária, coloque 2 colheres (sopa) de água fria, polvilhe por cima a gelatina, mexa, aguarde alguns segundos e leve para dissolver em banho-maria. Retire o xarope de laranja do fogo e junte em fio aos ovos batidos, batendo por de 5 a 8 minutos, até que a mistura fique fria quando tocada com os dedos. Acrescente a raspa de laranja. Junte a gelatina dissolvida, batendo mais para incorporar. À parte, bata o creme de leite apenas até formar picos macios. Delicadamente, aos poucos, junte o creme de leite à mistura dos ovos, cuidando para ter uma mistura perfeita.

✓ Despeje a mistura na fôrma já preparada e leve ao freezer pelo prazo mínimo de 8 horas e máximo de três semanas.

PREPARE A COBERTURA
✓ Misture o coco com o açúcar e leve para tostar em uma assadeira grande, em forno preaquecido moderado (180 °C).

✓ Na hora de servir, desenforme o *semifreddo* sobre o prato escolhido para servir, espalhe por cima o coco tostado e frio. Sirva com molho de caramelo e laranja (ver p. 296) ou outro de sua preferência.

RENDIMENTO: 12 A 15 PORÇÕES

Semifreddo de maracujá

PARA FAZER COM ANTECEDÊNCIA

Esta é uma das muitas receitas excelentes do banqueteiro-amigo Toninho Mariutti.

- ½ litro de creme de leite fresco gelado
- 2 xícaras de açúcar
- ½ litro de suco de maracujá
- 8 claras em temperatura ambiente
- 1 colher (chá) + 1 colher (sopa) de gelatina em pó sem sabor

TIPO DE FÔRMA: De pão, com 2 litros de capacidade, molhada e forrada com filme plástico

✓ Bata o creme de leite e, quando estiver cremoso, junte 1 xícara de açúcar e bata mais até o ponto de picos macios. Acrescente metade do suco de maracujá, bata ligeiramente e leve à geladeira.

✓ Bata as claras em neve macia, junte aos poucos o açúcar restante e continue a bater até obter um suspiro firme.

✓ À parte, amoleça a gelatina em ½ xícara do suco e dissolva em banho-maria. Junte o restante do suco e acrescente com cuidado ao suspiro. Com delicadeza, incorpore essa mistura ao creme da geladeira.

✓ Despeje na fôrma e leve ao freezer com antecedência mínima de 8 horas. Desenforme e sirva acompanhado de caramelo de maracujá (ver p. 296).

RENDIMENTO: 1 LARANJA POR PESSOA

Laranja surpresa recheada com sorvete e coberta com merengue gratinado

PARA FAZER COM ANTECEDÊNCIA

PARA A LARANJA

✓ Calcule 1 laranja por pessoa. Escolha laranjas bonitas, de casca bem lisa e amarela. Pressione a parte inferior para assentar melhor no prato e, com uma faca afiada, corte uma tampa. Com cuidado, retire toda a polpa. Descarte os caroços e deixe escorrer sobre uma peneira, para extrair um pouco do suco. Aproveite o restante da polpa para outra finalidade, como fazer um suco, por exemplo.

PARA O SORVETE

✓ Escolha um sorvete de boa qualidade, de creme ou nata. Deixe amolecer ligeiramente e junte 1 colher (café) de raspa de laranja e 1 colher (chá) de suco de laranja ou de qualquer licor de sabor laranja (Triple Sec, Curação ou Cointreau) para cada laranja.

✓ Com esse sorvete, recheie a laranja, deixando 0,5 cm de borda livre, e leve ao freezer pelo prazo mínimo de 3 horas.

PARA O SUSPIRO

✓ Calcule 1 clara para 3 a 4 laranjas. Bata em temperatura ambiente, com 1 pitada de sal e 3 colheres (sopa) de açúcar, para obter um suspiro bem firme.

✓ Com uma colher de sopa ou bico de confeitar, cubra as laranjas já recheadas, tendo o cuidado de selar a borda. Conserve no freezer sem embalar pelo prazo máximo de 3 meses.

PARA FINALIZAR

✓ Preaqueça o forno em temperatura forte (220 °C). Retire as laranjas do freezer, dispondo-as rapidamente sobre uma assadeira, e leve ao forno durante 5 a 8 minutos, apenas o necessário para aquecer e dourar o suspiro. Também é possível utilizar um maçarico, caso tenha, para produzir o mesmo efeito.

✓ Sirva imediatamente em tacinhas ou pratinhos de sobremesa forrados de toalhinhas de papel rendado, acompanhada de biscoitos.

RENDIMENTO: 8 A 10 PORÇÕES

Mousse cremosa de limão

PARA FAZER COM ANTECEDÊNCIA

Leve e cremosa com acentuado gosto de limão, perfeita quando acompanhada de calda de framboesa.

- ¼ de xícara de vinho branco seco
- 2 colheres (chá) de gelatina incolor em pó sem sabor
- ⅓ de xícara de suco de limão peneirado
- 1 ½ colher (sopa) de raspa de limão ralada no ralo fino
- 3 ovos separados em temperatura ambiente
- 1 xícara de açúcar
- 1 xícara de creme de leite fresco bem gelado
- 1 pitada de sal

✓ Numa tigelinha refratária, coloque o vinho, polvilhe por cima a gelatina, deixe hidratar por alguns minutos, misture, e junte o suco e a raspa de limão. Dissolva essa mistura em banho-maria. Deixe esfriar, sem consolidar.

✓ Numa tigela pequena, bata as gemas até ficarem de cor clara e leves. Junte apenas ¼ de xícara do açúcar, continuando a bater até o ponto de fita (levantando-se os batedores, a mistura deverá formar uma fita). Adicione a mistura de gelatina e mexa. Reserve.

✓ À parte, bata o creme de leite até formar picos macios. Junte ⅓ do creme batido à mistura de gemas e depois o restante, mexendo delicadamente. Reserve.

✓ Bata as claras em neve macia com o sal, acrescente aos poucos o restante do açúcar e bata mais para obter um suspiro bem firme.

✓ Junte ⅓ do suspiro à mistura anterior, mexendo com delicadeza, e adicione o restante, sempre mexendo bem. Despeje em compoteira ou taças individuais cobertas de leve com papel-alumínio e leve para gelar com antecedência mínima de 5 horas.

✓ Sirva acompanhado, à parte, de calda de framboesa (ver p. 295) ou de frutas vermelhas frescas.

RENDIMENTO: 10 A 12 PORÇÕES

Suflê glacê de limão

PARA FAZER COM ANTECEDÊNCIA | PARA FAZER E CONGELAR PRONTO

- 2 colheres (chá) de gelatina incolor em pó e sem sabor
- ⅔ de xícara de suco de limão peneirado
- 1 ⅓ de xícara de claras em temperatura ambiente (cerca de 7)
- 1 pitada de sal
- 1 ⅓ de xícara de açúcar
- 1 ⅓ de xícara de creme de leite espesso (embalagem de caixinha tipo UHT)

TIPO DE FÔRMA: De furo com 30 cm de diâmetro e 2,5 litros de capacidade

✓ Numa tigelinha refratária, coloque 3 colheres (sopa) de água fria, polvilhe por cima a gelatina, misture com um garfo e deixe hidratar alguns minutos. Dissolva em banho-maria, mexendo sempre.

✓ Retire, coloque numa tigela refratária maior e acrescente o suco de limão. Deixe esfriar e leve à geladeira durante 30 minutos, ou até ficar com consistência de claras sem bater. Para economizar tempo, pode-se colocar a tigela sobre uma bacia de água fria com gelo, mexendo de vez em quando para engrossar, sem consolidar.

✓ Enquanto isso, com a batedeira, bata as claras com o sal até ficarem espumosas.

✓ Junte o açúcar e bata bem até ficar brilhante e firme. Em baixa velocidade, acrescente a gelatina já engrossada, aumente a velocidade e bata mais até obter uma mistura perfeita.

✓ Desligue a batedeira e incorpore o creme de leite aos poucos e com delicadeza.

✓ Molhe a fôrma com água, despeje o suflê, cubra com filme plástico e papel-alumínio e leve ao freezer pelo prazo mínimo de 12 horas e máximo de um mês. Acompanhe com *coulis* de goiaba (ver p. 297) e molho cremoso de limão e iogurte (ver p. 297). Se desejar, preencha o espaço do furo com compota de nêsperas industrializada.

OBSERVAÇÃO

Pode ser mantido durante 1 mês no freezer e retirado minutos antes de servir. Desenforme e conserve na geladeira até o momento de servir (no máximo 1 hora depois).

RENDIMENTO: 8 A 10 PORÇÕES

Terrine de laranja ao *coulis* de kiwi e juliana de laranja em calda vermelha

PARA FAZER COM ANTECEDÊNCIA

Trabalhosa, mas vale a pena. Esta receita tem linda e colorida presença numa mesa festiva, sabor refrescante e poucas calorias. Denomina-se coulis o molho de frutas homogêneo, peneirado ou batido no liquidificador.

PARA A TERRINE
- 10 laranjas-pera maduras
- ½ xícara de açúcar
- 9 folhas de gelatina incolor sem sabor

PARA A JULIANA
- 1 xícara de água
- 1 ⅓ xícara de açúcar
- ¾ de xícara de casca de laranja cortada em juliana (tirinhas finas)

PARA O *COULIS*
- 3 kiwis descascados em pedaços
- ⅓ de xícara de açúcar

PARA DECORAR
- Frutas vermelhas frescas (morango, framboesa, mirtilo etc.)
- Folhas de hortelã
- Suco de laranja para regar

TIPO DE FÔRMA: De pão, com 1,5 litro de capacidade

PREPARE A TERRINE
✓ Descasque as laranjas, retirando toda a casca e a parte branca e conservando alguns pedaços da casca para serem cortados em juliana.

✓ Com uma faquinha afiada, separe os gomos da película fina, retire-os e coloque sobre uma peneira para escorrer o suco. Numa panela, misture o suco resultante (250 ml aproximadamente) e o açúcar, leve para ferver e retire do fogo.

✓ Enquanto isso, hidrate as folhas de gelatina em água fria durante uns 3 minutos, esprema para retirar o excesso de água e junte ao suco, ainda muito quente, misturando muito bem. Deixe amornar.

✓ Molhe o fundo da fôrma e forre com filme plástico. Cubra o fundo com uma camada fina da mistura de gelatina e leve à geladeira para consolidar. Comece então a formar camadas alternadas de gomos de laranjas e da mistura de gelatina, levando cada camada para consolidar na geladeira.

✓ É importante que a camada não fique muito firme, para que os gomos e a gelatina não se separem ao cortar as fatias. Faça camadas até chegar à borda, sendo a última a da mistura de gelatina. Deixe 8 horas na geladeira para consolidar.

PREPARE A JULIANA
✓ Numa panela, coloque todos os ingredientes e leve ao fogo apenas até as cascas ficarem vermelhas. Retire, deixe esfriar e conserve em vidro tampado na geladeira.

PREPARE O *COULIS*
✓ Bata os kiwis e o açúcar no liquidificador.

PARA FINALIZAR
✓ Desenforme a terrine sobre uma travessa. Sobre os pratos de serviço, disponha uma fatia no centro e o *coulis* de kiwis decorativamente ao redor. Regue a fatia com um pouco de suco de laranja. Decore com as frutas vermelhas, a juliana de laranja e as folhas de hortelã.

OBSERVAÇÃO
É importante ter paciência para deixar as camadas de gelatina se consolidarem parcialmente. Assim, a gelatina não se separa ao ser cortada em fatias.

RENDIMENTO: 8 A 10 PORÇÕES

Creme de castanhas

PARA FAZER COM ANTECEDÊNCIA

- 1 kg de castanha portuguesa
- 1 ½ xícara de leite integral (ou mais, se necessário)
- 2 favas de baunilha
- 1 ¼ de xícara de água
- 2 ½ xícaras de açúcar
- 1 a 1 ½ colher (sopa) de rum escuro
- 200 g de chocolate meio amargo derretido em banho-maria (opcional)

PARA DECORAR

- 300 g de creme de leite fresco bem gelado
- 3 colheres (sopa) de açúcar
- 1 colher (chá) de essência de baunilha

✓ Lave as castanhas, faça um pequeno corte nas cascas, coloque numa panela e cubra com água fervente apenas até soltar a casca exterior.

✓ Numa panela de fundo largo, coloque as castanhas, o leite em quantidade suficiente para cobri-las e 1 fava de baunilha aberta ao meio no sentido longitudinal, com as sementes raspadas.

✓ Leve para ferver e cozinhar até as castanhas ficarem bem macias.

✓ Retire do fogo e, ainda quente, passe tudo por uma peneira, onde ficarão as películas das castanhas. Deixe esfriar.

✓ Coloque a água, o açúcar e 1 fava de baunilha numa panela de 20 cm de diâmetro e, em fogo moderado, mexa com uma colher de metal até o açúcar dissolver. Sem mexer, deixe ferver por uns 12 a 15 minutos, até o ponto de fio leve (molhe com água fria as extremidades do polegar e do indicador e pegue uma pequena quantidade da calda, que deverá formar fios bem leves entre os dedos). Retire do fogo e deixe esfriar.

✓ Com uma colher de bambu ou batedor de arame (*fouet*), incorpore a calda às castanhas, aos poucos, até chegar ao ponto de "doçura" desejada.

✓ Misture o rum e, se desejar, o chocolate derretido em banho-maria, ainda quente. Leve à geladeira.

PARA FINALIZAR

✓ Bata o creme com o açúcar e a baunilha até obter picos macios, antes do ponto de chantilly.

✓ Há várias opções para a apresentação deste doce: numa compoteira com o creme servido à parte, em tacinhas individuais guarnecidas com o creme, formando um desenho marmorizado ou em compoteira formando camadas.

✓ Em geral, por ser um doce preparado nas festas de fim de ano, costumo decorá-lo com cerejas frescas com cabinho.

RENDIMENTO: 8 PORÇÕES

Flan de mel
PARA FAZER COM ANTECEDÊNCIA

- 1 xícara de creme de leite fresco bem gelado
- ¾ de xícara de mel
- 1 colher (chá) + 1 colher (sopa) de gelatina incolor em pó sem sabor
- 2 ¼ de xícaras de leite
- 4 gemas ligeiramente batidas
- ½ colher (chá) de extrato de baunilha

PARA DECORAR
- Frutas frescas picadas, regadas com creme de leite misturado com mel, ou compota de pêssego ou pera
- Folhinhas de hortelã.

✓ Bata o creme de leite até o ponto de picos macios e reserve na geladeira.

✓ Numa panela de 23 cm de diâmetro, misture o mel e a gelatina, acrescente o leite aos poucos e junte as gemas. Mexendo sempre, cozinhe em fogo lento até a mistura engrossar e apenas ferver.

✓ Retire, transfira para uma tigela refratária e coloque numa vasilha de água fria com cubos de gelo, mexendo de vez em quando apenas até a mistura formar pequenos montinhos ao cair da colher.

✓ Incorpore, delicadamente, o creme batido e a baunilha.

✓ Molhe uma fôrma ou fôrminhas individuais com água, distribua a mistura, cubra com filme plástico e leve à geladeira para consolidar durante aproximadamente 4 horas.

PARA FINALIZAR
✓ Desenforme sobre o(s) prato(s) de serviço, guarnecendo com as frutas e as folhinhas de hortelã.

RECEITAS COM CHOCOLATE

RENDIMENTO: 12 A 15 PORÇÕES

Semifreddo de chocolate branco

PARA FAZER COM ANTECEDÊNCIA

- 400 g de chocolate branco cortado em pedacinhos
- ½ colher (chá) de gelatina incolor em pó sem sabor
- 250 ml (1 ¼ de xícara) de creme de leite fresco bem gelado
- 4 ovos
- 3 colheres (sopa) de açúcar
- 2 colheres (sopa) de licor Amaretto
- Morangos inteiros ou em fatias para decorar

TIPO DE FÔRMA: De pão, com 2 litros de capacidade

✓ Respingue com água o fundo e as laterais da fôrma, forre-a com filme plástico, deixando uma borda excedente de 5 cm, e leve ao freezer. Numa panela pequena, derreta o chocolate em banho-maria de água quente, não fervente, mexendo ocasionalmente. Retire e mexa de vez em quando até amornar. Reserve.

✓ Numa tigelinha refratária, coloque 1 colher (sopa) de água fria, polvilhe por cima a gelatina, mexa e, alguns segundos depois, leve para dissolver em banho-maria. Reserve.

✓ Numa tigela maior, bata o creme de leite apenas até ficar espesso e leve, formando picos macios. Reserve na geladeira.

✓ Numa tigela pequena, bata as gemas com o açúcar e o Amaretto até obter uma mistura clara, espessa e bem leve.

✓ Em outra tigela, bata as claras em neve macia, junte a gelatina em fio e bata mais até obter suspiro firme.

✓ Aos poucos e delicadamente, junte o creme de leite às claras batidas. Adicione metade do chocolate derretido à mistura de gemas e misture bem.

✓ Junte ¼ da mistura de creme e claras às gemas com chocolate e mexa delicadamente. Incorpore o restante do chocolate e, em seguida, o restante da mistura de creme e claras, sempre mexendo delicadamente até obter uma mistura perfeita.

✓ Despeje na fôrma já preparada e fria e leve ao freezer pelo prazo mínimo de 8 horas e máximo de um mês. Desenforme o *semifreddo* sobre o prato escolhido para servir, decore com morangos e sirva acompanhado de molho de morango, laranja e Amaretto (ver p. 296) ou outro de sua preferência.

RENDIMENTO: 12 A 15 PORÇÕES

Semifreddo de gianduia

PARA FAZER COM ANTECEDÊNCIA

Gianduia é uma mistura feita de chocolate e avelãs.

- ¾ de xícara de avelãs sem casca
- 150 ml de leite
- 300 g de chocolate meio amargo picado em temperatura ambiente
- 2 ½ colheres (sopa) de açúcar
- 250 ml de creme de leite fresco bem gelado

TIPO DE FÔRMA: De pão, com 2 litros de capacidade

✓ Respingue com água o fundo e as laterais da fôrma, forre-a com filme plástico, deixando uma borda excedente de 5 cm, e leve ao freezer.

✓ Leve as avelãs ao forno preaquecido moderado (180 °C) por de 5 a 8 minutos, até ficarem ligeiramente tostadas, com a pele se soltando. Retire e esfregue com um pano úmido para tirar a pele. No liquidificador, moa as avelãs para obter um pó bem fino.

✓ Aqueça bem o leite e junte às avelãs, batendo mais, devendo a mistura ficar bem homogênea e ainda líquida. Reserve. Numa tigela, leve o chocolate para derreter em banho-maria de água quase fervente, mexendo até dissolver completamente.

✓ Junte a mistura das avelãs ao chocolate derretido e misture muito bem.

✓ Com a batedeira, bata as claras até espumarem e junte, aos poucos, o açúcar, continuando a bater até obter neve firme.

✓ À parte, bata o creme de leite até obter picos firmes.

✓ Incorpore o suspiro, aos poucos e delicadamente, ao creme de leite batido, cuidando para misturar bem.

✓ Junte cerca de ¼ da mistura de creme e claras à mistura de chocolate, mexendo delicadamente. Acrescente então o restante com cuidado, misturando bem.

✓ Despeje essa mistura na fôrma preparada e cubra com filme plástico, levando ao freezer pelo prazo mínimo de 8 horas e máximo de três semanas.

✓ Desenforme o *semifreddo* sobre o prato escolhido para servir e sirva com molho quente de zabaione ao rum (ver p. 298) ou outro de sua preferência.

RENDIMENTO: 14 A 16 PORÇÕES

Mousse de chocolate branco e amargo

PARA FAZER COM ANTECEDÊNCIA

Adaptação da receita original Le jour et la nuit *(Hotel Crillon, Paris). Garanto que o trabalho vale a pena!*

- 3 xícaras de leite
- 9 gemas
- ¾ de xícara de açúcar
- 6 colheres (sopa) de amido de milho
- ½ colher (sopa) de extrato de baunilha
- 450 g de chocolate amargo ou meio amargo quebrado em quadradinhos
- 4 xícaras de creme de leite fresco
- 450 g de chocolate branco para fins culinários de boa qualidade, quebrado em quadradinhos
- 180 g de chocolate branco derretido para decorar
- 180 g de chocolate meio amargo derretido para decorar

TIPO DE FÔRMA: Aro removível de 25 cm de diâmetro

✓ Leve o leite para ferver. Numa tigela grande, misture muito bem as gemas e o açúcar e acrescente o amido de milho, peneirando.

✓ Adicione o leite fervente num fio contínuo, mexendo sempre. Leve essa mistura a uma panela e, sempre mexendo, deixe levantar fervura e cozinhe por 1 a 2 minutos para obter um creme espesso e homogêneo. Sobre tigela refratária, passe esse creme por uma peneira fina e misture a baunilha.

✓ Cubra com filme plástico e deixe esfriar em temperatura ambiente. Reserve. Em banho-maria, em fogo brando, derreta o chocolate amargo. Retire e deixe amornar.

✓ Transfira metade do creme para outra tigela e misture o chocolate derretido e morno. Reserve.

✓ Numa tigela, de preferência gelada, bata 2 xícaras de creme de leite até obter picos macios e junte, aos poucos, manualmente, à mistura de chocolate amargo, mexendo delicadamente para obter um creme leve e homogêneo. Salpique a fôrma com água, forre-a com filme plástico e espalhe o creme de chocolate, alisando bem. Cubra de leve com papel-alumínio e leve para gelar, enquanto prepara a mousse de chocolate branco, repetindo o processo. Derreta o chocolate branco em banho-maria em fogo brando e misture, ainda morno, ao restante do creme de amido de milho. Bata o creme de leite restante em picos macios e junte delicadamente à mistura de chocolate branco.

✓ Espalhe cuidadosamente sobre a camada do creme de chocolate amargo parcialmente consolidado e leve à geladeira pelo prazo mínimo de 12 horas, coberta de leve com papel-alumínio.

PARA DECORAR

✓ Cubra folhas de camélia ou outra de textura firme com chocolate branco e amargo. Disponha-as num prato untado com óleo e leve à geladeira para consolidar durante 1 hora.

✓ Para soltá-las do chocolate, esfrie as mãos em água fria e solte-as com cuidado, começando pela extremidade do caule, sem tocar o chocolate.

✓ Desenforme a mousse sobre prato escolhido para servir e decore com as folhas de chocolate amargo e branco.

PARA CONGELAR

✓ Depois de consolidada, congele bem acondicionada pelo prazo máximo de três meses. O descongelamento deve ser feito colocando-a na geladeira por 3 horas. Se desejar, pode ser servida congelada, como um *semifreddo*.

RENDIMENTO: 10 A 12 PORÇÕES
Bolo do Pedro
PARA FAZER E CONGELAR PRONTO

Há uns trinta anos, a receita desse bolo me chegou pelas mãos de uma querida prima, Esther Mindlin Guimarães, e foi logo eleita uma das preferidas por todos, especialmente pelo nosso filho Pedro Paulo, na época com 10 anos de idade. Uma historinha familiar, que não vem ao caso, fez com que o bolo passasse a se chamar "do Pedro". No restaurante Salads, que deixou saudades, esse bolo tinha o nome de torta Belmonte. Seu sabor é intenso, e sua textura é densa e cremosa, a que os americanos chamam de "decadente". Considerando o longo tempo de forno, costumo fazer de duas a três receitas, em fôrmas separadas, pois o bolo congela muito bem pelo prazo máximo de três meses.

— 200 g de manteiga em temperatura ambiente, mas não muito mole
— 2 xícaras de açúcar
— 4 ovos separados
— 2 ¼ de xícaras de chocolate em pó
— ½ xícara de farinha de trigo
— 1 xícara de leite
— 1 pitada de sal
— ½ a 1 colher (sopa) de conhaque ou rum escuro para regar

TIPO DE FÔRMA: Redonda de 23 cm de diâmetro e 5 cm de altura, untada com manteiga

✓ Preaqueça o forno a 180 °C.

✓ Na tigela da batedeira com o acessório globo, bata a manteiga com o açúcar até ficar cremosa, deve levar de 5 a 7 minutos a depender da sua batedeira. Junte as gemas uma a uma. Depois de bem batido, junte o chocolate e a farinha, peneirando, e bata apenas para misturar. Acrescente o leite e bata delicadamente. Retire da tigela da batedeira e coloque em outra vasilha para que você possa fazer a mistura final.

✓ Na tigela da batedeira, que deve estar limpa, bata as claras com a pitada de sal em neve macia e incorpore, aos poucos e delicadamente, à mistura do chocolate.

✓ Despeje a massa na fôrma, coloque a fôrma com a massa sobre outra assadeira e leve ao forno preaquecido a 180 °C em banho-maria de água fervente por aproximadamente 90 minutos, ou até se consolidar e o palito sair seco. Haverá a formação de uma deliciosa crosta, que depois de fria deverá ser quebrada em pedacinhos e devorada com um cafezinho. Desenforme morno no prato escolhido para servir e fure a superfície com um garfo em vários lugares.

✓ Regue com o conhaque ou o rum e cubra com a cobertura de creme suspiro (ver p. 294). Conserve na geladeira até o momento de servir.

RENDIMENTO: 8 A 10 PORÇÕES

Torta espuma de chocolate
PARA FAZER E COMER

De preparo rápido, ótima para ocasiões de "última hora".

- 1 ½ xícaras de chocolate meio amargo
- ¼ de xícara de café bem forte
- 5 ovos com claras e gemas separadas, em temperatura ambiente
- 5 colheres (sopa) de açúcar
- 1 pitada de sal

TIPO DE FÔRMA: Aro removível de 23 cm de diâmetro, untada com manteiga

✓ Numa panelinha, quebre o chocolate, junte o café e mexa levemente para derreter em fogo lento, até ficar aveludado. Cuidado para não aquecer demais e queimar o chocolate. Retire da panela e deixe esfriar em uma tigela maior que você possa fazer a mistura.

✓ Preaqueça o forno a 180 °C.

✓ Bata as claras em neve firme com o sal, junte o açúcar aos poucos e, depois, as gemas uma a uma, batendo nos intervalos. Junte aos poucos e delicadamente esta espuma à mistura do chocolate já fria.

✓ Despeje a massa na fôrma e asse em forno preaquecido a 170 °C por aproximadamente 35 a 40 minutos, ou até o palito sair seco. Retire do forno, passe uma faca pelas bordas e deixe esfriar. Cubra com a cobertura de creme suspiro (ver p. 294) e mantenha na geladeira até o momento de servir.

RENDIMENTO: CERCA DE 40 UNIDADES

Quadradinhos de chocolate
PARA FAZER E COMER

Muito parecido e tão bom quanto os brownies.

- 1 ½ xícaras de chocolate em pó
- ½ xícara de leite
- 200 g de manteiga em temperatura ambiente
- 1 ½ xícaras de açúcar
- 6 ovos com claras e gemas separadas
- 1 ¼ xícara de farinha trigo
- 1 pitada de sal
- Nozes ou pecãs picadas grosseiramente (opcional)

TIPO DE FÔRMA: Retangular de 25 x 35 cm, sem untar

✓ Preaqueça o forno a 180 °C.

✓ Numa panelinha, coloque o chocolate em pó e misture aos poucos o leite. Leve ao fogo, mexendo sempre para engrossar apenas até o ponto de um mingau bem ralo. Retire e deixe esfriar.

✓ Na tigela da batedeira com o acessório globo, bata bem a manteiga, acrescentando o açúcar aos poucos. Junte as gemas uma a uma e bata bem nos intervalos. Batendo sempre, junte a mistura de chocolate já fria e, peneirando, a farinha de trigo. Coloque em uma tigela maior para que você possa fazer a mistura final.

✓ Na tigela da batedeira que deve estar limpa, bata as claras em neve firme com o sal e adicione à mistura de chocolate, lenta e delicadamente.

✓ Espalhe a massa na assadeira sem untar. Se desejar, distribua nozes ou pecãs por cima e leve ao forno preaquecido a 180 °C até o palito sair seco. Retire a fôrma do forno e deixe amornar em temperatura ambiente. Depois de frio, corte em quadradinhos de 3 cm.

RECEITAS DE FORNO

RENDIMENTO: 8 PROFITEROLES DE BOM TAMANHO
Massa para profiteroles e carolinas
PARA FAZER E COMER

Pessoalmente, prefiro o formato dos profiteroles maiores, que permitem uma perfeita relação recheio/massa/cobertura. Esta é uma receita que produz profiteroles bem crocantes.

- 1 xícara (200 ml) de água
- 100 g de manteiga
- 1 xícara de farinha de trigo
- 4 ovos

✓ Preaqueça o forno a 220 °C.
✓ Numa panela de fundo largo de 23 cm de diâmetro, leve a água e a manteiga para ferverem.
✓ Acrescente toda a farinha de trigo e mexa vigorosamente, em fogo médio, até obter uma massa que se desprenda da panela. Retire do fogo e coloque a massa em uma tigela para amornar.
✓ Acrescente os ovos um a um, mexendo sempre, até obter uma massa homogênea e aveludada.
✓ Com um saco de confeiteiro ou duas colheres, dê o formato desejado, dispondo em assadeira sem untar com uma boa distância entre eles.
✓ Asse em forno preaquecido a 220 °C nos primeiros 8 a 10 minutos ou até crescerem bem. Em seguida, reduza a temperatura do forno para 180 °C para que fiquem dourados e secos.
✓ Retire do forno e deixe esfriar. Depois de frios, corte ao meio com uma faca afiada, recheie com creme de confeiteiro (ver p. 299) no sabor desejado e cubra com a cobertura de chocolate (ver p. 299) ou outra de sua preferência.

OBSERVAÇÃO
Pode-se também rechear os profiteroles usando o bico de confeitar, sem necessidade de cortá-los ao meio, apenas introduzindo o bico em sua base.

RENDIMENTO: 1 BOLO DE APROXIMADAMENTE 20 CM DE DIÂMETRO X 7 CM DE ALTURA

Bolo de natal brasileiro

PARA FAZER E COMER

Desenvolvi esta receita a pedido de uma conceituada loja de design, para servi-la aos seus clientes na época do Natal.

PARA DISPOR NO FUNDO DA FÔRMA

- 3 goiabas secas desidratadas cortadas em lascas
- 2 fatias de abacaxi cristalizado, cortadas em triângulos
- 3 unidades de casca de laranja cristalizada
- 3 fatias de caqui desidratado
- 5 unidades de castanha-do-pará quebradas
- Manteiga sem sal em temperatura ambiente para untar a fôrma

PARA MACERAR AS FRUTAS

- 100 g de frutas secas tropicais (mix de cupuaçu, caqui, goiaba, abacaxi) ou outras de sua preferência
- 20 g de cascas de laranjas cristalizadas
- 2 colheres (sopa) de mel
- ¼ xícara (chá) de cachaça envelhecida, vinho do Porto ou suco de laranja
- ¼ xícara (chá) de água morna
- 3 colheres (sopa) de manteiga
- 1 colher (chá) de bicarbonato

PARA A MASSA

- 3 ovos
- ½ xícara (chá) de açúcar mascavo
- 1 colher (chá) de extrato de baunilha
- 1 xícara (chá) de coco seco em flocos ou fitas, tostado
- ¾ xícara (chá) de farinha de trigo
- 1 colher (chá) de fermento em pó
- 1 pitada de sal

PARA UMEDECER O BOLO

- 3 colheres (sopa) de cachaça envelhecida ou suco de laranja
- 1 paninho (tipo descartável/perfex)

TIPO DE FÔRMA: Redonda de aproximadamente 20 cm de diâmetro

PREPARE AS FRUTAS MACERADAS

✓ Pique-as em cubinhos e reserve em uma tigela.

✓ Faça uma mistura com a água morna, a cachaça, o mel e o bicarbonato, e coloque sobre as frutas para que possam macerar, ou seja, para que absorvam a mistura de cachaça e mel. Deixe macerar até que as frutas hidratem e amoleçam, aproximadamente 30 minutos – vai depender se as frutas estiverem muito ou pouco secas. Teste e verifique se estão prontas para empregar na receita.

✓ Unte bem a fôrma em que vai ser assado o bolo.

✓ Disponha as frutas no fundo, de forma harmoniosa fazendo um bonito mosaico.

✓ Preaqueça o forno a 180 °C.

PREPARE A MASSA

✓ Em uma tigela, bata os ovos com o açúcar mascavo e a baunilha até obter uma mistura mais clara e o açúcar dissolver bem. Junte a farinha de trigo, o coco ralado e misture somente para obter uma massa homogênea.

✓ Adicione as frutas maceradas com o seu líquido. Misture bem para que as frutas fiquem distribuídas na massa.

✓ Junte o fermento e a pitada de sal. Misture e acomode a massa, despejando-a delicadamente sobre o mosaico de frutas, uniformizando a superfície com uma colher.

✓ Leve ao forno moderado (180 °C) por aproximadamente 1 hora ou até assar bem e o palito sair seco. Passe a lâmina de uma faca nas bordas da fôrma para desprender delicadamente a massa e desenforme morno.

✓ Embeba um pano limpo – do tipo descartável – em cachaça e envolva bem o bolo para mantê-lo úmido até o momento de servi-lo.

RENDIMENTO: 8 A 10 PORÇÕES

Torta de castanha-do-pará

PARA FAZER, CONGELAR E FINALIZAR NA HORA DE COMER

PARA A TORTA
- 4 ovos com clara e gema separadas
- 1 pitada de sal
- 1 ¼ xícara de açúcar
- ½ colher (chá) de extrato de baunilha
- 250 g de castanha-do-pará moída bem fino ou farinha de castanha-do-pará

PARA O PURÊ
- 250 g de ameixa-preta
- ½ xícara de açúcar
- 1 ½ xícara de água (ou mais, se necessário)
- 1 pedaço pequeno de casca de limão
- 1 pedaço pequeno de canela em pau

PARA FINALIZAR
- Geleia de damasco (ver p. 295)
- Amêndoas sem pele em lascas para decorar

TIPO DE FÔRMA: Aro removível de 20 a 23 cm de diâmetro, untada com óleo ou manteiga

PREPARE A TORTA
✓ Preaqueça o forno a 180 °C.

✓ Na tigela da batedeira com o acessório globo, bata as claras em neve firme com o sal. Junte as gemas, uma a uma, batendo bem nos intervalos.

✓ Acrescente o açúcar aos poucos, batendo sempre, e depois a baunilha. Misturando apenas, junte a castanha-do-pará.

✓ Despeje a massa na fôrma, que deve estar untada com óleo ou manteiga, e leve para assar em forno preaquecido a 180 °C por aproximadamente 30 minutos ou até o palito sair seco. Retire do forno, passe uma faca pelas bordas e deixe esfriar.

PREPARE O PURÊ
✓ Coloque as ameixas pretas sem caroço, o açúcar, a água, as cascas de limão e a canela em uma panela. Leve ao fogo baixo até cozinhar muito bem, mexendo ocasionalmente para não grudar. Retire a canela e a casca de limão. Amasse com um garfo para obter um purê. Deixe esfriar.

PARA FINALIZAR
✓ Retire o aro da fôrma e coloque no prato escolhido para servir. Com o purê de ameixa, forme um círculo no centro da torta. Em volta, forme outro, de geleia de damasco, terminando com o último, maior, de purê de ameixa. Se desejar, enfeite com amêndoas sem pele em lascas.

RENDIMENTO: CERCA DE 25 UNIDADES

Quadrados de maçã com pecãs

PARA FAZER E COMER

PARA A BASE
- 2 xícaras de farinha de trigo
- 1 ½ xícara de açúcar
- ½ xícara de açúcar mascavo
- 100 g de manteiga em temperatura ambiente
- 1 xícara de pecãs ou nozes picadas grosseiramente

PARA A COBERTURA
- 1 colher (café) de suco de limão
- 1 xícara de creme de leite fresco
- 1 ½ colher (chá) de canela em pó
- 1 colher (chá) de bicarbonato de sódio
- 1 pitada de sal
- 1 colher (chá) de essência de baunilha
- 2 xícaras de maçã descascada e bem picada
- 1 ovo
- ½ xícara de pecãs ou nozes picadas grosseiramente

TIPO DE FÔRMA: Assadeira retangular de 26 x 18 cm, sem untar

PREPARE A BASE
✓ Em uma tigela, coloque a farinha de trigo, o açúcar mascavo e misture somente até obter um farelo fino. Junte 1 xícara das pecãs e misture.

✓ Separe 2 xícaras dessa massa e espalhe no fundo da assadeira, apertando bem com os dedos para aderir.

PREPARE A COBERTURA
✓ Em uma tigela média, misture o suco de limão com o creme de leite e junte à massa-base restante, que você fez anteriormente. Acrescente a canela, o bicarbonato, o sal, a baunilha e o ovo, misturando bem. Incorpore as maçãs.

✓ Espalhe uniformemente sobre a massa e disponha por cima o restante das pecãs.

✓ Leve ao forno preaquecido 180 °C por 30 minutos, ou até consolidar.

RENDIMENTO: 12 A 15 PORÇÕES

Torta de frutas secas com cobertura de merengue italiano

PARA FAZER COM ANTECEDÊNCIA

- 8 ovos em temperatura ambiente, com claras e gemas separadas
- 1 pitada de sal
- 8 colheres (sopa) de açúcar
- ½ colher (sopa) de raspa de limão
- 300 g de castanha-do-pará, nozes e amêndoas misturadas e moídas bem fino
- 300 g de passas brancas e escuras, ameixa-preta, damasco turco e tâmara misturados e picados bem fino

TIPO DE FÔRMA: Fundo removível de 25 cm de diâmetro, untada com óleo e polvilhada com farinha de rosca

✓ Preaqueça o forno a 180 °C.

✓ Na tigela da batedeira, coloque as claras, uma pitada de sal e, com o acessório globo, bata bem até espumarem. Junte as gemas, uma a uma, batendo bem nos intervalos.

✓ Acrescente o açúcar aos poucos, continuando a bater até obter uma massa leve, clara e cremosa. Junte as raspas de limão.

✓ Retire a massa da batedeira e com uma espátula vá acrescentando poucos a mistura de nozes mexendo delicadamente. Faça o mesmo com a mistura de frutas secas.

✓ Espalhe a massa na fôrma, que deverá estar previamente untada com óleo e farinha de rosca, e leve ao forno a 180 °C por aproximadamente 50 minutos, ou até o palito sair seco.

✓ Retire do forno, passe uma faca pelas bordas e deixe esfriar antes de retirar o aro.

✓ Se desejar, passe uma camada fina da geleia de sua preferência antes de cobrir com o merengue italiano (ver p. 294).

RENDIMENTO. 8 A 10 PORÇÕES
Quiche de limão
PARA FAZER COM ANTECEDÊNCIA

PARA A MASSA (*PATÊ BRISÉE*)
— 1 receita de *patê brisée* (ver p. 213)

PARA O RECHEIO
— 200 g de açúcar
— 5 ovos
— 100 g de manteiga derretida morna
— ½ colher (sopa) de raspa de limão
— ⅓ de xícara de suco de limão
— ⅓ de xícara de suco de laranja açúcar de confeiteiro peneirado para polvilhar

TIPO DE FÔRMA: Aro removível de 25 cm de diâmetro

PREPARE A MASSA
✓ Preaqueça o forno a 180 °C.

✓ Sobre um tampo enfarinhado, abra a massa com um rolo também enfarinhado na espessura de 3 mm e alguns centímetros maior do que a fôrma que você vai utilizar.

✓ Acomode o disco de massa sobre o fundo e as laterais da fôrma, pressionando para aderir. Fure delicadamente a massa com um garfo e cubra com papel-manteiga e grãos de arroz ou de feijão.

✓ Asse em forno preaquecido a 180 °C por 12 a 15 minutos, ou até o fundo secar bem. Retire o papel e os grãos e deixe esfriar.

PREPARE O RECHEIO
✓ Numa tigela, coloque o açúcar, os ovos, a manteiga e as raspas de limão, e bata bem. Acrescente os sucos, bata mais um pouco (somente até o açúcar derreter) e, com cuidado para não derramar, despeje sobre a massa previamente assada e fria.

✓ Leve de volta ao forno moderado por 35 a 40 minutos, para consolidar e dourar. Retire do forno e deixe esfriar. Sirva em temperatura ambiente, polvilhada com açúcar de confeiteiro.

RENDIMENTO: 8 A 10 PORÇÕES

Torta alsaciana de maçã
PARA FAZER E COMER

Uma deliciosa versão de torta aberta. Se disposta num recipiente refratário mais fundo, transforma-se na torta de maçãs da Vó Donalda, com todo o seu perfume.

PARA MASSA (*PATÊ BRISÉE*)
— 1 receita de *patê brisée* (ver p. 213)

PARA O RECHEIO
— 1 kg (cerca de 5 unidades) de maçã fuji ou verde
— ¾ de xícara de açúcar
— 1 colher (chá) farta de canela em pó

PARA A COBERTURA
— 2 ovos ligeiramente batidos
— ½ xícara de creme de leite fresco
— 1 xícara de leite
— 1 colher (café) de essência de baunilha
— ⅓ de xícara de açúcar baunilhado ou a gosto

TIPO DE FÔRMA: Aro removível de 25 cm de diâmetro

PREPARE O RECHEIO
✓ Preaqueça o forno a 220 °C.
✓ Descasque as maçãs, corte-as em fatias e distribua sobre a massa previamente aberta sobre a fôrma. Acerte as laterais, formando uma borda mais grossa. Misture o açúcar com a canela, separe metade e polvilhe as maçãs.
✓ Leve ao forno preaquecido por uns 15 a 20 minutos, ou até as maçãs ficarem cozidas. Retire do forno enquanto prepara a cobertura.

PREPARE A COBERTURA
✓ Numa tigela, misture os ovos, o creme de leite fresco, o leite, a baunilha e o açúcar, bata ligeiramente e despeje sobre as maçãs.
✓ Leve de volta ao forno ainda forte por mais uns 25 minutos, ou até a cobertura cremosa se consolidar. Retire e polvilhe com o restante da mistura de açúcar e canela. Sirva morna ou em temperatura ambiente.

OBSERVAÇÃO
Essa receita pode ser feita com outras frutas frescas, como pera, pêssego, cereja e framboesa.

RENDIMENTO: 10 A 12 PORÇÕES
Torta de sementes de papoula
PARA FAZER E COMER

Esta receita me foi passada pelo Carlos Siffert. É bem europeia, irresistível, para os muito aficionados pelo sabor denso e rico das sementes de papoula. O rendimento da receita é reduzido, considerando-se a quantidade dos ingredientes.

- 9 ovos em temperatura ambiente com claras e gemas separadas
- 1 xícara de açúcar
- 200 g de manteiga em temperatura ambiente
- 100 g de nozes moídas
- 150 g de sementes de papoula moídas
- 1 pitada de sal

TIPO DE FÔRMA: Aro removível de 23 cm de diâmetro, ligeiramente untada com manteiga

✓ Preaqueça o forno a 160 °C.

✓ Na batedeira, bata as gemas com o açúcar até obter uma mistura cremosa e leve. Junte a manteiga aos poucos, batendo mais.

✓ Incorpore as nozes e as sementes de papoula, sem bater.

✓ Bata as claras com o sal em picos macios e acrescente, aos poucos e delicadamente, à mistura de gemas.

✓ Disponha a massa na fôrma e leve ao forno preaquecido fraco (160 °C) por 45 minutos, ou até o palito sair seco.

OBSERVAÇÕES
Não cubra, mas sirva a torta acompanhada de geleia de damasco (ver p. 295) dissolvida num pouco de água, licor ou aguardente de damasco.

Para a plenitude do sabor, é imprescindível moer as sementes de papoula em aparelho próprio ou, à sua falta, no liquidificador.

RECEITAS DE ASCENDÊNCIA HÚNGARA

Wilma, ao casar-se com János Kövesi, imigrante da Hungria, assumiu o sobrenome do marido, mas não só! Aprendeu também a língua e as receitas húngaras. Orientada pela memória afetiva e gustativa de János, as receitas preferidas do casal foram incorporadas ao dia a dia da família, sendo servidas em dias festivos.

RENDIMENTO: 6 A 8 PORÇÕES

Pão do bispo
PARA FAZER COM ANTECEDÊNCIA

PARA O BOLO
- 5 ovos (1 inteiro e 4 separados)
- 5 colheres (sopa) de açúcar
- 1 colher (sopa) de suco de limão
- Raspas de ½ limão
- 5 colheres (sopa) de farinha de trigo
- 100 g de chocolate meio amargo ralado
- 150 g de frutas cristalizadas, damasco doce e passas em pedacinhos ou chocolate meio amargo em pedacinhos
- 50 g de passas brancas lavadas, secas e enfarinhadas
- 1 pitada de sal

PARA A COBERTURA
- ½ xícara de açúcar
- 100 g de chocolate meio amargo em quadradinhos
- ½ xícara de água

TIPO DE FÔRMA: De pão ou bolo inglês com 1 litro de capacidade, untada e polvilhada com farinha de trigo misturada com um pouco de chocolate em pó

PREPARE O BOLO
✓ Preaqueça o forno a 200 °C.

✓ Na tigela da batedeira com o acessório globo coloque o ovo inteiro e as 4 gemas até obter uma massa leve e espumosa. Acrescente aos poucos o açúcar, o suco de limão, as raspas e, por último, a farinha de trigo, batendo para obter uma massa clara e homogênea.

✓ Junte o chocolate, ainda batendo lentamente, as frutas cristalizadas e as passas, misturando apenas. Retire da tigela da batedeira e coloque em outra vasilha que você possa fazer a mistura final.

✓ Na tigela da batedeira, que deve estar limpa, bata as claras em neve firme com uma pitada de sal e incorpore à massa aos poucos, delicadamente. Coloque a massa na fôrma previamente untada e enfarinhada.

✓ Leve o bolo para assar por 5 minutos a 200 °C. Sem abrir a porta do forno, reduza a temperatura para 180 °C e asse por mais 35 minutos, ou até o palito sair seco.

PREPARE A COBERTURA
✓ Depois que o bolo estiver frio, prepare a cobertura. Numa panela pequena, leve o açúcar, o chocolate e a água em fogo brando para derreter e mexendo sempre para não queimar o chocolate. Deixe cozinhar em fogo brando até reduzir e atingir o ponto de fio (molhe o polegar e o indicador com água fria e pegue um pouco da mistura, que deverá formar pequenos fios entre os dedos). Quando atingir este ponto, retire do fogo e bata para amornar. Cubra o bolo, que deverá estar frio, deixando secar descoberto em lugar ventilado.

RENDIMENTO: 4 A 6 PORÇÕES

Crepes-suflês ao perfume de laranja
PARA FAZER COM ANTECEDÊNCIA

Em húngaro, csúsztatott palacsinta *significa panquecas escorregadas.*
Na minha opinião, uma das mais deliciosas e delicadas sobremesas que conheço.

- 1 xícara de leite
- ½ xícara de farinha de trigo
- 4 colheres (sopa) de manteiga em temperatura ambiente
- 1 colher (sopa) de açúcar
- ½ colher (chá) de essência de baunilha ou 1 colher (sopa) de açúcar baunilhado
- 5 gemas
- 6 claras em temperatura ambiente
- 1 pitada de sal
- 6 colheres (sopa) de manteiga em temperatura ambiente para fritar
- 1 xícara de açúcar misturada com 2 colheres (chá) de raspa de laranja ou de limão para polvilhar

✓ Com exceção das claras, bata todos os ingredientes no liquidificador. Transfira para uma tigela.

✓ À parte, bata as claras com o sal em neve firme e junte, aos poucos e delicadamente, à primeira mistura.

✓ Numa frigideira de 18 a 20 cm de diâmetro, coloque aproximadamente 1 colher (sopa) da manteiga para aquecer bem e adicione o equivalente a uma concha pequena da massa, espalhando e deixando fritar bem, de um lado só, até ficar dourada por baixo e cozida, mas ainda espumosa por cima.

✓ Escorregue para o prato escolhido para servir e polvilhe com um pouco da mistura de açúcar. Repita a operação até terminar a massa. O último crepe deverá ser virado ao contrário, isto é, ficar com o lado corado para cima. Sirva imediatamente.

✓ Se desejar preparar com antecedência, disponha os crepes prontos numa fôrma de aro removível e aqueça rapidamente antes de servir.

RENDIMENTO: 25 UNIDADES

Quadradinhos de maçã (almás túrós pite)

PARA FAZER E COMER

PARA A MASSA
- 4 xícaras de farinha de trigo
- 3 colheres (sopa) de açúcar
- 1 pitada de sal
- 1 colher (café) de fermento em pó
- 300 g de manteiga gelada cortada em pedacinhos
- 2 gemas
- ¼ de xícara de vinho branco seco
- 2 colheres (sopa) de creme de leite espesso
- 1 gema diluída com algumas gotas de café para pincelar
- Açúcar de confeiteiro para polvilhar
- Farinha de rosca para polvilhar

PARA O RECHEIO DA MAÇÃ
- 1 kg de maçã verde ou fuji descascada e picada
- 1 colher (chá) de raspa de limão bem verde
- ½ colher (chá) de suco de limão
- ½ xícara de passas brancas lavadas e secas
- ¾ de xícara de açúcar a gosto, dependendo do tipo de maçã utilizada
- 1 ½ colher (chá) de essência de baunilha
- 2 colheres (chá) de canela em pó
- 3 colheres (sopa) de creme de leite espesso

TIPO DE FÔRMA: Assadeira retangular média de 25 x 35 cm

PREPARE A MASSA
✓ Numa tigela, peneire a farinha de trigo, o açúcar, o sal, o fermento e junte a manteiga, misturando com a ponta dos dedos para obter um farelo grosso. Junte as gemas, o vinho e o creme de leite, misturando bem para ligar a massa. Se desejar, use o processador de alimentos.

✓ Separe a massa em duas partes, sendo uma delas um pouco maior que a outra, faça um disco e envolva ambas em filme plástico e leve à geladeira durante 30 minutos.

PREPARE O RECHEIO DE MAÇÃ
✓ Misture as maçãs, a raspa de limão, o suco de limão, as passas, a essência de baunilha, a canela e o creme de leite, retificando o sabor de acordo com sua preferência.

PARA FINALIZAR
✓ Preaqueça o forno a 180 °C.

✓ Sobre um tampo enfarinhado, abra a porção maior da massa, dispondo-a no fundo da assadeira e formando uma pequena borda nas laterais. Polvilhe a massa com um pouco de farinha de rosca e espalhe o recheio.

✓ Abra o restante da massa e cubra o recheio, apertando as laterais para grudar bem. Pincele a massa com a gema diluída e leve ao forno por 30 a 40 minutos, ou até assar e ficar dourada. Retire do forno e deixe esfriar.

✓ Peneire um pouco de açúcar de confeiteiro e corte em quadrados.

OBSERVAÇÃO
Para fazer quadradinhos de ricota, apenas substitua o recheio. Bata 3 claras em neve com 1 pitada de sal. Numa tigela, misture 3 gemas, 500 g de ricota ou queijo quark passados por uma peneira, ½ xícara de passas claras lavadas e secas e 6 colheres (sopa) de açúcar, ½ colher (chá) de raspas de limão bem verde, 1 colher (chá) de essência de baunilha, 3 colheres (sopa) de creme de leite espesso e, aos poucos e delicadamente, incorpore as claras. Proceda da mesma maneira como para o recheio de maçã.

RENDIMENTO: 8 A 10 PORÇÕES

Beijos de sogra
PARA FAZER COM ANTECEDÊNCIA

Versão simplificada das famosas fatias Gerbeaud, *de preparo mais longo e elaborado.*

PARA A MASSA
- 1 ½ xícaras de farinha de trigo
- 150 g de manteiga
- 3 gemas em temperatura ambiente
- 1 colher (sopa) de rum escuro
- 1 ½ colher (sopa) de açúcar
- Geleia de damasco (ver p. 295)

PARA O RECHEIO
- 3 claras em temperatura ambiente
- 1 pitada de sal
- 75 g de açúcar
- Raspas de 1 laranja
- 2 colheres (sopa) de chocolate em pó peneirado
- ½ colher (sopa) de rum escuro
- 150 g de nozes moídas grosseiramente

TIPO DE FÔRMA: Assadeira retangular de 20 x 33 cm, untada com manteiga nas laterais

PREPARE A MASSA
✓ Em uma tigela, junte a farinha de trigo, a manteiga, as gemas, o açúcar e o rum e misture com as mãos até obter uma massa; não trabalhe demais. Espalhe a massa de maneira uniforme na assadeira, mas não a deixe muito fina. Leve ao freezer durante 20 minutos. Retire do freezer e passe uma camada fina de geleia de damasco sobre a massa. Reserve enquanto prepara a o recheio.

PREPARE O RECHEIO
✓ Preaqueça o forno a 180 °C.

✓ Na tigela da batedeira, com o acessório globo, bata as claras em neve firme com o sal. Junte o açúcar aos poucos, batendo bem, e junte as raspas, batendo mais. Em seguida, acrescente o chocolate peneirando-o e misturando com delicadeza. Misture o rum. Disponha a cobertura sobre a massa que foi previamente pincelada com a geleia. Espalhe as nozes sobre a cobertura. Leve para assar por 35 a 40 minutos, ou até a cobertura secar. Retire do forno, deixe esfriar e corte em quadradinhos.

RENDIMENTO: 10 PORÇÕES

Kugelhopf
PARA FAZER E COMER

O Kugelhopf é servido nas confeitarias da Alsácia, Áustria, Alemanha e Hungria, acompanhado de chá, café, chocolate ou ainda um copo de bom vinho alsaciano (Gewürztraminer ou Riesling). Dizem que é originário da Áustria e foi introduzido em outros países por Maria Antonieta. O seu formato lembra os toques dos chefs de antigamente. Aprendi esta receita com uma professora de cozinha húngaro-europeia, dona Elisa, de saudosa memória.

PARA A MISTURA DE FERMENTO

- 1 ½ tablete de fermento fresco
- 100 ml de leite morno
- 1 pitada de sal
- 1 colher (chá) de açúcar

PARA A MASSA

- 200 g de manteiga sem sal em temperatura ambiente
- 1 xícara de açúcar
- Casca ralada de ½ limão bem verde
- 6 ovos separados em temperatura ambiente
- ½ kg de farinha de trigo
- 1 colher (sopa) de rum escuro
- 50 a 100 ml de leite morno
- 1 pitada de sal
- 100 g de passas brancas ou escuras hidratadas, secas e enfarinhadas
- 100 g de chocolate meio amargo derretido
- Açúcar comum ou de confeiteiro peneirado
- Amêndoas e farinha de rosca para polvilhar

TIPO DE FÔRMA: Especial para Kugelhopf, com gomos torcidos e furo, com 2 litros de capacidade, untada com 3 a 4 colheres (sopa) de manteiga

PREPARE A MISTURA DE FERMENTO

✓ Numa tigela de vidro ou cerâmica rapidamente aquecida com água quente, dissolva o fermento com o leite morno, junte o açúcar, uma pitada de sal e deixe crescer por uns 15 minutos, coberto com pano, em lugar abrigado e seco (no forno desligado, por exemplo), até dobrar de tamanho e espumar.

PREPARE A MASSA

✓ Na batedeira, bata a manteiga, o açúcar e a casca de limão até ficar cremoso. Junte as gemas, uma a uma, batendo bem nos intervalos. Batendo sempre, acrescente a farinha de trigo e o rum. Continuando a bater, junte a mistura de fermento e o leite morno à massa, até obter uma massa bem lisa.

✓ À parte, bata as claras em neve macia com o sal. Junte-as aos poucos e delicadamente à massa acima e separe-a em duas tigelas. Misture as passas a uma delas e o chocolate derretido à outra.

✓ Forre os gomos da fôrma especial para esta receita previamente untada com manteiga e polvilhada com as amêndoas e a farinha de rosca. Espalhe a massa de passas e cubra com a massa de chocolate. Afunde colheradas dessa massa sobre a primeira, formando desenhos marmorizados misturando delicadamente as duas.

✓ Coloque a fôrma dentro de um saco plástico bem grande e leve para crescer em lugar abrigado durante 1 hora ou até dobrar de volume.

✓ Preaqueça o forno a 220 °C. Leve para assar por 5 minutos a essa temperatura; passado esse tempo reduza a temperatura para 180 °C e deixe assar por mais 45 a 50 minutos, ou até o palito sair seco.

✓ Retire do forno, deixe esfriar e desenforme sobre o prato escolhido para servir. Antes de servir, para acompanhar com chá ou café, peneire açúcar comum ou de confeiteiro por cima.

RECEITAS CASEIRAS À MODA ANTIGA

RENDIMENTO: 10 A 12 PORÇÕES
Pudim de pão
PARA FAZER COM ANTECEDÊNCIA

- 1 xícara de miolo de pão francês amanhecido cortado em fatias finas
- ½ litro de leite fervente
- 3 cravos-da-índia
- 6 ovos
- ½ xícara de açúcar
- 1 colher (chá) de canela em pó
- 4 colheres (sopa) de vinho do Porto
- 50 g de passas brancas lavadas, secas e enfarinhadas

TIPO DE FÔRMA: Para pudim, com 1,8 litro de capacidade, bem untada com manteiga

✓ Coloque o pão numa tigela. Ferva o leite com os cravos-da-índia, retire-os e despeje o leite sobre o pão. Tampe, deixe uns 10 minutos para que o pão umedeça bem e bata a mistura no processador de alimentos.

✓ Na tigela da batedeira, com o acessório tipo globo, bata os ovos com o açúcar até obter um creme leve e espesso. Aos poucos, incorpore o pão processado e o restante dos ingredientes, misturando bem.

✓ Despeje a massa na fôrma e leve ao forno preaquecido moderado (180 °C) até o palito sair seco. Retire e desenforme morno.

✓ Se desejar, acompanhe de chantili salpicado com um pouco de canela em pó.

RENDIMENTO: 8 PORÇÕES
Pudim de banana
PARA FAZER E COMER

Este pudim é compacto e úmido.

- 800 g (cerca de 5 unidades) de banana-nanica madura
- 4 ovos em temperatura ambiente
- 1 ½ xícaras de açúcar
- 1 colher (sopa) de manteiga ou azeite
- 1 colher (chá) de raspa de limão
- 1 colher (chá) de canela em pó

TIPO DE FÔRMA: De furo com 1,2 litro de capacidade, bem untada com manteiga

✓ Cozinhe as bananas com casca no vapor ou coloque-as numa assadeira e leve ao forno a 200 °C até ficarem tenras, por aproximadamente 15 minutos. Retire do forno e passe-as ainda quentes por uma peneira, devendo obter 1 ¼ de xícara. Reserve.

✓ Na tigela da batedeira, com o acessório globo, bata os ovos com o açúcar até obter uma mistura fofa e leve. Junte a manteiga em temperatura ambiente, bata para misturar e acrescente o purê de banana, as raspas de limão e a canela.

✓ Despeje na fôrma previamente untada com manteiga e leve ao forno preaquecido a 200 °C por aproximadamente 35 a 40 minutos, ou até o palito sair seco. Desenforme morno. Sirva morno ou frio.

✓ Se desejar, acompanhe com chantili ou sorvete de creme.

RENDIMENTO: 10 PORÇÕES
Doce de banana e laranja da Dora
PARA FAZER E COMER

- 10 bananas-nanicas sem casca e sem fios inteiras
- 1 litro de suco de laranja
- 1 ½ kg de açúcar

✓ Numa panela de 23 cm de diâmetro, leve todos os ingredientes para ferver com a panela tampada. Assim que ferver, retire a tampa e cozinhe em fogo moderado-lento, mexendo constantemente para não queimar no fundo, até o doce começar a se soltar das bordas da panela. Retire do fogo e deixe esfriar.

RENDIMENTO: 10 PORÇÕES

Doce de leite

PARA FAZER E COMER

- 1 litro de leite
- ½ kg de açúcar
- 1 pedaço de 3 cm de casca de limão sem a parte branca, ou 1 colher (chá) de essência de baunilha (opcional)

✓ Numa panela de 20 cm de diâmetro, misture o leite com o açúcar e leve para ferver em fogo lento durante 2 horas e 30 minutos ou até obter uma mistura cremosa, que comece a se soltar das bordas.

✓ Nos últimos cinco minutos de cozimento, adicione, se desejar, o aromatizante escolhido. Retire do fogo e deixe esfriar.

RENDIMENTO: 4 PORÇÕES

Doce de laranja em rodelas

PARA FAZER COM ANTECEDÊNCIA

- 6 laranjas-pera
- 2 litros de água
- 1,6 kg de açúcar

✓ Lave e seque as laranjas. Corte em rodelas de 1 cm de espessura. Retire os caroços. Coloque numa panela de fundo largo, junte a água e deixe levantar fervura. Acrescente o açúcar e cozinhe em fogo brando, mexendo de vez em quando, durante aproximadamente 2 horas, até o doce apurar bem. Deixe esfriar e conserve na geladeira em recipiente tampado.

RENDIMENTO: 10 PORÇÕES

Doce de abóbora

PARA FAZER COM ANTECEDÊNCIA

- 1 kg de moranga bem vermelha cortada em cubos
- 1 pedaço de canela em pau
- 5 cravos-da-índia
- 1 xícara de açúcar
- 2 xícaras de coco ralado fresco (opcional)

✓ Numa panela pequena, leve a abóbora, um pouco de água e as especiarias para cozinhar com a panela tampada, em fogo moderado, até a abóbora ficar bem macia e se desmanchar.

✓ Acrescente o açúcar e cozinhe, mexendo em fogo baixo, por uns 8 minutos, até o fundo da panela aparecer e o líquido secar.

✓ Se desejar, junte então o coco ralado e cozinhe por mais alguns minutos, apenas até o coco se misturar à abóbora. Retire e deixe esfriar.

CALDAS, MOLHOS E COBERTURAS

RENDIMENTO: O SUFICIENTE PARA COBRIR 1 BOLO BAIXO DE 23 CM DE DIÂMETRO

Cobertura de creme suspiro
PARA FAZER E COMER

- 200 ml de creme de leite fresco bem gelado
- 4 colheres (sopa) de açúcar
- ½ colher (chá) extrato de baunilha
- 2 claras em temperatura ambiente
- 1 pitada de sal

✓ Bata o creme de leite com as 2 colheres (sopa) de açúcar até ficar leve e espesso. Acrescente a baunilha. Reserve. Bata as claras com o sal e o açúcar até o ponto de suspiro firme. Misture aos poucos, delicadamente, o creme batido e o suspiro e cubra o bolo, conservando na geladeira até o momento de servir.

RENDIMENTO: O SUFICIENTE PARA COBRIR 1 BOLO OU TORTA DE 30 CM DE DIÂMETRO

Merengue italiano
PARA FAZER E COMER

Um merengue firme, brilhante e bonito que o Charlô usa para cobrir o seu delicioso bolo de nozes.

- 2 xícaras de açúcar
- 1 xícara de água
- 1 xícara de claras em temperatura ambiente
- 1 pitada de sal

✓ Numa panela, misture o açúcar e a água e leve ao fogo, mexendo com uma colher de metal até o açúcar dissolver. Pare de mexer e deixe ferver até obter uma calda espessa.

✓ Bata as claras em neve firme com o sal.

✓ Num fio, incorpore a calda ainda quente, continuando a bater em velocidade máxima até o suspiro esfriar e ficar espesso, leve e brilhante. Empregue.

RENDIMENTO: 8 PORÇÕES
Geleia de damasco
PARA FAZER COM ANTECEDÊNCIA

- 250 g de damasco azedo
- 1 ½ xícaras açúcar ou a gosto
- 1 colher (chá) extrato de baunilha

✓ Lave bem o damasco seco e deixe de molho coberto com água fria (ou quente, se estiver com pressa) até amolecer.

✓ Bata o damasco no liquidificador com a água que restou, deixando ainda uns pedacinhos.

✓ Transfira para uma panela, junte o açúcar e leve ao fogo moderado, mexendo até dissolver o açúcar e depois ocasionalmente, para evitar que grude no fundo da panela. Deixe a panela parcialmente tampada, pois a geleia espirra durante o cozimento.

✓ Não cozinhe demais. Quando sentir nos dentes que o damasco está apenas cozido, retire do fogo, junte a baunilha e deixe esfriar.

✓ Coloque em vidros limpos e secos e conserve na geladeira ou freezer.

RENDIMENTO: 8 PORÇÕES
Calda de framboesa
PARA FAZER COM ANTECEDÊNCIA

- ½ kg de framboesa
- ½ colher (sopa) de suco de limão peneirado
- 2 xícaras de açúcar ou a gosto

✓ Numa panela de fundo largo, coloque a framboesa e acrescente o suco e o açúcar. Não use muito açúcar, para preservar o sabor e a acidez natural da fruta.

✓ Deixe levantar fervura e cozinhe em fogo moderado por mais uns 5 minutos. Retire do fogo e deixe esfriar, retirando a espuma que poderá se formar.

✓ Coloque em vidros limpos e secos e conserve na geladeira ou freezer.

OBSERVAÇÃO
Se preferir, substitua a framboesa por amora, morango, mirtilo etc.

RENDIMENTO: 4 PORÇÕES

Caramelo de maracujá

PARA FAZER COM ANTECEDÊNCIA

Sirva os doces e molhos com caramelo em temperatura ambiente, para desfrutar a plenitude do sabor.

- 1 ½ xícara de açúcar
- 250 ml de suco de maracujá

✓ Numa panela de 23 cm de diâmetro, leve o açúcar ao fogo moderado, mexendo até derreter e obter um caramelo bem denso e dourado. Reduza a chama, junte o suco de maracujá pela borda (para evitar queimaduras) e derreta em fogo lento.

✓ Retire do fogo, deixe esfriar e conserve em vidros limpos e secos na geladeira, não sendo necessário congelar.

RENDIMENTO: 4 PORÇÕES

Molho de caramelo e laranja

PARA FAZER COM ANTECEDÊNCIA

- 1 xícara de açúcar
- ¼ de xícara de água
- 1 ¼ de xícara de suco de laranja peneirado
- 3 colheres (chá) de casca de laranja cortada em tirinhas bem finas (juliana)

✓ Numa panela pequena, misture o açúcar e a água e leve ao fogo lento, mexendo com uma colher de metal até dissolver.

✓ Com um pincel molhado em água fria, lave os cristais de açúcar que se formarem nas bordas. Deixe ferver, sem mexer, apenas movimentando a panela, até obter um caramelo espesso e dourado.

✓ Com cuidado, junte o suco e a juliana de laranja, misture com uma colher de metal e cozinhe até o caramelo ficar completamente dissolvido. Retire do fogo e deixe esfriar.

✓ Esse molho pode ser preparado com 2 dias de antecedência e conservado em recipiente coberto na geladeira.

RENDIMENTO: 4 PORÇÕES

Molho de morango, laranja e Amaretto

PARA FAZER E COMER

- 2 ½ xícaras (500 ml) de morango maduro
- ¼ de xícara de suco de laranja fresco peneirado
- 3 colheres (sopa) de açúcar
- 2 colheres (sopa) de licor Amaretto
- Morangos inteiros ou em fatias para decorar

✓ No liquidificador, junte o morango, o suco de laranja, o açúcar e o Amaretto e bata apenas para misturar bem.

✓ Retire e mantenha em recipiente coberto na geladeira pelo prazo máximo de 24 horas. Misture ligeiramente antes de servir e decore com morangos inteiros ou fatiados.

RENDIMENTO: 4 PORÇÕES

Coulis de goiaba
PARA FAZER E COMER

- 6 goiabas (1,2 kg) bem vermelhas e maduras
- ½ xícara de açúcar ou a gosto
- 2 colheres (sopa) de suco de limão peneirado

✓ Descasque as goiabas, bata no liquidificador e peneire. Acrescente o açúcar e o suco de limão e misture. Conserve em vidro limpo e seco na geladeira até o momento da utilização.

RENDIMENTO: 4 PORÇÕES

Molho cremoso de limão e iogurte
PARA FAZER E COMER

- 200 ml de iogurte natural
- ⅓ de xícara de açúcar de confeiteiro ou a gosto
- 3 colheres (sopa) de creme de leite fresco e batido para ficar espesso
- 1 colher (chá) de suco de limão peneirado

✓ Numa tigela, misture todos os ingredientes e conserve na geladeira até o momento de servir.

RENDIMENTO: 4 PORÇÕES

Calda de chocolate 1
PARA FAZER E COMER

- ½ xícara de chocolate em pó
- 1 colher (sopa) rasa de manteiga
- ¼ de xícara de leite
- 1 a 2 colheres (sopa) de açúcar

✓ Numa panelinha, misture todos os ingredientes e leve ao fogo lento, mexendo sempre para aquecer e engrossar ligeiramente.

OBSERVAÇÃO
Versão prática e mais saudável: para os amantes do chocolate mais amargo, omita o açúcar e misture 1 colher (sopa) de cacau em pó ao chocolate.

RENDIMENTO: 4 PORÇÕES

Calda de chocolate 2
PARA FAZER E COMER

- 160 g de chocolate meio amargo picado
- 1/3 de xícara de creme de leite espesso
- 2 colheres (sopa) de rum escuro ou conhaque

✓ Numa panela pequena, coloque o chocolate e o creme de leite e dissolva em banho-maria, mexendo sempre, apenas até ficar homogêneo. Aos poucos, incorpore o rum e desligue o fogo. Mantenha quente até o momento de servir.

OBSERVAÇÃO
Se preferir uma versão mais densa, substitua o rum por leite.

RENDIMENTO: 4 PORÇÕES

Molho quente de zabaione ao rum
PARA FAZER E COMER

- 2 a 2 ½ colheres (sopa) de açúcar
- 3 gemas em temperatura ambiente
- 2 colheres (sopa) de rum escuro

✓ Numa tigela refratária, sobre banho-maria de água quase fervente, bata o açúcar, as gemas e o rum por aproximadamente 5 minutos, ou até obter uma mistura espessa e leve, com quatro vezes o seu volume inicial. Transfira para uma tigela e sirva quente.

RENDIMENTO: 4 PORÇÕES

Creme inglês
PARA FAZER E COMER

- ¼ de xícara de leite
- 1 colher (chá) de essência de baunilha ou sementes de meia fava de baunilha
- 3 gemas em temperatura ambiente
- ½ xícara de açúcar

✓ Numa panela, leve o leite para ferver com a baunilha. Enquanto isso, misture as gemas com o açúcar (ou bata na batedeira se desejar um molho espumoso) e, aos poucos, adicione o leite fervente.

✓ Leve tudo de volta ao fogo, mexendo com uma colher de bambu em fogo lento, apenas até cobrir o dorso da colher. Peneire e empregue.

RENDIMENTO: 4 PORÇÕES

Creme de confeiteiro ou creme pâtissière

PARA FAZER E COMER

- ½ xícara de açúcar
- ⅓ de xícara de farinha de trigo
- 1 pitada de sal
- 2 xícaras de leite
- 3 gemas desmanchadas
- 2 colheres (chá) de essência de baunilha

✓ Numa panela, misture o açúcar, a farinha e o sal. Junte o leite e mexa em fogo moderado até ferver. Retire do fogo e despeje um pouco dessa mistura sobre as gemas. Misture, junte o restante e leve de volta ao fogo para engrossar, mexendo sempre. Acrescente a baunilha, misture e deixe esfriar.

OBSERVAÇÃO

Para o creme de chocolate, misture 150 g de chocolate meio amargo derretido ao creme ainda quente e deixe esfriar.

Para o creme de café, adicione 1 ½ colher (sopa) de café solúvel instantâneo ao creme ainda quente e deixe esfriar.

RENDIMENTO: 8 A 10 PROFITEROLES MÉDIOS

Cobertura de chocolate para profiteroles

PARA FAZER E COMER

- 100 g de chocolate meio amargo picado
- 1 colher (sopa) de manteiga
- 1 xícara de açúcar de confeiteiro peneirado
- 3 colheres (sopa) de água fervente

✓ Derreta o chocolate e a manteiga em banho-maria. Retire do fogo e junte o açúcar de confeiteiro e a água fervente.

✓ Bata com uma colher até obter uma mistura homogênea e, sem deixar esfriar nem endurecer, cubra imediatamente os profiteroles.

ÍNDICE

ALFABÉTICO

A
abacaxi em compota 257
abobrinha crocante ao alecrim 88
anel de cenoura ao molho branco 91
arroz com brócolis 66
arroz com cenoura 65
arroz com cubinhos crocantes de alho-poró 252
arroz com lascas de amêndoas 251
arroz de forno 65
arroz simples 64
arroz verde enformado 251

B
barquetes de salsão com pesto de gruyère 181
batata com leite ao forno 76
batata esfarelada 79
batata frita 76
batata palha 77
batatas recheadas 75
beijos de sogra 289
biscoitinhos rápidos de queijo parmesão 183
biscoito amanteigado (receita básica) 163
biscoito rocambole 163
boeuf bourguignon 238
bolinhos de arroz 64
bolo branco 168
bolo de banana 169
bolo de carne 125
bolo de chocolate com cobertura 172
bolo de fubá 171
bolo de laranja 170
bolo de natal brasileiro 279
bolo do Pedro 275
bolo mármore com calda de chocolate 167
bolo para o domingo 166

C
calda de chocolate 1 - 297
calda de chocolate 2 - 298
calda de framboesa 295
caldo básico de peixe (fumet) 30
caldo de carne ou de galinha 30
caldo de legumes 31
canja 33
caramelo de maracujá 296
carne de panela 124
carne louca ao vinagrete 129
cenoura refogada 90
chips de batata-doce 250
cobertura de chocolate para profiteroles 299
cobertura de creme suspiro 294
coelho à provençal com azeitonas pretas e amêndoas 234
cogumelo refogado 93
compota agridoce de cebola 258
confete de milho-verde, pimentões e bacon 255
conserva caseira de cogumelo 92
cookies de aveia 162
coulis de goiaba 297
couve-flor com queijo e bacon 95
couve-flor empanada ao forno 94
couve-flor gratinada 95
crackers de aveia com queijo de cabra e figos secos marinados em vinho e mel 182
crackers de limão e dill 185
creme de abóbora com gorgonzola e pera seca 198
creme de aspargos 31
creme de batata na panela de pressão 78
creme de castanhas 270
creme de confeiteiro ou creme pâtissière 299
creme de legumes 32
creme de mandioquinha 33
creme de palmito 32
creme inglês 298
creme rápido de espinafre 97
crepes com queijo gorgonzola e peras salteadas 193
crepes-suflês ao perfume de laranja 287
croquetes de batata 75
croquetes de carne 129
cuscuz 253

D
doce de abóbora 293
doce de banana e laranja da Dora 292
doce de laranja em rodelas 293
doce de leite 293

E
empadão de queijo 119
espaguete ao pesto 109
espaguete à primavera 108
espinafre à provençal 97
espinafre refogado 96
estrogonofe 127

F
farofa com banana, ameixa e bacon 82
farofa com ovos e azeitonas verdes 82
farofa de lulas 256
feijão 70
feijoada com camarão 220
fígado de vitela ao molho de vinho do Porto e vinagre balsâmico 237
filé ao molho mostarda 126
filé ao molho mostarda e vinho do Porto 240
filé mignon ao ragu de cogumelo shitake 239
filés altos de peixe com crosta crocante de alecrim 149
filés de peixe gratinados 144
filés de peixe gratinados ao molho mostarda 145
fitas de batata frita 77
flan de mel 271
flan de queijo 61
flans de cenoura 254
flans de cogumelo 255
florões de massa folhada 253
fofinhos com maçã e canela 165
fofinhos com mel e laranja 165
fofinhos rápidos 165
fôrminhas de arroz com açafrão 252
frango ao forno com bacon e cogumelo 136
frango à parmegiana 138
frango assado 135
frango ensopado com ervilhas 139
frango frito de forno 137

G
galinha-d'angola com especiarias 226
geleia de damasco 295
gratinado de lagosta 219

H
haddock gratinado com uva Itália 221

K
kugelhopf 290

L
lagostim com fondue de tomate, pepino e cogumelo 218
laranja surpresa recheada com sorvete e coberta com merengue gratinado 266

M

massa básica 116
massa básica com manteiga 112
massa básica com óleo 113
massa para profiteroles e carolinas 278
merengada 159
merengue italiano 294
minirrocamboles de crepe com recheio
 de cream cheese e ervas 180
molho acebolado 51
molho ao pesto 53
molho básico para salada 46
molho béarnaise 244
molho béarnaise de laranja 245
molho branco de textura espessa (como
 massa de bolo crua) 50
molho branco de textura média (como
 creme de leite batido) 50
molho branco de textura rala (como creme de leite fino) 49
molho cremoso de limão e iogurte 297
molho de caramelo e laranja 296
molho de cogumelo 51
molho de curry 1 - 47
molho de curry 2 - 51
molho de morango, laranja e Amaretto 296
molho de mostarda 47
molho de queijo 51
molho de shoyu e ketchup 48
molho de tomate à bolonhesa 52
molho de tomate ao sugo 53
molho para carpaccio 47
molho quente de zabaione ao rum 298
molho rápido de tomate 52
mousse cremosa de limão 267
mousse de chocolate 152
mousse de chocolate branco e amargo 274

P

panqueca cremosa de maçã 159
panqueca de ricota e espinafre 113
pão do bispo 286
patê à choux de batata 248
patê maison 190
pato assado 231
peito de peru recheado ao molho de cogumelo shimeji 229
peixe ao forno com pimentões, cebola e batata 148
peixe ao forno com tomate, ervas e azeitonas pretas 147
penne com brócolis e linguiça 89
penne com erva-doce e presunto cru 108
peras recheadas com queijo chèvre
 sobre salada de agrião 189
pernil de cordeiro assado 1 - 235
pernil de cordeiro assado 2 - 236
peru assado à moda antiga 227
petits flans de agrião com molho de vinho
 branco e juliana de legumes 191
picadinho de carne moída 125
pommes de terre Anna 250
pudim de banana 292
pudim de laranja à moda antiga 155
pudim de pão 291
purê de batata 74
purê de batata com erva-doce 249
purê de batata e cenoura ao parmesão 249
purê de maçã 257
purê-sopa de cenoura ao curry 32

Q

quadradinhos de chocolate 277
quadradinhos de maçã (Almás túrós pite) 288
quadrados de maçã com pecãs 281
quiche de cebola 213
quiche de limão 283
quiche Lorraine 214

R

rabanetes braseados 98
repolho-roxo com passas 256
rigatoni à bolonhesa 109
risoto à milanesa rápido 65
rocambole com creme de chocolate 173
rolinhos crocantes com recheio picante de cogumelo 179
rolinhos de frango ao molho de champanhe 224
rolinhos de queijo 184
rosbife 126
rosbife de picanha no saco 128

S

salada Caesar 40
salada com haddock e amêndoas sobre verdes amargos 188
salada cremosa de batata 79
salada de alface-roxa, cogumelo, broto de alfafa e
 queijo parmesão com molho de alho-poró 202
salada de arroz ao curry 66
salada de batata com alecrim e gorgonzola 205
salada de beterraba assada, pera-
 -chinesa, mâche e amêndoas 204
salada de grãos 1 - 206
salada de grãos 2 - 206
salada de grãos 3 - 207
salada de radicchio, repolho-roxo e tomate-
 -cereja com molho de laranja e mostarda 203
salada de rúcula com laranja e azeitonas pretas 41
salada de tomate, alho-poró, hortelã e croûtons
 de alho com molho de mostarda 208
salada em conserva (tipo caponata) 101
semifreddo de chocolate branco 272
semifreddo de gianduia 273
semifreddo de laranja com coco queimado 264
semifreddo de maracujá 265
sobrecoxas de frango assadas 134
sopa de feijão 71
sopa de maracujá com suspiro 154
sopa de morango com suspiro ao perfume de laranja 153
sopa de tomate com queijo derretido 34
sopa gelada de siri 197
suflê de banana com molho de chocolate e rum 158
suflê de chuchu 60
suflê de espinafre 58
suflê de queijo 59
suflê glacê de limão 268

T

terrine de cogumelo 195
terrine de laranja ao coulis de kiwi e juliana
 de laranja em calda vermelha 269
terrine de siri com salada de camarão à provençal 194
tiras amanteigadas doces ou salgadas 164
tiras de batata ao forno 78
tomates-cereja recheados com salada de siri 178
torta alsaciana de maçã 284
torta de castanha-do-pará 280
torta de frango (ou de galinha) 117
torta de frutas secas com cobertura
 de merengue italiano 282
torta de gorgonzola e nozes 215
torta de palmito 118
torta de sementes de papoula 285
torta espuma de chocolate 276
torta-mousse congelada de limão 157

V

vagem com amêndoas 100
vagem com ervas 99
vagem com temperos 100
vagem refogada 99
vagem refogada com queijo parmesão 100
vinagrete ao parmesão 48
virado de cenoura 82
virado de feijão 71

ÁLBUM

DE FOTOS

Wilma Kövesi e Ana Soares, 1995.

Wilma ensinando a fazer panquecas, 1996.

Wilma em mais uma de suas aulas, 1998.

Wilma e Charlô Whately, 1999.

Wilma e Olivier Anquier, 2000.

Hamilton de Mello Jr., Wilma Kövesi e Carlos Siffert (da esquerda para a direita).

Wilma pelas lentes de Valentino Fialdini, 2001.

Toninho Mauriti e Wilma, 2001.

À Cristina e ao Ricardo, da Ritz Festas, agradecemos pelo apoio e pela generosidade no envio dos elementos de mesa posta que valorizaram as fotografias deste livro.

Este livro foi publicado em agosto de 2025, pela editora Nacional, impresso pela Coan em papel Couchê Fit Fosco 80 g/m².

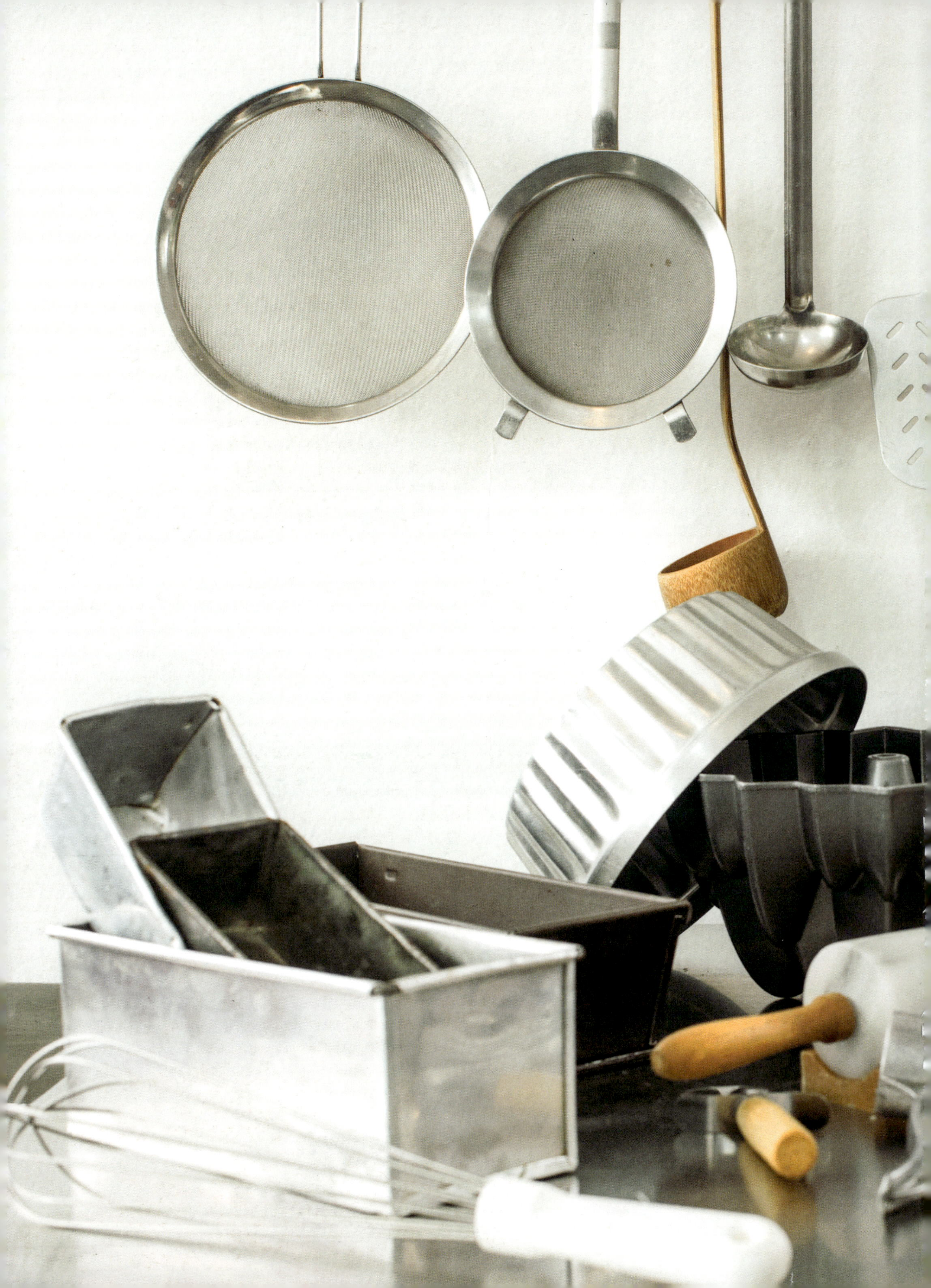